U0617564

BLUE BOOK

智库成果出版与传播平台

法治蓝皮书

BLUE BOOK OF
RULE OF LAW

中国司法制度发展报告 *No.2*
（2020）

ANNUAL REPORT ON CHINA'S JUDICIAL SYSTEM No.2
(2020)

中国社会科学院法学研究所
主　编／陈　甦　田　禾
执行主编／吕艳滨

社会科学文献出版社
SOCIAL SCIENCES ACADEMIC PRESS（CHINA）

图书在版编目（CIP）数据

中国司法制度发展报告. No. 2, 2020 / 陈甦，田禾
主编. ——北京：社会科学文献出版社，2021.3
（法治蓝皮书）
ISBN 978 - 7 - 5201 - 8111 - 2

Ⅰ.①中…　Ⅱ.①陈…②田…　Ⅲ.①司法制度 - 研
究报告 - 中国 - 2020　Ⅳ.①D926

中国版本图书馆 CIP 数据核字（2021）第 046782 号

法治蓝皮书
中国司法制度发展报告 No. 2（2020）

主　　编 / 陈　甦　田　禾
执行主编 / 吕艳滨

出 版 人 / 王利民
责任编辑 / 曹长香

出　　版 / 社会科学文献出版社（010）59367162
　　　　　　地址：北京市北三环中路甲 29 号院华龙大厦　邮编：100029
　　　　　　网址：www. ssap. com. cn
发　　行 / 市场营销中心（010）59367081　59367083
印　　装 / 天津千鹤文化传播有限公司

规　　格 / 开　本：787mm × 1092mm　1/16
　　　　　　印　张：23.75　字　数：355 千字
版　　次 / 2021 年 3 月第 1 版　2021 年 3 月第 1 次印刷
书　　号 / ISBN 978 - 7 - 5201 - 8111 - 2
定　　价 / 128.00 元

撰 稿 人（按姓氏笔画排序）

丁莉华　丁雯雯　于　杰　王小梅　王中毅
王自成　王向明　王林娟　王松来　王祎茗
王韶方　车文博　邓佳佳　邓毅林　石溅泉
田　禾　付想兵　白云良　冯迎迎　卢日久
吕艳滨　吕晓峰　朱新力　刘　青　刘　杰
刘文添　刘雁鹏　米晓敏　许海秋　祁建建
杨甜甜　李金铭　李瑞增　连伟丹　杜珊珊
吴　宏　吴　姗　余国英　余智明　应一豪
汪　倩　张　鸣　张　涛　张庆庆　张晓波
陈　薇　陈增宝　范元亮　金海龙　周永刚
孟　寅　胡昌明　赵人杰　洪　梅　姜元科
栗燕杰　柴金鸽　徐　卉　徐建东　高　倩
高长见　高金业　唐　灿　黄辉灿　曹敏兵
龚　专　蒋惠岭　程　银　谢芸芸　喻　婷
詹　亮　熊志钢　翟寅生　潘李娜

主要编撰者简介

主 编 陈甦

中国社会科学院学部委员、法学研究所所长，研究员。

主要研究领域：民商法、经济法。

主 编 田禾

中国社会科学院国家法治指数研究中心主任，法学研究所研究员。

主要研究领域：刑法学、司法制度、实证法学。

执行主编 吕艳滨

中国社会科学院法学研究所法治国情调研室主任、研究员。

主要研究领域：行政法、信息法、实证法学。

摘　要

《中国司法制度发展报告 No. 2（2020）》全面归纳了2020年中国在深化司法体制配套改革、提升司法人权保障水平、突出司法为民服务意识、提升社会治理能力、改善司法营商环境以及发挥智慧司法作用、积极开展司法抗疫行动方面的做法、成效，并对中国司法制度的发展趋势进行了展望。本年度的蓝皮书首次对各省、自治区、直辖市（包括新疆生产建设兵团）监狱管理局的狱务公开情况进行了评估，对其成绩、问题和发展趋势进行了分析。此外，蓝皮书还围绕司法体制改革、司法人权保障、执行制度建设、智慧司法进展等四个主题，推出《司法责任制改革近期发展与评价》《中国检察公益诉讼发展状况观察》《人民陪审员参审范围的调整与完善》《儿童权益司法保护的进展》等多篇调研报告，展示了中国司法制度一年来的变化发展，对全国审判、检察以及司法行政工作取得的最新成就加以总结。

关键词：司法制度　司法体制改革　司法人权保护　社会治理　司法为民

目 录

Ⅰ 总报告

Ⅱ 司法体制改革

Ⅲ　司法人权保障

Ⅳ　执行制度建设

Ⅴ 智慧司法进展

Ⅵ 评估报告

皮书数据库阅读使用指南 👆

总 报 告

General Report

B.1
中国司法发展状况：
现状、成效与展望（2020）

中国社会科学院法学研究所法治指数创新工程项目组*

摘　要： 党的十九大以来，司法机关持续深化司法体制改革，落实和细化司法责任制；推进以审判为中心的刑事诉讼改革，在进一步完善认罪认罚制度和加强社区矫正等刑罚执行的规范性方面持续发力，进一步提升了中国司法的人权保障水平；坚持人民司法，突出司法为民服务；不断改善法治营商环境，提升司法机关的社会治理能力，积极推动多元纠纷化解和公

* 项目组负责人：田禾，中国社会科学院国家法治指数研究中心主任，法学研究所研究员；吕艳滨，中国社会科学院法学研究所研究员、法治国情调研室主任。项目组成员（按姓氏笔画排序）：王小梅、王祎茗、车文博、冯迎迎、刘雁鹏、米晓敏、胡昌明、洪梅、栗燕杰。执笔人：胡昌明、田禾、吕艳滨。在撰写过程中，田夫、毛晓飞等专家学者提供了大量资料，在此一并致谢。

益诉讼的开展，加强《民法典》等法律的普法工作。在智慧法院、智慧检务、司法行政信息化和智慧警务的辅助下，中国司法工作在整体上没有受到新冠肺炎疫情的重大影响，智慧司法焕发了勃勃生机。今后，中国的司法仍将面临诸多挑战和机遇，需要司法机关不断加强政治意识，提升司法能力，更加突出司法的服务保障功能，并推进智慧司法水平的进一步提升。

关键词： 司法体制配套改革　社会治理　法治营商环境　智慧司法

党的十九届四中全会提出，"深化司法体制综合配套改革，完善审判制度、检察制度，全面落实司法责任制，完善律师制度，加强对司法活动的监督，确保司法公正高效权威，努力让人民群众在每一个司法案件中感受到公平正义"①。此后，全国司法机关深入贯彻习近平法治思想，坚持法治建设为了人民、依靠人民的宗旨，加强人权司法保障，继续深化司法体制配套改革，智慧司法获得长足进步，积极推动多元纠纷化解和公益诉讼，提升司法的社会治理能力，在改善法治营商环境方面取得了显著成效，为建设中国特色社会主义法治体系作出了贡献。

一　深化司法体制配套改革

2019 年以来司法体制综合配套改革不断深化。2019 年 10 月 1 日起，新修订的《法官法》《检察官法》施行。新的《法官法》《检察官法》体现了

---

① 《中共中央关于坚持和完善中国特色社会主义制度　推进国家治理体系和治理能力现代化若干重大问题的决定》，新华网，http://www.xinhuanet.com/politics/2019－11/05/c_1125195786.htm，最后访问日期：2020 年 12 月 6 日。

十八大以后国家司法改革的最新成果，将司法责任制、司法人员员额制、司法人员分类管理、司法人员履职保障，以及检察机关的"四大检察"职能等重大改革成果上升到国家法律层面。两部法律的修订全面落实了司法责任制，在赋予法官、检察官司法权力和加强保障的同时，强化了监督和制约。

围绕贯彻党的十九大和十九届四中全会精神，中共中央办公厅（以下简称"中办"）印发了《关于深化司法责任制综合配套改革的意见》，明确提出了司法责任制改革的方向、运行、监督和配套机制，为当前和今后一个时期司法责任制改革提供了指南。

（一）人民法院的司法体制综合配套改革

最高人民法院围绕深化司法体制改革出台了多部文件。2020 年 7 月 31 日，最高人民法院印发了《关于深化司法责任制综合配套改革的实施意见》（以下简称《实施意见》），围绕加强法院政治建设、健全审判监督管理、强化廉政风险防控、推进人事制度改革、优化司法资源配置等五大方面提出 28 项配套举措，并"结合法院人事制度改革实际，对人员分类管理配套机制作了进一步细化完善"①。此外，2020 年初，最高人民法院制定印发了《省级以下人民法院法官员额动态调整指导意见（试行）》《人民法院法官员额退出办法（试行）》两个文件，对司法改革过程中编制、员额的动态管理、员额遴选、员额退出等予以明确规定。

2019 年以来，全国省以下人民法院进行了大刀阔斧的内设机构改革。"截至 2019 年 12 月底，全国 31 个省（区、市）及新疆生产建设兵团基层法院内设机构改革方案已完成审核程序，并组织实施。中级及以上人民法院的内设机构改革正在抓紧推进。"② 这些改革对于推进国家治理体系和治理能力现代化建设、加强人民法院专业化建设、提高办案质量效率具有重要意义。

---

① 刘峥、何帆、危浪平：《〈最高人民法院关于深化司法责任制综合配套改革的实施意见〉的理解与适用》，《人民法院报》2020 年 8 月 6 日，第 5 版。

② 李阳：《司法改革：更高起点再出发——2019 年人民法院工作亮点回顾系列报道之四》，《人民法院报》2020 年 1 月 15 日，第 1 版、第 3 版。

此外，最高人民法院围绕司法责任制的落实和审判资源配置还颁布了《关于完善人民法院审判权力和责任清单的指导意见》《最高人民法院法官审判权力和责任清单（试行）》《关于健全完善人民法院审判委员会工作机制的意见》等一系列规范性文件，使得法院庭长、审判组织和承办法官行使职权的边界和责任更加明确，审判委员会职能更加清晰，审判委员会议事程序和议事规则更为健全完善。

（二）人民检察院的司法体制综合配套改革

人民检察院深化司法体制综合配套改革主要体现在加强司法责任制和内设机构改革两方面。

为保证人民检察院在刑事诉讼中严格依照法定程序办案，最高人民检察院修订了《人民检察院刑事诉讼规则》（以下简称《规则》）。此次修订是继1998年、2012年修订后的第三次修改，在制度设计、职能履行、权利保障等方面遵循相关法律要求进行了必要调整，契合了司法责任制改革的要求。具体表现如下。

第一，突出检察官办案主体地位，落实"谁办案谁负责、谁决定谁负责"的司法责任制改革要求。修订后的《规则》第4条第1款、第2款明确了检察委员会、检察长、检察官各自的职责范围以及相应的司法责任。

第二，加强检察长、业务机构负责人的监督、管理职责，实现对检察官放权与监督管理的有机统一。一方面，关于业务机构负责人的监督管理职责，《规则》第6条第2款规定了业务机构负责人监督管理的范围和方式方法。另一方面，关于检察长的监督管理职责，《规则》第7条规定了检察长在不同意检察官处理意见的情况下，如何操作、何时提请检察委员会讨论决定以及检察长不改变原决定的，检察官如何执行等问题①。

2019年是地方检察机关内设机构改革的推进之年、关键之年。从以

---

① 参见高景峰《落实司法责任制，实现放权与监督有机统一》，《检察日报》2020年1月9日，第3版。

往的刑事检察占主体地位，到四大检察并行推进。最高人民检察院的改革成为地方检察机关内设机构改革的样本，地方检察机关纷纷以其为标准或参照展开内设机构改革，2019 年底，省以下检察机关内设机构改革基本完成①。

2018 年底，最高人民检察院审查批捕厅和审查起诉厅两个部门整合为刑事检察部门。2019 年，全国检察机关全面推行刑事案件"捕诉一体"办案机制改革。改革后实行"捕诉一体"办案机制，逮捕审查向后延伸，起诉审查向前延伸，倒逼侦查机关规范办案，使得检察机关主动"减少错案入口"，提高捕诉质量。一个案卷由一个办案组或检察官负责到底；对于改革前的三级审批，办案者、审查者和决定者的割裂和耗时长问题，改革后加大授权赋责，大多数案件实现"谁办案谁决定"。

（三）司法行政机关的司法行政改革工作

司法行政机关积极推进司法行政改革工作。2019 年 8 月，为规范司法鉴定活动，健全统一司法鉴定管理体制，司法部着手修订《司法鉴定机构登记管理办法》和《司法鉴定人登记管理办法》。此外，江苏、四川、吉林等地出台相关意见或实施方案，深化司法行政刑罚执行一体化建设，明确了刑罚执行一体化建设工作的目标任务和具体步骤。

自司法部印发《公职律师管理办法》《公司律师管理办法》的通知以来，全国各地根据司法部的规定，按照当地的情况分别制定本省的公职和公司律师管理办法，致力于公职和公司律师制度在本省范围的建立和健全。

二　提升司法人权保障水平

近一年来，司法机关继续推进以审判为中心的刑事诉讼改革、进一步完

---

① 戴佳：《内设机构改革一年间："四大检察"齐头并进　检察生产力充分释放》，《检察日报》2020 年 4 月 14 日，第 1 版。

善认罪认罚制度、加强刑罚执行的规范性，进一步提升了中国司法的人权保障水平。

（一）推进以审判为中心的刑事诉讼制度改革

推进以审判为中心的刑事诉讼制度改革是司法机关提升人权司法保障水平的重要举措。2019年10月，最高人民法院院长在《最高人民法院关于加强刑事审判工作情况的报告》中指出，以审判为中心的诉讼格局尚未完全形成，要推进庭审实质化改革，推进庭审司法证明、控辩平等对抗、依法裁判实质化，完善证人、鉴定人、侦查人员出庭作证和非法证据排除等制度，全面试行庭前会议、排除非法证据、法庭调查"三项规程"，明确审判程序在刑事诉讼中的中心地位。"要加大对以审判为中心的刑事诉讼制度改革的支持力度，适时修订《刑事诉讼法》。"①

（二）进一步完善认罪认罚从宽制度

认罪认罚从宽制度进一步细化完善。2019年10月，最高人民法院等六部门联合印发的《关于适用认罪认罚从宽制度的指导意见》指出，为防止"权权交易""权钱交易"等司法腐败问题，要加强监督制约；明确了认罪认罚从宽要"贯彻宽严相济刑事政策、坚持罪责刑相适应原则、坚持证据裁判原则、公检法三机关配合制约原则"；明确了认罪认罚从宽制度的适用范围和适用条件，不限案件类型、不限诉讼阶段；明确了认罪认罚及从宽的把握尺度；明确了被害方权益保障和诉讼地位；对强制措施的适用，侦查机关的职责，审查起诉阶段检察机关的职责、社会调查评估、审判程序和法院的职责，认罪认罚的反悔和撤回，未成年人认罪认罚案件的办理等作出进一步规定，推动了认罪认罚从宽制度的完善②。

---

① 祁建建：《2019年的中国司法改革》，陈甦、田禾主编《中国法治发展报告 No. 18（2020）》，社会科学文献出版社，2020。
② 祁建建：《2019年的中国司法改革》，陈甦、田禾主编《中国法治发展报告 No. 18（2020）》，社会科学文献出版社，2020。

2020年1~6月，全国检察机关认罪认罚从宽制度适用率达到82.2%，量刑建议的采纳率包括确定刑量刑建议的采纳率均在上升。在广东珠海横琴人民检察院对认罪认罚从宽案件严把案件质量关，以证据为中心，坚持严格的证据审查标准，建立健全各项办案机制，规范办案行为。有效提升了办案质量和效果，使认罪认罚从宽犯罪嫌疑人心服口服，判决后上诉率和抗诉率均为零，真正实现案结事了，达到法律效果和社会效果统一。

（三）《社区矫正法》颁布实施

为保障刑事判决、刑事裁定和暂予监外执行决定的正确执行，在多年试点和全面实践的基础上，2019年12月，《社区矫正法》表决通过。这是中国第一部全面规范社区矫正的法律。《社区矫正法》的出台标志着社区矫正工作进入了有法可依的新阶段。《社区矫正法》对社区矫正的管理体制和工作机制作出明确规定，构建起权责明晰、全社会共同参与的社区矫正制度框架，并就未成年人社区矫正作出特别规定，符合未成年犯罪人员的身心特点和发展需求，彰显法治的人文关怀。

社区矫正是司法理念由报复性走向恢复性的进步，是人类司法文明的制度性成果。相对于监禁式矫正，社区矫正更能体现刑罚的教育功能，帮助那些犯罪情节较轻、主观恶性不大的罪犯更好地进行改造，并在较大程度上降低刑罚执行完毕后其重返社会的障碍，同时也能更加及时有效地修补被犯罪行为破坏的社会关系。

为更好地贯彻落实《社区矫正法》，司法部与最高人民法院、最高人民检察院、公安部在广泛征求社会意见的基础上，于2020年6月制定出台了《社区矫正法实施办法》。《社区矫正法实施办法》突出强调了社区矫正工作中坚持党的领导的重要性，提出"社区矫正工作坚持党的绝对领导，实行党委政府统一领导、司法行政机关组织实施、相关部门密切配合、社会力量广泛参与、检察机关法律监督的领导体制和工作机制"的明确要求，并对司法行政机关、人民法院、人民检察院、公安机关、监狱管理机关及监狱和

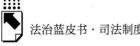

社区矫正机构在社区矫正工作中的具体职能作出细化规定，对执行这一制度中可能遇到的问题作出明确指引。《社区矫正法实施办法》理顺了社区矫正工作程序，使得这一制度的可操作性大大增强。

在《社区矫正法》及其实施办法的指引下，未来中国的社区矫正制度必将走向规范化发展的新阶段，在减少和预防犯罪、维护社会和谐稳定方面发挥更为显著的作用。

三　突出司法为民服务意识

十九届四中全会提出，"坚持法治建设为了人民、依靠人民，……确保司法公正高效权威，努力让人民群众在每一个司法案件中感受到公平正义"①。近年来，司法机关从思想和理念上重新审视和重视司法的服务性功能和作用，法院系统的 12368 诉讼服务中心、检察系统的 12309 检察服务中心已实现全覆盖。

（一）人民法院加强诉讼服务

人民法院推广跨域立案诉讼服务。通过建设网上立案、网上递交材料、网上签收文书、网上信访等平台，有效打破了诉讼活动的时间、空间、地域限制，开创跨地域、跨法院、跨层级的诉讼服务新格局。全国法院积极探索跨域诉讼、跨域立案服务模式，避免当事人往返奔波的诉累。"京津冀、长三角、珠三角地区率先实现跨域立案域内全贯通，全国中级、基层法院和海事法院实现跨域立案服务全覆盖，'家门口起诉'新模式有效解决群众异地诉讼不便问题。"②

---

① 《中共中央关于坚持和完善中国特色社会主义制度　推进国家治理体系和治理能力现代化若干重大问题的决定》，新华网，http://www. xinhuanet. com/politics/2019 – 11/05/c_1125195786. htm，最后访问日期：2020 年 12 月 6 日。
② 周强：《最高人民法院工作报告——2020 年 5 月 25 日在第十三届全国人民代表大会第三次会议上》，《人民法院报》2020 年 6 月 2 日，第 1 版。

推进诉讼服务中心实质化运行。福建法院加快推进"分调裁审"改革，全面推进调解、仲裁、速裁多元解纷，坚持线上线下相结合，通过线上一键点击、线下统一窗口，努力满足人民群众多元司法需求①。四川省高级人民法院出台诉讼服务中心实质化实施意见和方案，加强对下级法院的指导和督促，有效节约司法资源。苏州法院则紧紧围绕现代化诉讼服务体系建设，全面推进一站式多元解纷机制、一站式诉讼服务中心建设，以全域诉讼服务为突破口，率先向人民群众提供"全市域、全通道、全事项、全时间"一站式诉讼服务中心跨域新形态服务。同时整合系统内信息化资源，搭建智慧送达平台，借助社会化运作，建立专业送达团队，进行集约化管理，重塑送达工作流程，打造苏州模式一站式综合集约送达平台。

（二）检察部门为人民服务

检察系统通过12309门户网站、手机App、服务热线、微信公众号等多种渠道向社会提供服务，内容涉及检察相关咨询和业务办理、案件信息公开和查询、预约，接受监督等方面。江苏省常州市人民检察院开展"检察官进网格"工作，建立网格化社会治理与检察公益诉讼信息共享机制。一方面，网格员为检察机关提供大量公益诉讼线索，拓展了案源；另一方面，检察官进社区网格，把握基层群众对检察工作的诉求进而针对性提供司法服务、检察产品。

2019年以来，检察机关注重用心用情做好群众信访工作，建立和落实"群众来信件件有回复"制度。最高人民检察院第十检察厅要求确保每件来信均在一周内回复，3个月内完成办理、答复和息访息诉。镇江全市检察机关不仅认真执行群众信访"七日回复"制度，7日内程序性回复率达到100%；对于行动不便的当事人，检察机关坚持上门释法说理，增强服务群众的主动性和有效性；以司法救助为抓手，打造"法律援助、经济资助、

---

① 詹旋江：《福建两个"一站式"从图纸变为现实》，《人民法院报》2019年12月10日，第8版。

心理辅助、社会扶助、回访帮助、宣传协助"综合救助模式。

2020 年初，青海全省检察机关开展保障农民工工资支付专项活动，各级民事检察部门通过参与调解、支持农民工起诉等方式，并会同其他单位参与调解，帮助追回欠薪。在内部，检察机关民事检察部门与刑事检察部门、控告申诉部门等建立信息共享、线索移送机制和情况通报制度；在外部，检察机关与人社部门、劳动监察部门建立长效联系机制。内外机制形成合力，缩短了支持起诉类案件在检察办案环节的流转时间，并主动摸排涉农民工工资支付案件线索。2019 年全年，全国检察机关共批准逮捕拒不支付劳动报酬犯罪 1599 人，同比上升 10.6%；受理审查起诉 3555 件 4012 人，同比分别上升 10.9%、11.6%；依法起诉 2396 件 2609 人，追诉漏罪、漏犯 80 人；监督公安机关立案 203 件（已立案 136 件）；检察环节为农民工追缴工资 2.5 亿元①。

（三）司法行政机关优化服务方式

司法行政机关打造服务平台，优化提供法律服务的方式。

一是司法部出台意见要求各地律师积极参与各类公益法律服务。2019 年 10 月 23 日，司法部出台《关于促进律师参与公益法律服务的意见》的通知，积极引导和鼓励律师为残疾人等特殊群体提供公益法律服务，担任基层群众性自治组织法律顾问、提供法律服务，参与公益法治宣传活动等。此外，各地司法行政机关也纷纷出台规定，对律师参与公益法律服务、调解、信访、扶贫攻坚、普法活动等提出明确要求。

二是公证机关充分利用"互联网＋公证"服务平台的优势，优化公证服务方式。例如，湖北省以公证协会的名义与邮政、快递部门对接，要求公证机构主动与邮政速递公司联合，统一公证书邮寄送达服务；倡导各公证机构主动对老、弱、病、残群体开设"绿色通道"、延伸服务、延时服务、代办服务。四川攀枝花市针对老、弱、病、残等弱势群体的公证需求，提供预

---

① 陈菲、高蕾：《让农民工不再忧"酬"烦"薪"！检察环节去年为农民工追缴工资 2.5 亿元》，新华网，http://www.xinhuanet.com/2020 - 01/16/c_ 1125471640.htm，最后访问日期：2020 年 10 月 16 日。

约公证、上门公证等便民服务，对于残疾人、贫困户、低保户等困难群众减免公证费用。

三是在劳动争议过程中加大法律援助工作力度。2020 年 6 月 29 日，人力资源社会保障部、司法部、财政部联合下发《人力资源社会保障部、司法部、财政部关于进一步加强劳动人事争议调解仲裁法律援助工作的意见》，从建立健全调解仲裁法律援助协作机制、扩大调解仲裁法律援助范围、健全便民服务机制、加强组织领导等作了规定，进一步满足人民群众特别是贫困劳动者对调解仲裁法律援助工作的需要。

四　改善营商环境司法制度

良好的营商环境是一个国家或地区经济软实力的重要体现，是一个国家或地区提高综合竞争力的重要方面。2019 年 2 月 25 日，习近平总书记作出"法治是最好的营商环境"的重要论断。司法是法治的生命线，是法治建设的主力军，是经济社会发展的"晴雨表"，在营造法治化环境中地位重要、不可或缺[1]。

2019 年 10 月 24 日，世界银行发布《2020 年营商环境报告》，中国营商环境全球排名从上年的第 46 位跃升至第 31 位，跻身全球前 40 位，连续两年入列全球营商环境改善幅度最大的十大经济体。其中，在世界银行营商环境 10 个一级指标中，与司法密切相关的"执行合同"和"办理破产"指标获得高分，其中"执行合同"指标跻身全球前 5 名，二级指标中的"司法程序质量"更是获得了 16.5 分（满分 18 分），为截至目前全球最高分[2]。

营商环境司法指标得分获得长足进步，与这几年中国司法机关深化改革、维护公平竞争的市场环境、确保企业和企业家合法经营活动和正当收益

---

[1] 夏克勤：《发挥主力军作用　推动营商环境法治化》，《人民法院报》2019 年 9 月 21 日，第 10 版。

[2] 《2019 年度人民法院十大新闻》，《人民法院报》2020 年 1 月 7 日，第 4 版。

受到不法侵害时得到及时救济等密不可分。

第一，全国法院系统高度重视法治营商环境建设。一是积极建设专门法院。最高人民法院成立了第一国际商事法庭、知识产权法庭，成立了杭州、北京、广州三家互联网法院及上海金融法庭。2019 年，最高人民法院先后批准在深圳、北京、上海等六城市设立破产法庭，标志着破产审判朝着专业化方向又前进了一大步，有利于集中有限的破产审判资源，加强破产审判在产权保护、"僵尸企业"清理和营商环境优化中的地位和作用。二是构建营商环境司法评估体系。重庆高级人民法院将构建"法治化营商环境司法评估指数体系"作为法治化营商环境司法保障工作的重要内容，也是完善"1＋X"民营经济司法保护工作机制的重要举措。2019 年 8 月，该法院对外发布法治化营商环境司法评估指数体系。该指数体系吸纳了当前国内外重要的评估方法，如世界银行《2019 年营商环境报告》、中国社会科学院《中国法治发展报告》、国家司法文明协同创新中心《中国司法文明指数报告》，以及国内外关于评估方法的重要文献资料，将分散于世界银行营商环境评估、国务院及重庆市优化营商环境工作与法院工作相关的内容加以整合提炼，形成这一评估体系，从司法视角为全国营商环境优化提升提供示范样本①。三是与其他部门加强交流合作，促进纠纷多元化解。四川省法院与省工商联会签《关于构建依法服务保障民营经济健康发展协作机制的意见》，共同确立了常态化、制度化服务保障四川省民营经济发展协作机制，旨在推动涉民营经济领域治理体系和治理能力现代化及民营经济纠纷多元化解，进而促进四川省法治化营商环境持续优化②。珠海加强与港澳地区司法机构、仲裁机构及调解组织的交流合作，推动建立诉讼、调解和仲裁顺畅衔接、标准统一、平等保护、共同接受的区际多元化解纠纷机制，全面提升法律保障能力，为粤港澳大湾区企业的高质量发展奠

---

① 《国内首个法治化营商环境司法评估指数体系在渝发布》，人民网重庆频道，http://www.thecover.cn/subject/2491227，最后访问日期：2020 年 8 月 13 日。

② 四川省高级人民法院课题组：《四川法院发挥审判职能优化法治化营商环境的实践》，陈甦、田禾主编《四川依法治省年度报告 No. 6（2020）》，社会科学文献出版社，2020。

定基础①。

第二，从源头切实解决执行难。2019 年 8 月，中央全面依法治国委员会下发《关于加强综合治理从源头切实解决执行难问题的意见》后，各地认真贯彻落实该意见精神，将源头治理作为解决执行难的切入点，加强社会诚信建设和执行规范化建设，推动执行工作从"基本解决执行难"向"切实解决执行难"迈进。最高人民法院随后召开新闻发布会，公开发布人民法院贯彻落实该意见的有关情况，强调要巩固基本解决执行难的成果，建立长效机制，提出了包括推进强制执行立法、加大专项行动力度、构建诉源治理机制以及推进执行信息化向智能化升级在内的具体措施。

各地也纷纷出台措施从源头切实解决执行难。2020 年 3 月，浙江出台了《关于加强综合治理从源头切实解决执行难问题的实施意见》，将执行工作纳入平安浙江、法治浙江建设考评体系，将"万人失信率"纳入营商环境和信用城市考评体系，完善失信被执行人信用监督、警示和惩戒机制，对落实情况开展专项检查、督查。2020 年 6 月 17 日，安徽省合肥市通过《关于加强人民法院执行联动工作的决定》，要求各级政府应将执行联动工作纳入平安建设考评体系，建立执行联动工作联席会议制度，建立基层协助执行网络。

第三，检察机关积极凸显检察服务便民利企，优化营商环境，积极发挥政法机关在优化营商环境中的作用。2019 年以来，上海市检察机关充分发挥"四大检察"职能作用，着力维护公平竞争的市场秩序，为营造稳定、公平、透明、可预期的法治化营商环境提供有力的检察保障②。厦门市检察院出台专门文件，把服务保障全面深化营商环境建设作为重要工作任务，以专项监督活动为抓手，并及时发布一批典型案例，发挥好案例的警示作用和规范引领作用。

---

① 法治珠海课题组：《2019 年珠海法治发展与 2020 年展望》，陈甦、田禾主编《珠海法治发展报告 No. 2（2020）》，社会科学文献出版社，2020。

② 郭剑烽、施坚轩：《上海市检察机关推行服务保障优化营商环境"检察专项行动"》，《新民晚报》2019 年 8 月 28 日。

第四，司法行政部门通过在自贸区设立公证处、及时固定证据、减少纠纷等方式优化营商环境。山东省司法厅积极推动在济南、青岛、烟台自贸区内设立多家合作制公证处，为自贸区建设营造最优法治营商环境。中国（黑龙江）自由贸易试验区批准建立以来，黑龙江省司法厅积极对照国内外先进标准，在哈尔滨自贸区（哈尔滨新区）设立1家合作制试点公证机构。江苏公证机关在司法辅助事务、行政辅助事务、知识产权保护、金融风险防范等领域取得了明显突破，全省公证机构全部与所在地法院实现对接协作，探索非诉讼纠纷解决路径，完善矛盾纠纷多元化解机制。

五　持续提升社会治理能力

十九届四中全会提出，"社会治理是国家治理的重要方面"，并将社会治理提升到保持社会稳定、维护国家安全的高度。十九届四中全会后，各地司法机关也在各自领域内积极将司法与社会治理相结合，提升司法参与社会治理的能力和水平。

（一）积极倡导多元纠纷化解

矛盾纠纷化解是社会治理的重要内容。近年来，人民法院在化解矛盾纠纷、参与社会治理中发挥了重要作用。但是，人民群众日益增长的诉讼需求与司法资源的张力日渐凸显，使得人民法院意识到诉讼途径不能唱纠纷化解的独角戏。在最高人民法院的指导下，各地法院坚持把非诉讼纠纷解决机制挺在前面，加强非诉讼和诉讼对接，人民调解、行政调解、司法调解联动，充分发挥人民法院调解平台在线化解纠纷功能，让人民内部矛盾能够更快更有效化解。将矛盾纠纷化解与诉源治理相结合。例如，福建省高级人民法院出台《关于进一步深化诉源治理减量工程建设的实施意见》，要求全省法院开展诉源治理，形成外部多元解纷和内部高效协同"两个合力"，实现案件数量往下走和办案质效向上升"两个拐点"。江西法院推动万人成讼率、诉前调解质效等指标纳入平安江西建设考核和平安报告。南昌、鹰潭、赣州、吉安等多地法院拓宽纠纷解决渠道，构建起集人民调解、行业调解、行政调解、律师调解、司法调解于一体的立体化、全网式多元调解工作格局。湖南法院召开诉源治理和两个"一站式"建设工作推进会，要求全省法院要进一步统一思想、明确思路，全面建成集约高效、多元解纷、便民利民、智慧精准、开放互动、交融共享的现代化诉讼服务体系。

（二）探索建立检察机关提起公益诉讼制度

近年来，各级检察院积极探索检察机关提起公益诉讼制度参与社会治理。2019 年以来，全国各地检察机关敢于实践，建章立制，以维护公共利益、保护生态环境为己任，全面深入开展公益诉讼检察工作。2019 年 10 月 23 日，最高人民检察院在第十三届全国人民代表大会常务委员会第十四次会议上向全国人大报告了全国检察院开展公益诉讼检察工作的情况。全国检察院办理民事公益诉讼、行政公益诉讼案件逐年上升。

一是各地密集出台了地方性法规和文件支持检察机关公益诉讼。据不完全统计，2019 年 9 月以来，全国至少有河北、内蒙古、辽宁、浙江、湖北、广西等十余个省级地方人大出台了关于加强检察公益诉讼工作的决定或加强新时代检察机关法律监督工作的决议，加强公益诉讼制度建设。以 2020 年 5 月出台的《浙江省人民代表大会常务委员会关于加强检察公益诉讼工作的决定》为例，该决定规定了检察机关办理行政和民事公益诉讼的案件范围，提起公益诉讼的程序、方式，公安、法院、司法行政机关、监察机关与检察机关加强配合协作的方式，并明确规定县级以上人民政府应当采取措施，支持检察公益诉讼工作等。

二是公布公益诉讼典型案例。2020 年以来，浙江、青海、广东、宁夏以及山东济南、贵州黔南州等地检察院先后向社会公布涉及环境污染、非法采矿、生态保护、国有资产流失等的典型公益诉讼案件，展示检察机关保护公共利益的决心。2020 年 2 月 28 日，最高人民检察院公布了江苏省常州市金坛区、浙江省龙泉市、湖南省湘阴县、四川省绵阳市涪城区、江西省鹰潭市以及江苏省扬中市人民检察院办理的 6 件野生动物保护公益诉讼典型案例，案件涉及非法收购、出售珍贵、濒危野生动物及制品，非法猎捕、杀害、收购、出售珍贵、濒危野生动物，野生动物非法交易，非法猎捕、杀害珍贵、濒危野生动物等。

三是完善工作机制，强化协作配合。其一，检察机关积极与行政机关加强协作，通过诉前加强沟通协调、精准发出检察建议等手段促进行政机关履职纠错，用最少的司法资源获得最佳的办案效果，既维护了国家和社会公共利益，又防止因办案扩大对政府形象造成负面影响。例如，四川省南充市检察机关健全行政执法与检察监督长效协作机制，与国土、环保、市场监管、农牧业、水务等行政部门联合会签 11 个关于公益诉讼工作的文件，就线索移送、调查取证、公益诉讼诉前程序、法律适用、协作配合等问题达成共识，建立了信息共享、工作联席会等协作机制，进一步实现了资源互享、信息互通、优势互补、工作互动。其二，与监察机关建立协作机制。例如，广东省珠海市人民检察院与市监察委员会共同签署了《珠海市监察委员会、珠海市人民检察院加强公益诉讼协作配合实施办法（试行）》，通过建立案件线索互相移送机制，增强了法律监督刚性①。其三，探索建立区域协作工作机制。针对破坏生态环境案件往往跨区域的特点，一些地方检察院试点跨省交办或移送案件线索，着力破解"上下游不同行、左右岸不同步"的治理难题。例如，重庆、四川、云南、贵州 4 省市检察机关建立赤水河、乌江流域跨区域生态环境保护检察协作机制。

总体上，各地公益检察发展至今，从就案办案走向追查到底，案后修补走向诉前"治未病"，大量案件和社会问题在诉前得到有效解决。

（三）普法工作翻开新篇章

司法行政机关则以加强普法的形式参与社会治理。2020 年是"七五"

---

① 珠海市人民检察院课题组：《检察机关提起公益诉讼之珠海实践》，陈甦、田禾主编《珠海法治发展报告 No. 2（2020）》，社会科学文献出版社，2020。

普法的收官之年。2020 年，全国"抗疫"和《民法典》的出台为普法工作注入了新内容。

2020 年 1 月 31 日，浙江省发布了全国首个防控疫情普法守法倡议书，浙江省普法办向社会各界发出倡议："依法防治，普法同行，守土尽责，共克时艰。"随后，各地纷纷响应，普法工作在"疫情阻击战"中没有缺席，持续发挥着稳定人心、指导依法"抗疫"的作用。2020 年 2 月 5 日，习近平主持召开中央全面依法治国委员会第三次会议并发表重要讲话，强调"要在党中央集中统一领导下，始终把人民群众生命安全和身体健康放在第一位，从立法、执法、司法、守法各环节发力，全面提高依法防控、依法治理能力，为疫情防控工作提供有力法治保障"①。这同时也是对普法工作提出的硬性要求，各级国家机关、领导干部必须要善用法治思维和法治方式开展疫情防控工作，学习掌握国家公共卫生法律法规、应急法律法规、慈善法等相关常识，依法支持和配合疫情防控工作。事实证明，法治在抗击疫情过程中发挥了保驾护航的重大作用，普法工作及时有效地让各类主体了解相关制度规定。

2020 年 5 月 28 日第十三届全国人民代表大会第三次会议通过了《民法典》。作为"社会生活的百科全书"，社会上掀起了普及民法知识和全民学习《民法典》的热潮。习近平总书记专门提出要加强民法典普法工作："民法典要实施好，就必须让民法典走到群众身边、走进群众心里。"② 此后，全国各地开展了形式多样的《民法典》普法活动，北京市委全面依法治市委员会守法普法协调小组印发《关于加强〈中华人民共和国民法典〉学习宣传的实施意见》，要求全市各相关单位和部门全面加强民法典学习，将学习宣传贯彻民法典作为当前和"十四五"期间普法工作重点；河南省委宣

① 习近平：《全面提高依法防控依法治理能力　为疫情防控提供有力法治保障》，人民网，https：//baijiahao. baidu. com/s？ id = 1657692879798361053&wfr = spider&for = pc，最后访问日期：2020 年 7 月 9 日。
② 习近平：《充分认识颁布实施民法典重大意义　依法更好保障人民合法权益》，《求是》2020 年第 12 期。

传部、组织部、司法厅、省普法教育工作领导小组办公室联合下发通知，强调领导干部作为"关键少数"学习《民法典》的重要性，并积极推动《民法典》学习宣传进乡村、进社区、进万家；浙江省组成115人的普法讲师团，针对不同群体的需求为社会提供"点单"普法服务，将传统"讲什么听什么"的普法模式积极转变为"听什么就讲什么"的普法模式，用户需求导向起到了更好的普法效果。

随着"七五"普法总结验收工作的开展，会有更多的普法先进经验呈现在公众面前，为"八五"普法夯实牢固的群众基础。

六　司法助力抗疫渡过难关

2020年，中国各项司法活动受到新冠肺炎疫情的重大挑战，疫情导致大量线下司法工作受到阻碍，不管是律师会见当事人，检察官的侦查活动，还是法官庭审都受到极大限制。在疫情期间，各地司法机关主动服务疫情防控大局，一方面，严格落实防控要求，惩治妨害疫情防控犯罪；另一方面，积极利用网络在线开展司法活动。

（一）妥善办理各类涉疫案件

全国各地司法机关、检察机关根据《刑法》、"两高"《关于办理妨害预防、控制突发传染病疫情等灾害的刑事案件具体应用法律若干问题的解释》，在《关于依法惩治妨害新型冠状病毒感染肺炎疫情防控违法犯罪的意见》的指导下，对在疫情防控期间哄抬物价、牟取暴利，妨害传染病防治、妨害公务、破坏野生动物资源等犯罪行为，依法从重处罚。

全国各级法院统筹做好疫情防控和维护稳定等工作，加快审理各类涉疫案件，促进涉疫矛盾纠纷源头预防化解。辽宁、湖北、广东、青海等地高级人民法院先后公布多批妨害新冠肺炎疫情防控犯罪典型案例，涉及抗拒疫情防控措施，制假售假，编造、故意传播虚假信息等犯罪。全国检察机关确保疫情案件统一法律政策标准，依法从严从重从快打击妨害疫情防控犯罪。

2020 年 1～6 月，全国检察机关受理审查逮捕妨害新冠肺炎疫情防控犯罪 6624 人，经审查批准和决定逮捕 5370 人；受理审查起诉 8991 人，经审查决定起诉 5565 人。2020 年 2 月，贵州省人民检察院出台《贵州省检察机关关于充分发挥检察职能　服务保障民营企业改革发展的措施》，明确提出 17 条具体举措，要求依法惩治侵犯民营企业和企业家合法权益的犯罪，慎重适用各类司法强制措施。2020 年 3 月，湖北省人民检察院制定出台《关于充分发挥检察职能　依法保障复工复产　促进经济社会加快发展的意见》。通过司法政策，促进依法审慎稳妥办理相关案件。

司法机关在疫情期间重拳出击，为切实维护社会稳定、打赢疫情防控阻击战提供了有力的司法保障。

（二）完善在线审理规则

在纠纷解决方面，最高人民法院连续发布多份司法解释，对疫情期间加强和规范在线诉讼工作、审理涉新冠肺炎疫情案件进行指导，各地法院运用远程立案、在线庭审、在线调解、在线执行等一系列诉讼服务措施及时定分止争，依法保障社会公平正义和人民群众合法权益。在 2020 年全国两会上，最高人民法院工作报告称，疫情防控期间，全国法院网上立案 136 万件、开庭 25 万次、调解 59 万次，电子送达 446 万次，网络查控 266 万件，司法网拍成交额 639 亿元，执行到位金额 2045 亿元[①]。各地法院纷纷加强在线诉讼指导。天津、重庆、广东等地法院先后出台了在线诉讼规程。一些地方疫情期间线上诉讼成为主流。例如，深圳市两级法院疫情期间通过网上立案 26609 件，实现电子送达 40629 次，在线庭审 2553 次，微法院申请阅卷 3033 件，深圳市龙华区人民法院速裁庭运用"深圳移动微法院"开庭数占全院的 81%[②]。济南市两级法院利用线上审判、执行和移动办案，实现了疫

---

① 周强：《最高人民法院工作报告——2020 年 5 月 25 日在第十三届全国人民代表大会第三次会议上》，《人民法院报》2020 年 6 月 2 日，第 1 版。

② 肖波、徐全盛：《深圳"智慧引擎"启动在线诉讼》，《人民法院报》2020 年 4 月 21 日，第 8 版。

情防控和执法办案同步推进，确保疫情防控与审判执行两不误，取得了良好的法律效果和社会效果①。

（三）加强疫情防控期间司法行政工作

此外，为贯彻落实党中央决策部署，在新冠肺炎疫情防控期间，在加强监所管理、强化稳就业等方面，司法行政部门采取了一系列措施。司法部发布通知，允许尚未取得法律职业资格证书的高校毕业生，可先在律师事务所实习。实习期满考核合格并取得法律职业资格证书的，可以按规定申请律师执业。此外，各地律师协会也结合防疫工作形势和要求，对实习人员面试、实习证办理等采取灵活方式，上海等地律师协会采用网络远程方式对实习人员进行面试考核，郑州市律师协会在疫情期间开通网上申请实习证办理工作。

在疫情防控期间，全国各地监狱相继制定采取了一系列严格精准的防疫措施，将新冠病毒牢牢地阻隔于大墙之外。上海市监狱系统以基层党建保障抗击疫情，探索形成"1333"党建工作新模式，持续夯实战时基层党建根基。坚持"一个遵循"、注重"三基"要素、拓展"三精"思路、强化"三个找准"②，为打赢防疫阻击战、推动监狱发展、强化队伍管理提供了坚强保障。广东省监狱系统开展狱务大整顿活动，强化党对监狱工作的绝对领导，提升工作人员思想认识水平和业务素质，对疫情防控工作和监狱安全工作统筹谋划部署。不过，也有个别司法机关暴露出内在管理的松懈和不足。在疫情暴发之初，湖北、山东等地监狱出现了监狱内的疫情扩散情况，给狱务管理敲响警钟。监狱内部疫情的发生不仅暴露了监狱管理存在的漏洞，而且反映了

---

① 闫继勇等：《济南：审判执行"不缺位"，司法服务"不断档"》，《人民法院报》2020 年 4 月 27 日，第 6 版。
② "一个遵循"是指坚持以习近平总书记疫情防控工作重要讲话和批示指示精神为根本遵循；注重"三基"要素，健全党的基层组织，加强党建基础管理，提升党员基本素质；拓展"三精"思路，精细排摸队伍困难底数，精准搭建帮困渠道，精心做实暖心爱警举措；强化"三个找准"，找准刀刃向内、补足短板的切入点，找准问题查摆、即知即改的落脚点，找准作风建设、常态长效的发力点。

个别监狱的监狱管理能力与水平与国家治理体系和治理能力现代化要求还存在较大差距。各级司法行政部门和多地监狱以此为戒，及时行动，查漏补缺，完善规章制度，变被动为主动，借疫情防控契机全面提升了狱务管理水平。

七　发挥智慧司法更大作用

各地司法机关之所以能够在疫情防控期间积极发挥职能，保证司法工作正常运行，做到抗疫、办案两不误，与"智慧司法"建设密不可分。

（一）智慧法院

2019 年以来，智慧法院由初步形成向全面建设迈进①，全国各地法院坚持司法为民主线，全面落实深化最高人民法院智慧法院建设工作要求，智慧审判、智慧执行、智慧服务、智慧管理方面取得长足进步，将最新的科技创新成果成功应用于智慧法院建设，全面实现了审判执行智能化、办案管理科学化、司法服务精准化。例如，在区块链技术方面，杭州、北京、广州三家互联网法院走在全国前列。杭州互联网法院通过上线司法区块链平台探索人工智能的审判全流程应用；北京互联网法院建设可信电子证据区块链平台"天平链"，完成版权、著作权、互联网金融等 9 类 25 个应用节点数据对接，"天平链 + 智能合约"技术为推进切实解决执行难工作提供了综合治理新思路；广州互联网法院"网通法链"智慧信用生态系统，建立"区块链 + 司法"信用档案，实现信用可见、可查、可享。有的法院则敏锐捕捉到 5G "大带宽、低时延、大连接"特性在法院业务中的广阔应用前景，将5G 技术与法院业务深度融合，广东省广州市中级人民法院建设 5G 智慧法院实验室，率先开展 5G 远程庭审，四川省成都市中级人民法院与该市司法局牵头，深度运用 5G、区块链和 VR 等技术，在律师协会、律师事务所、

---

① 陈甦、田禾主编《中国法院信息化发展报告 No. 4（2020）》，社会科学文献出版社，2020，第 3 页。

司法服务所、社区服务点等场所建立"5G智慧参审室",使当事人及诉讼参与人真正做到"提证入场""一步到庭"。有的法院则着力打造一站式多元解纷机制、一站式诉讼服务中心建设,将智慧法院与服务当事人结合起来。

(二)智慧检务

2020年,各地检察院坚持以科技为引擎,加强智慧检务建设,努力实现检察机关的信息化转型升级,全面推进新时代基层检察工作创新发展。上海市人民检察院第二分院通过建设检察工作数据分析和可视化项目,实现了检察数据的集成处理、可视化分析,并能够实时展示完整的数据驱动业务流程,该系统大幅提升了检察工作分析决策水平和趋势预测能力。安徽省阜阳市人民检察院率先在全省建设智慧公益诉讼取证云平台。平台通过"互联网+物联网+4G检测设备+业务"将手机取证应用程序、现场取证音视频数据与指挥中心连接起来,实现了"全景化、规范化、智能化"的证据管理服务模式,使公益诉讼案件的调查取证走向智能化、信息化。

(三)司法行政信息化建设

各地司法行政部门在司法部《关于进一步加强司法行政信息化建设的意见》的指导下,不断加快推进司法行政信息化建设。

贵州省司法厅加快"数字法治、智慧司法"信息化体系建设,贵州省白云监狱启动了"区块链+公正执法"试点建设,将区块链技术与监狱管理改造结合,数据上链存证,保证数据真实有效、无法篡改、全程留痕。为规范社区矫正工作,提升工作效率,山东省司法厅打造了一体化管理的"社区矫正平台",通过在省司法厅指挥中心建设社区矫正远程视频督察系统连接各地市、各区县社区矫正中心,实现全省社区矫正日常工作、突发事件的远程监督、管理和指挥。在抗击疫情实践中,信息化的重要作用得到更加充分的发挥。浙江省监狱系统利用信息化战"疫",开发运用新技术,取得了良好的效果。例如,协助狱警进行无接触体温测量的智能头盔,"云端会见""云上办公"，只要扫一扫二维码就可以通过文字、网络视频、语音或网络电话等方式获得权威的心理咨询服务的"微光行动"，等等。充分运用信息化技术系列举措，搭建起"智慧监狱"框架，确保疫情期间高墙内的安全稳定。疫情期间信息化技术在各地监狱"大展拳脚"，充分证明了构建"智慧监狱"的必要性，为未来监狱工作发展指明了方向，即运用信息化、智能化成果提升监狱管理现代化水平。

此外，"互联网＋公证"成为新时期公证行业信息化建设的新方向。各地公证机关创新"线下＋线上""本地＋异地"全新公证合作模式，通过现代信息技术，改变空间距离，实现"非接触"公证服务模式。

（四）智慧警务

习近平总书记在 2019 年全国公安工作会议上指出，"要把大数据作为推动公安工作创新发展的大引擎、培育战斗力生成新的增长点，全面助推公安工作质量变革、效率变革、动力变革"[1]。此后，全国各地公安机关将大数据智能化建设作为服务公安工作与国家发展战略目标、筑牢城市政治"护城河"的首要政治任务，以大数据智能化建设、打造"新智慧警务"为整体目标，深入推进公安大数据智能化建设和应用。通过构建覆盖全域的感知网络、建设警务大数据云平台，推动公安信息化向大数据、高共享、深应用转型升级。

八　司法制度的挑战与展望

2020 年以来，中国的司法获得长足进步，司法环境进一步改善，司法效率不断提升，但是仍然存在一些值得重视的问题。有的地方司法体制综合配套改革不到位，领导干部带头办案制度落实效果不佳；有的地方法律监督

---

[1] 《习近平：坚持政治建警　改革强警　科技兴警　从严治警　履行好党和人民赋予的新时代职责使命》，新华网，http：//www.xinhuanet.com//2019 - 05/08/c_ 1124468242.htm，最后访问日期：2020 年 8 月 7 日。

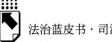

职责不到位，存在裁判不统一现象；有的地方司法机关还存在干警以案谋私、权钱交易、违规办案情况，党风廉政建设和反腐败斗争任务依然艰巨繁重；一些基层司法机关的人案矛盾突出、办案压力大，招人难、留人难的问题尚未根本解决。

今后，中国司法应当沿着党的十九大和十九届二中、三中、四中、五中全会精神确定的方向，深刻理解当前任务形势，不断适应新时代社会主要矛盾变化以及人民群众的更高要求，提供优质高效的法治保障。抓住影响司法公信力、制约工作质量效率的瓶颈问题和关键环节，在顶层设计以及配套制度机制不断完善的基础上，司法体制配套改革进入更加微观和可操作层面，不断增强改革的针对性和实效性，释放改革红利。加强司法人权法治保障、加强司法统一性，通过司法加强营商环境和社会治理，不断完善执行制度，让司法更加智慧化、服务广大人民群众。

一是加强司法机关的政治意识。习近平总书记对加强政法队伍建设作出一系列重要指示，深刻阐明了新时代政法队伍建设的方向性、全局性、根本性问题，充分体现了对政法系统坚持全面从严管党治警的新要求。中央政法委2020年7月8日召开"全国政法队伍教育整顿试点工作动员会"，部署开展政法队伍教育整顿活动，这次教育整顿被比喻为激浊扬清式的"延安整风"①。因此，今后一个阶段，司法机关将会坚持把党的政治建设摆在首位，坚持中国特色社会主义法治道路，坚守初心使命，增强"四个意识"、坚定"四个自信"、做到"两个维护"，并坚持把政治标准作为第一标准，全面落实从严治党主体责任。

二是积极稳妥推进认罪认罚从宽制度。《关于适用认罪认罚从宽制度的指导意见》明确了认罪认罚从宽制度的适用范围和适用条件，明确了认罪认罚及从宽的把握尺度，也规定了犯罪嫌疑人、被告人辩护权保障及被害方权益保障和诉讼地位。认罪认罚从宽制度涉及法院、检察院、公安机关、国家安全机关、司法行政机关等多部门。各地司法机关需要在审判实践中贯彻

①　《全国政法队伍教育整顿试点工作启动》，《人民日报》2020年7月9日，第11版。

落实上述指导意见，通过深入调研、公布典型案例等方式积极稳妥推进认罪认罚从宽制度。

三是更加突出司法的服务保障功能。进一步突出司法的人民性和服务性：其一，通过完善诉讼服务和检察服务来提升人民群众的满意度，凸显司法的便利性；其二，建立完善优化营商环境的形势分析研判、法律政策问题研究和办案业务指导等工作机制，增强服务保障的精准性、及时性和有效性，其三，根据《法治中国建设规划（2020～2025年）》的要求，通过整合律师、公证、调解、仲裁、法律援助、司法鉴定等司法服务资源，加强公共法律服务，逐步构建起现代公共法律服务体系。

四是加强司法的社会治理能力。党的十九届五中全会提出，完善共建共治共享的社会治理制度。今后，司法将进一步发挥其在社会治理中的积极作用。其一，深化诉源治理，完善社会矛盾多元调解化解综合机制。坚持和发展新时代"枫桥经验"，充分发挥人民调解的第一道防线作用，完善人民调解、律师调解、司法调解联动工作体系，积极引导人民群众通过非诉渠道解决矛盾纠纷。其二，加强并创新普法工作，加大全民普法力度，增强全民法治观念。《法治中国建设规划（2020～2025年）》明确提出，要"建立健全立法工作宣传报道常态化机制，对立法热点问题主动发声、解疑释惑"。今后，将进一步落实"谁执法谁普法"普法责任制，深入开展法官、检察官、行政复议人员、行政执法人员、律师等以案释法活动①。

五是推动执行长效机制建设。在切实解决执行难方面，随着"民事强制执行法"正式列入全国人大常委会年度立法工作计划，第一部个人破产法《深圳经济特区个人破产条例》颁布并将于2021年3月31日实施，个人破产制度呼之欲出，体现了国家切实解决执行难的决心。随着执行相关法律制度建设的日益完善，各地司法机关势必更加注重长效机制建设，并将联合其他部门，推进国家信用体系建设，推动执行难解决走向规范化。

六是智慧司法的作用将越来越凸显。随着科技司法时代的到来，加强

---

① 《法治中国建设规划（2020～2025年）》，《人民日报》2021年1月11日，第1～2版。

"智慧司法"建设已经成为全国各地司法机关的共识。随着互联网的进一步发展以及司法机关对"智慧司法"重视程度的不断提高，区块链、5G 等最新技术不断运用到司法场景中。近日，中共中央印发了《法治社会建设实施纲要（2020～2025 年)》，提出要建立健全网络综合治理体系。司法作为社会治理体系的有机组成部门，今后，"智慧司法"建设应当不断推陈出新，特别是巩固拓展疫情期间智慧司法建设应用成果，按照科学化、智能化和人性化原则，以人为本，突出智能支撑、大数据应用，完善"互联网＋诉讼"模式，实现"线上"与"线下"有机结合，推动科技更好地服务司法工作、服务人民群众的司法诉求。借助现代科技发展的前沿成果，为司法制度完善与良好运行提供技术保障。

司法体制改革

Reform of Judicial System

B.2

司法责任制改革近期发展与评价

蒋惠岭 *

摘 要： 作为司法改革的"牛鼻子"，司法责任制改革在过去短短的七年中以超乎寻常的快节奏推进，更成为综合配套改革中的重心。2019 年以来，中央及相关部门部署了一系列改革措施，各地法院积累了一些成熟的经验，突出体现了司法责任制"入法"、侧重监督管理机制完善、重视司法效率等特点。对于下一步的改革，应当继续以司法责任制全力带动其他三项基础性改革落地，继续保持司法责任制的"独立—问责"主调而不可偏废，改革司法人才供给和培养体制，并以长远眼光做好司法改革措施的"成本—效益"分析，敢于为实现司法改革的最终目标付出必要的成本。

---

* 蒋惠岭，同济大学法学院院长、教授。

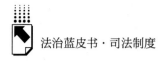
关键词： 司法责任制　司法改革　综合配套　纠偏机制

作为司法体制改革的四项基础改革之一，司法责任制被称为"司法改革的牛鼻子"，也是近两年来改革措施最多、力度最大以及体验感最直接的一个改革项目。2019 年以来，中央及相关部门继续加强顶层设计，陆续出台了一系列司法责任制改革方案，各地方也在落实各项改革措施过程中形成了一些经验做法。鉴于理论界和实务界已经对 2018 年之前的司法责任制改革进行了系统全面的总结和分析，本文仅就 2019 年以来的司法责任制改革的基本情况进行梳理、分析和评价，以期反映改革的实际进展情况和成败得失，并对未来的发展提出一些分析意见。

一　司法责任制改革的"四个重要性"

自启动司法体制改革之日起，司法责任制便被称为改革的"牛鼻子"，是四项基础性司法改革任务之一。2013 年 11 月召开的党的十八届三中全会要求，"改革审判委员会制度，完善主审法官、合议庭办案责任制，让审理者裁判、由裁判者负责"。特别是"让审理者裁判、由裁判者负责"，更是直接体现了司法责任制所追求的"独立"与"问责"的改革目标。

2017 年党的十九大指出，要"深化司法体制综合配套改革，全面落实司法责任制，努力让人民群众在每一个司法案件中感受到公平正义"。2019 年 10 月党的十九届四中全会对司法责任制改革再次作出部署，要求"深化司法体制综合配套改革，完善审判制度、检察制度，全面落实司法责任制，完善律师制度，加强对司法活动的监督，确保司法公正高效权威，努力让人民群众在每一个司法案件中感受到公平正义"。为落实中央的要求，2020 年 3 月，中共中央办公厅印发了《关于深化司法责任制综合配套改革的意见》，对司法责任制改革作了系统、全面的部署。

党的十八届三中全会以来，中央一直将司法责任制改革摆在全面深化改革的重要议事日程上，更加突出了这项改革的重要性。因此，很有必要对司法责任制的重要性再作深度解读。

第一，司法责任制是司法制度中最能体现政治效果的一项制度。在中国，"人民群众的满意度"是检验改革是否成功的尺度，而司法公正与司法公信是司法改革的基本目标。司法责任制的实施，一方面追求司法公正和司法公信的效果，直接影响着人民群众的体验；另一方面也直接影响着司法工作主体（法官、检察官以及其他司法工作人员）的体验，决定着实现司法公正的前提。因此，从某种程度上讲，司法责任制可以作为司法公正的最终自检器。

第二，司法责任制承担着实现独立审判宪法原则的重任。审判独立是世界各国法治通例，是国际社会普通接受的法治原则。尽管各国审判机关对外独立的范围、方式、程度以及接受外部监督的模式各有不同，但审判机关内部独立的标准几乎没有差别。这也是我国经过多轮司法改革之后一直没有走出的"审者不判、判者不审"怪圈，但最终还是要回到司法规律上来，那就是实现"审理者裁判、裁判者负责"的目标。

第三，司法责任制成就了审判权力"独立"与"问责"的完整闭环。独立与问责，是公正司法的两个基本保障，二者缺一不可。司法责任制要解决的第一个问题是实现法官或审判组织在裁判中的独立性，即"让审理者裁判"。与此同时，对获得了独立审判案件权力的法官必须有相应的约束，并让其承担因违法裁判而引起的责任，即"由裁判者负责"。如果只有独立而没有问责，则会造成恣意妄为、司法专横；如果只有问责而缺乏独立，则会造成趋炎附势、司法不公。

第四，司法责任制可以正确界定法官在职业群体中的相互关系。不论是从内部独立的要求，还是从法官职业群体的要求看，法官相互之间的关系可以比作司法制度的基因。依照法律和程序独立行使审判权的法官首先面对的便是与其一起行使审判权的同事们。法官们行使的审判权看似因所处审级不同、任职资历不同而有高低之分，但实则不然。这是因为审判权的范围可以有大小之分，但其属性应当是完全一致的，那就是依法独立作出判断。不同法院、不同法官可以因职责分工而有管辖权的不同分配，但不应当有裁判权的大小之分。只要属于法官管辖权范围内的审判权，就应当具备审判权完整的属性。换句话说，这便是法官与法官之间的基本关系。一旦法官与法官在审判权方面的关系出现问题，就像司法的基因出了问题一样，最终会影响司法的整体构造，即使外部环境看似已经完备。

关于司法责任制对司法制度本质属性的解读还可以有多个视角。总之，上述分析可以强化我们对中央全力推进司法责任制改革的认识，也可以进一步增强对改革的信心。

二　司法责任制改革历程概述

自 2013 年全面深化改革以来，中国的司法体制改革在短短七年内以超乎寻常的快节奏推进，取得了长足发展。尽管改革时间不长，但由于整个司法改革部署源自周密的顶层设计，所以可以清晰地描绘改革的历程和阶段。大概有三步。

（一）2013～2015年的审判权力运行机制改革试点

根据 2013 年全国政法工作会议精神，人民法院和人民检察院启动了司法权力运行机制改革。同年 10 月 15 日，最高人民法院出台了《关于审判权运行机制改革试点方案》①，审判权运行机制改革试点的具体措施主要包括以下方面。

一是院庭长编入合议庭。在改革中，尝试一个合议庭便是一个审判庭的内部组织框架建设。一个审判庭内设有多个合议庭的，将副院长、审判委员

---

① 改革的具体目标是：严格落实相关诉讼法的规定，建立符合司法规律的审判权运行机制，消除审判权运行机制的行政化问题；科学设置审判组织，合理界定各类审判组织的职权范围，理顺各类审判组织之间的关系，调动法官积极性；优化配置法院内部各主体的审判职责与管理职责，依法强化各种职能之间的制约监督，确保独任法官、合议庭及其成员依法公正、独立行使审判职权；严格落实独任法官、合议庭、审判委员会的办案责任，做到"权责利统一"。

会委员、庭长、副庭长直接编入合议庭并担任审判长，以保证合议庭的审判水平。

二是审判委员会委员组成合议庭。审判委员会委员除作为审判长主持合议庭的案件审理外，还可以与其他审判委员会委员组成三人至七人的委员合议庭，审理重大疑难复杂案件。

三是建立专业法官会议。对于案件审理过程中发现的重要法律适用问题或者其他重大疑难复杂问题，独任法官或者审判长可以提请院长、庭长召集专业法官会议或者审判长联席会议讨论，其结论应当记录在卷，供合议庭参考。

四是裁判文书由签发制改为"签署制"。审判员独任审理的案件，裁判文书由独任审判员直接签署。助理审判员独任审理的案件，裁判文书应由其所在合议庭的审判长审核后签署。合议庭审理案件的裁判文书，由案件承办法官、合议庭其他法官、审判长依次签署。院长、庭长不得对未参加合议审理的案件的裁判文书进行签发。

五是实行行政事务集中管理。试点法院探索实行人事管理、经费管理、政务管理等行政事务的集中管理，必要时可以设立院长助理、庭长助理协助院长、庭长处理行政事务。院长、庭长履行行政管理职责，不得影响审判组织依法独立审判案件。

六是实现审判人员权责利统一。在保障独任法官、合议庭依法独立行使审判权的前提下，按照"权责利统一"的原则，明确独任法官、合议庭及其成员的办案责任。

这一改革试点于 2015 年结束。作为司法责任制的初级版本，两年的审判权运行机制改革为后来全面推行司法责任制积累了有益经验。

（二）十八届三中全会后的司法责任制改革

2013 年 11 月党的十八届三中全会提出，"改革审判委员会制度，完善主审法官、合议庭办案责任制，让审理者裁判、由裁判者负责"。2014 年 10 月召开的党的十八届四中全会进一步指出，要"完善主审法官、合议庭、主任检察官、主办侦查员办案责任制，落实谁办案谁负责"。2014 年 6 月，中央全面深化改革领导小组通过的《关于司法体制改革试点若干问题的框架意见》提出了"主审法官、合议庭法官在各自职权范围内对案件质量终身负责"的要求。为贯彻落实党的十八届三中、四中全会精神和中央司法体制改革的总体部署，建立健全符合司法规律的审判权力运行机制，最高人民法院在总结审判权运行机制改革试点经验的基础上，于 2015 年 9 月制定《关于完善人民法院司法责任制的若干意见》，构建了我国司法责任制的核心内容，具体举措见表 1。

表 1 我国司法责任制的核心内容及具体举措

主要领域	具体举措
1. 探索改革审判团队构成模式	基层、中级人民法院可以组建由一名法官与法官助理、书记员以及其他必要的辅助人员组成的审判团队，依法独任审理适用简易程序的案件和法律规定的其他案件。案件数量较多的基层人民法院，可以组建相对固定的审判团队，实行扁平化的管理模式。人民法院可以按照受理案件的类别，通过随机产生的方式，组建由法官或者法官与人民陪审员组成的合议庭，审理适用普通程序和依法由合议庭审理的简易程序案件
2. 改革裁判文书签署机制	独任法官审理案件形成的裁判文书，由独任法官直接签署。合议庭审理案件形成的裁判文书，由承办法官、合议庭其他成员、审判长依次签署；审判长作为承办法官的，由审判长最后签署。审判组织的法官依次签署完毕后，裁判文书即可印发。除审判委员会讨论决定的案件以外，院长、副院长、庭长对其未直接参加审理案件的裁判文书不再进行审核签发
3. 推行院庭长办案常态化	进入法官员额的院长、副院长、审判委员会专职委员、庭长、副庭长应当办理案件，并就办案数量提出原则要求
4. 建立专业法官会议	专业法官会议作为一种非常设的咨询性质的工作机制，为合议庭正确适用法律提供参考意见。合议庭认为所审理的案件因重大、疑难、复杂而存在法律适用标准不统一的，可以将法律适用问题提交专业法官会议研究讨论。专业法官会议的讨论意见供合议庭复议时参考，采纳与否由合议庭决定，讨论记录应当入卷备查
5. 建立四类案件监督管理机制	对于有下列情形之一的案件，院长、副院长、庭长有权要求独任法官或者合议庭报告案件进展和评议结果：涉及群体性纠纷，可能影响社会稳定的；疑难、复杂且在社会上有重大影响的；与本院或者上级法院的类案判决可能发生冲突的；有关单位或者个人反映法官有违法审判行为的。院长、副院长、庭长对上述案件的审理过程或者评议结果有异议的，不得直接改变合议庭的意见，但可以决定将案件提交专业法官会议、审判委员会进行讨论

主要领域	具体举措
6. 明确必须追责的七种情形	法官应当对履行审判职责的行为承担责任,在职责范围内对办案质量终身负责。违法审判必须追责的七种情形包括:审理案件时有贪污受贿、徇私舞弊、枉法裁判行为等。同时,明确不得作为错案进行责任追究的几种情形,包括:对法律、法规、规章、司法解释具体条文的理解和认识不一致,在专业认知范围内能够予以合理说明的;对案件基本事实的判断存在争议或者疑问,根据证据规则能够予以合理说明的;等等
7. 规定法官承担司法责任的方式与份额	法官在审判工作中,故意违反法律法规的,或者因重大过失导致裁判错误并造成严重后果的,依法应当承担违法审判责任。法官有违反职业道德准则和纪律规定,接受案件当事人及相关人员的请客送礼、与律师进行不正当交往等违纪违法行为,依据法律及有关纪律规定另行处理。独任制审理的案件,由独任法官对案件的事实认定和法律适用承担全部责任。合议庭审理的案件,合议庭成员对案件的事实认定和法律适用共同承担责任。进行违法审判责任追究时,根据合议庭成员是否存在违法审判行为、情节,合议庭成员发表意见的情况和过错程度合理确定各自责任。审判委员会讨论案件时,合议庭对其汇报的事实负责,审判委员会委员对其本人发表的意见及最终表决负责
8. 加强法官的履职保障	在案件审理的各个阶段,除非确有证据证明法官存在贪污受贿、徇私舞弊、枉法裁判等严重违法审判行为外,法官依法履职的行为不得暂停或者终止。法官依法审判不受行政机关、社会团体和个人的干涉。任何组织和个人违法干预司法活动、过问和插手具体案件处理的,应当依照规定予以记录、通报和追究责任。加大对妨碍法官依法行使审判权、诬告陷害法官、藐视法庭权威、严重扰乱审判秩序等违法犯罪行为的惩罚力度,研究完善配套制度,推动相关法律的修改完善

（三）司法体制综合配套改革阶段的司法责任制

2017 年，党的十九大作出了"司法体制综合配套改革"的部署，之后中央各有关部门开始部署，将司法改革推向了一个新的阶段。2019 年 2 月 27 日发布的《最高人民法院关于深化人民法院司法体制综合配套改革的意见——人民法院第五个五年改革纲要（2019～2023）》确立了十项主要改革任务，包括把党的政治建设摆在首位，坚持围绕中心、服务大局，把满足人民群众不断增长的司法需求作为人民法院工作的基本导向，进一步深化司法公开，全面落实司法责任制，优化四级法院职能定位和审级设置，推动民事、行政诉讼制度改革以及深化以审判为中心的刑事诉讼制度改革，全面推进执行信息化、规范化建设，全面推进人民法院队伍革命化、正规化、专业化、职业化建设，全面推进智慧法院建设等。其中，关于全面落实司法责任制，该纲要要求，完善审判监督管理机制和法律统一适用机制，健全司法履职保障和违法审判责任追究机制，让法官集中精力尽好责、办好案，推动实现有权必有责、用权必担责、失职必问责、滥权必追责，构建以司法责任制为核心的中国特色社会主义审判权力运行体系。

三　近两年司法责任制改革的进展情况

"深化司法体制综合配套改革，全面落实司法责任制"是党的十九大作出的重大部署。2019年1月召开的中央政法工作会议也提出，要全面落实司法责任制，让司法人员集中精力尽好责、办好案。因此，近两年来，司法责任制改革依然是司法改革的重心，但其突出特点是增加了"综合配套"的视角。

2019～2020年短短的两年里，我国出台了多部落实司法责任制的新改革文件，为司法责任制基本框架增加"血"和"肉"，也为构建审判权运行和监督管理新机制提供了保障。两年来发布的改革方案主要如下。

第一，2019年2月27日，《最高人民法院关于深化人民法院司法体制综合配套改革的意见——人民法院第五个五年改革纲要（2019～2023）》发布，确立了十项主要改革任务，其中即包括司法责任制改革。

第二，2019年3月，最高人民法院和中央政法委、最高人民检察院共同印发《关于加强司法权力运行监督管理的意见》，就全面落实司法责任制、正确处理有序放权和有效监管的关系提出总体要求。

第三，2019年8月，《最高人民法院关于健全完善人民法院审判委员会工作机制的意见》明确，优化审判委员会人员组成，科学定位审判委员会职能，健全完善审判委员会议事程序和议事规则，确保审判委员会委员客观、公正、独立、平等发表意见，防止和克服议而不决、决而不行，切实在审判领域发挥民主集中制优势。

第四，2019年9月，最高人民法院办公厅印发《进一步加强最高人民法院审判监督管理工作的意见（试行）》，进一步规范和完善最高人民法院审判监督管理机制，全面落实司法责任制的各项工作部署，严格落实"让审理者裁判、由裁判者负责"的改革要求，通过随机分案、确定审判长和合议庭成员人选、类案检索、案件质量评查等措施，着力构建全面覆盖、科学规范、监管有效的审判监督管理制度体系，实现有序放权与有效监督相统一。

第五，2019年10月，最高人民法院印发《关于建立法律适用分歧解决机制的实施办法》，推动从审判机制上避免本级生效裁判之间发生法律适用分歧，并及时解决业已存在的法律适用差异。这一解决机制与类案及关联案件强制检索机制、专业（主审）法官会议机制、审判委员会制度形成合力，构成有机衔接、对应互补的制度体系，能够有效避免和解决"类案不同判"等影响司法公正和司法公信的问题。

第六，2019年11月，《最高人民法院关于完善人民法院审判权力和责任清单的指导意见》和《最高人民法院法官审判权力和责任清单（试行）》印发，明确院庭长、审判组织和承办法官依法行使职权的边界和责任。权力清单与责任清单逐项对应，不允许有不受责任制约的特权，科学构建"有权必有责、用权必担责、失职必问责、滥权必追责"的审判权力运行体系。

第七，2018年底，最高人民检察院发布《2018～2022年检察改革工作规划》，健全与司法责任制相适应的检察权运行监督制约机制。最高人民检察院还发布修订后的《人民检察院刑事诉讼规则》，明确由检察官、检察长、检察委员会在各自职权范围内对办案事项作出决定并依照规定承担相应司法责任。

第八，2020年5月，最高人民法院提交全国人大的工作报告中要求，全国法院全面落实司法责任制。健全有序放权、科学配权、规范用权、严格限权的审判权力运行体系，制定审判权力和责任清单，明确院庭长、审判组织、法官的权限和责任，压实院庭长审判监督管理职责，做到有权必有责、用权必担责、失职必问责、滥权必追责。充分发挥司法解释、指导性案例作用，推行类案与关联案件强制检索机制，完善审判委员会工作机制，促进裁判尺度统一。

第九，2020 年 7 月 31 日，最高人民法院根据中央要求，制定了《关于深化司法责任制综合配套改革的实施意见》，专门就司法责任制的综合配套问题作出最新部署。在此之前，中共中央办公厅印发了《关于深化司法责任制综合配套改革的意见》，就深入贯彻党的十九大和十九届四中全会精神，认真贯彻落实习近平总书记关于统筹推进新冠肺炎疫情防控和经济社会发展工作的重要指示精神，深化司法责任制综合配套改革作出全面部署。

尽管最高人民法院的这一实施意见也涉及人员分类、员额制等综合配套问题，但其中最重要的内容是围绕司法责任制部署的一系列综合配套改革措施，具体内容见表 2。

表 2　司法责任制综合配套改革措施

主要领域	具体措施
1. 完善审判权力和责任清单	细化完善本院审判权力和责任清单，区分院长、副院长、审判委员会专职委员、其他审判委员会委员、庭长、副庭长、独任法官、合议庭审判长、承办法官及其他成员等人员类型，逐项列明各类审判人员的权责内容和履职要求，重点就确保规范有序行权、强化审判监督管理等事项作出细化规定
2. 完善"四类案件"识别监管机制	各级人民法院应当结合审级职能定位和审判工作实际，进一步细化明确"四类案件"范围，完善院庭长监督管理"四类案件"的发现机制、启动程序和操作规程，探索"四类案件"自动化识别、智能化监管，提高审判监督管理的信息化、专业化、规范化水平。各高级人民法院应当建立统一的"四类案件"自动识别监测系统，对审判组织应当报告而未报告、应当提交专业法官会议或审判委员会讨论而未提交的案件，系统自动预警并提醒院庭长监督
3. 完善"四类案件"的处理程序	对于"四类案件"，院庭长有权要求独任庭或合议庭报告案件进展和评议结果，对审理过程或评议结果有异议的，可以将案件提交专业法官会议、审判委员会讨论，不得要求独任庭、合议庭接受本人意见或直接改变独任庭、合议庭意见。院庭长履行审判监督管理职责时，应当在卷宗或办案平台标注，全程留痕
4. 优化审判团队组建	基层、中级人民法院应当综合考虑人员结构、案件类型、难易程度、综合调研等因素，适应繁简分流和专业化分工需要，灵活组建多种类型的审判团队。强化审判团队作为办理案件单元、自我管理单元的功能，根据职能需要合理确定人员配比

主要领域	具体措施
5. 完善案件分配机制	各级人民法院应当坚持"以随机分案为原则、以指定分案为例外"。已组建专业化合议庭、专业化审判团队或小额诉讼、速裁快审等审判团队的,应当合理确定案件类型搭配方式、灵活配置人力资源,尽可能在不同审判组织之间随机分案,避免一类案件长期由固定审判组织办理
6. 健全院庭长办案机制	各高级人民法院应当综合考虑人员数量、案件规模、分管领域、监督任务和行政事务等因素,区分不同地区、层级、岗位,科学合理确定辖区法院院庭长办案数量标准,协调减少院庭长事务性工作负担
7. 完善统一法律适用机制	进一步完善关联案件和类案检索机制、专业法官会议机制和审判委员会制度,确保各项机制有机衔接、形成合力
8. 严格违法审判责任追究	健全法官惩戒工作程序,完善调查发现、提请审查、审议决议、权利救济等程序规则,坚持严肃追责与依法保障有机统一,严格区分办案质量瑕疵责任与违法审判责任,细化法官和审判辅助人员的责任划分标准,提高法官惩戒工作的专业性、透明度和公信力

应当说,最高人民法院对于司法责任制所作的这八项部署完全贯彻了中央的改革要求,吸纳了以往司法责任制改革的成就和经验,针对改革过程中遇到的困难和问题,进一步采取了一系列改革措施。这也是今后一个时期司法责任制改革的整体路线图。

四 改革实例

自 2013 年开展审判权力运行机制改革试点以来的七年中,各地法院创造了很多有益经验,形成了许多成熟的改革案例,最高人民法院近年来已经发布了 8 批改革案例。每一期改革案例中都有关于司法责任制改革的成功案例,具有一定的代表性,成为司法改革的样板,也是对当前司法责任制改革部署的一种验证。2019 年以来,最高人民法院发布了三批 47 个司法改革案例,其中涉及司法责任制的就有 22 个。下面选择几个典型案例略加介绍。

（一）改革案例第98号①

这是天津市河北区人民法院关于完善"四类案件"全流程监督机制的改革案例。该院在改革实践中发现，最高人民法院司法责任制改革方案规定的"四类案件"常隐于一般案件之中，不易发现，难以甄别，最后也很难追责。为此，该院采取了五项具体改革措施。一是细化"四类案件"所包含的具体情况，做到准确甄别，明确"群体性案件"范围，细化"疑难复杂案件"标准，明确"类案冲突案件"标准，并结合实际界定"特定案件"范围。二是明确"四类案件"发现主体，确保及时推送责任明确，在立案环节、办案环节、信访纪检环节都责任到人、全方位监督。三是规范"四类案件"监督管理程序，力争监督管理到位不越位。四是专门研究开发具体案件监督管理的模块，纳入案件管理系统，用科学技术助力司法改革。五是强化监督结果应用，推动严格监督管理提质效。该院强化案件评查针对性，统一类案裁量尺度，实现审判质效精准考核。

（二）改革案例第118号②

这是山西省晋城市中级人民法院探索审判委员会听证制度的改革案例。该院按照最高人民法院关于审判委员会制度改革的要求，在承办法官或合议庭向审判委员会汇报案件事实时，邀请案件当事人参加，进而发展为独立的听证程序。该院坚持当事人诉讼权利平等原则，对一些重大、疑难、复杂案件或者存在重大分歧意见的案件，在审判委员会讨论时举行正式的听证活动。在听证过程中，审判委员会委员可以向当事人发问。在审判委员会讨论刑事案件时，检察机关和被告人一方都有权利参加听证。通过这一改革，不仅保证了案件质量，更重要的是维护了当事人正当的诉讼权利。

---

① 《天津市河北区人民法院：完善"四类案件"全流程监督管理机制 全面提升案件质效》，中国法院网，https://www.chinacourt.org/index.php/article/detail/2019/07/id/4190513.shtml。
② 《山西省晋城市中级人民法院积极探索审判委员会听证制度》，中国法院网，https://www.chinacourt.org/index.php/article/detail/2020/01/id/4783466.shtml。

（三）改革案例第142号①

该案例是云南省高级人民法院关于构建完善中级人民法院院领导办案考核评价体系的配套改革措施。司法实践中，对普通法官办案质量和效率进行考核是普遍现象，但单独对院领导办案情况进行考核比较少见，即使有这方面的考核，也难以真正落地。云南省高级人民法院坚决采取这一考核措施，合理设置中院院领导审判业绩考评指标，但也不机械地搞"一般粗"、"一刀切"、求大求全、唯指标论，取得了显著的效果。2019年，云南省高级人民法院对全省109名中院院领导分别给出了4个等次的成绩评定，并根据考核结果提出了被考核人员是否列入法官等级晋级和选升后备、是否应当退出员额等倾向性意见，将考评结果进行通报，直接让考核指标这个老虎有了"牙齿"。

（四）改革案例第120号②

这是上海市第一中级人民法院关于完善审判绩效考核机制的改革案例。2019年9月，上海市第一中级人民法院施行新版《审判绩效考核与管理实施办法》，进一步细化司法责任制的内容，真正发挥考核指标的"指挥棒"作用。在实施这项改革的过程中，上海市第一中级人民法院注意更新考核理念，即质量优先、兼顾效率分类考核、尊重差异，考核到人、全员覆盖。在改善考核方法方面，该院分别对审判效率与审判质量进行考核，对前者基本上通过量化方式进行，对后者则主要通过价值判断、主观感受的方式进行评价。与传统的考核模式相比，这种考核更加符合司法规律，能够比较准确地衡量和评价法官的审判绩效，从而最大限度地激发法官的工作积极性。

---

① 《云南省高级人民法院：坚持"四结合"破除"四难题" 构建完善中级人民法院院领导办案考核评价体系》，中国法院网，https：//www.chinacourt.org/article/detail/2020/07/id/5348701.shtml。

② 《上海市第一中级人民法院：突出审判质量具象个体考核 完善审判绩效考核机制》，中国法院网，https：//www.chinacourt.org/article/detail/2020/01/id/4778777.shtml。

（五）改革案例第131号①

上海市高级人民法院实施的"法律适用疑难问题网上咨询系统"，是在设立专业法官会议这一改革举措的基础上，进一步完善法律统一适用机制的创新措施。2020年，上海市高级人民法院专门发布关于通过网上咨询系统指导法院工作的规范性文件，开发了"法律适用疑难问题网上咨询系统"。自2020年4月1日上线运行三个月，网上咨询系统就已为全市法院解决法律适用问题93个。在这一系统中，上海市高级人民法院明确规定了咨询范围和前置条件，确保问题具有研究价值和普遍指导性。同时，该院调动全市的审判精英组成12个咨询小组，分别就立案、刑事、民事等问题进行研究，提供咨询意见。在经过严格的研究、起草、审核等程序后，由小组作出答复，并将答复结果作为调研考核的一部分，从而一方面增强工作的积极性，另一方面也保证了答复内容具有极高的水平。

五 基本评价与相关建议

（一）现阶段改革的主要特点

综观2019年以来的司法责任制改革，我们可以发现几个明显的特点。

第一，司法责任制纳入法律，并成为政法体制改革的一部分。修改后的《人民法院组织法》第8条规定，"人民法院实行司法责任制，建立健全权责统一的司法权力运行机制"。第33条规定："合议庭审理案件，法官对案件的事实认定和法律适用负责；法官独任审理案件，独任法官对案件的事实认定和法律适用负责。人民法院应当加强内部监督，审判活动有违法情形的，应当及时调查核实，并根据违法情形依法处理。"2019年1月中央全面深化改

---

① 《上海市高级人民法院：建设统一法律适用专门化系统 完善法律适用分歧解决机制》，中国法院网，https://www.chinacourt.org/article/detail/2020/07/id/5348701.shtml。

革委员会第六次会议通过《关于政法领域全面深化改革的实施意见》，再次将司法责任制改革纳入中央全面深化改革布局。

第二，司法责任制改革逐渐成为司法改革的重心。无论是从中央及各相关部门部署的改革任务来看，还是从媒体报道内容来看，所有涉及司法改革的内容逐步集中在两部分：一部分是多元化纠纷解决机制改革措施，另一部分是司法责任制或与其相关的综合配套措施，而其他内容已经很少。在司法实践中，由于司法责任制改革与每一位法官、检察官的个人职责、权力、约束、责任等直接相关，而且具有一定的微观性和很强的操作性，所以这也成为他们经常讨论的话题。

第三，司法责任制改革更侧重于监督管理机制设计。2013 年启动审判权力运行机制改革试点后的司法责任制改革中，一直以实现"让审理者裁判、由裁判者负责"为目标，真正做到还权于合议庭、还权于法官。因此，那个阶段的改革措施更多地关注领导干部过问案件通报追责制度，将裁判文书签发制改为签署制，将院长庭长编入合议庭直接发挥优质审判资源的作用，审判委员会功能向指导审判、总结经验方向转化等。但近两年来，司法责任制改革的重心发生了明显的转移，相关措施也主要是为了加强院庭长对普通法官、合议庭的监督管理。这一变化有多重原因，最主要的便是法官缺乏必要的制约，办案质量未见明显提高，法律适用不统一现象时有发生，司法腐败现象有增无减等。

第四，司法效率成为司法责任制改革的另一个关注点。近两年来，中央及相关部门对诉讼程序简化、案件繁简分流、审判团队重组等问题非常重视，并将这些内容纳入司法责任制的综合配套改革之中。通过这些改革，各级法院能够更有效地调动各方力量，合理配置司法资源和审判力量，让法官集中精力办好案，提高司法制度的整体效能。从这一点来看，司法责任制改革的功能在进一步放大。

（二）下一步改革的相关建议

尽管近两年来的司法责任制改革在重心、内容等方面发生了一些变化，但基本上延续了2013年启动审判权运行机制改革以来的基本方向，展现了司法改革进程的阶段性，与当前面临的形势和问题密切相关。由于司法改革自身的复杂性和法治建设进程的长期性，司法责任制改革的一些措施仍然具有一定的过渡性质。那么，对于下一步司法责任制改革的推进，本文提出如下建议。

第一，继续以司法责任制为司法改革的"牛鼻子"，全力带动其他三项基础性改革落地。就目前的情况看，进入"综合配套"改革阶段之后，原来推进的三项基础性改革（即法院检察院人财物省级统管、法院检察院人员分类管理、司法职业保障制度）已经很少提及，但实际上这三项改革的落实情况并不乐观。与这三项改革相比，司法责任制改革更具有"自我加压""刀刃向内"的作用，可以让司法机关对自身的问题认识更加深刻、改革更加有力。但是，实际上司法责任制改革成功与否与各项外部配套改革是否到位直接相关。因此，在继续深化司法责任制改革时，切不可忽视其他基础性改革（目前已被当作综合配套改革措施）的落地。

第二，继续保持司法责任制的"独立—问责"主调，不可偏废。我国的司法改革并不是在万事俱备、条件齐全的前提下开始的，因此不可避免地会出现某种程度上的"钟摆效应"。在进一步推进司法责任制改革的过程中，应当防止被一时出现的困难和障碍所困惑，从而对前进的方向产生怀疑。要尽最大努力防止反应过激、矫枉过正，避免短视，放眼长远。要坚定不移地按照中央提出的"让审理者裁判、由裁判者负责"的要求推进改革，实现"去行政化"的目标。

第三，改革司法人才供给和培养体制，确保符合职业标准的人担任法官。近年来，虽然司法责任制改革高度重视司法工作的质量，而且采取了包括加强监督管理在内的一系列措施提高司法公正水平，但相比之下，我们在法官的"养成关""入口关""培养关"这三个关口没有投入足够的力量，也没有采取根本有效的改革措施，即使是中央2015年提出的法官检察官"一年时间职前培训"措施也没有落实。这显然不利于司法责任制改革最终目标的实现，甚至会将司法责任制拖回低端的恶性循环怪圈。

第四，做好司法改革措施的"成本—效益"分析，敢于付出必要的成本。人们在改革中期待的是红利，但必要的成本也需要付出，包括直接成本和间接成本。竭尽全力"消肿止痛"，付出的直接成本可能并不大，但如果是因为没有想到面对引起肿痛的根本原因、没有采取措施消除这些根本原因，最终的"损失"将是巨大的，而且这本身又成为整个事业的成本。司法改革事业是法治中国建设的组成部分，司法改革所需要的大大小小的成本也都是法治中国建设的成本。一方面，我们要努力降低可见成本、有形成本；另一方面，更要提防那些无形成本、远期成本。在司法责任制改革过程中，除了加强监督管理这种直接、单一的方法外，还要研究那些在更大程度上、更长时间内降低成本的远期措施。例如，加大违法违纪惩处力度，将监管、纠错成本前移，稀释和分散本应由司法机关承受的成本，加大司法人才培养投入等。另外，要客观评估司法不公、司法公信力不高这种现象的"间接成本"属性，而不单纯将物质、资源的投入或消耗作为成本。要从党的十九大为2020年至2050年定下的30年奋斗目标和战略规划的高度，全面分析司法责任制乃至整个司法改革的"成本—效益"或"投入—产出"，并把司法改革作为未来30年建设现代化强国过程中的"成本—效益"分析因素对待。要加大司法制度基础工程方面的成本投入，从根本上降低司法公信和司法公正方面的损耗。如果只是以头痛医头、脚痛医脚的方式来降低成本，便可能会导致因小失大甚至本末倒置，偏离中央确定的建设公正、高效、权威的社会主义司法制度的目标，终究难以走出前人始终未能走出的怪圈。

总之，在过去的两年里，司法体制综合配套改革已经全面铺开，司法责任制改革已成为司法改革的主要任务，这使得司法改革措施更加集中，相关部门的态度更加务实。虽然当前司法改革的重点是司法责任制，但综合配套改革中的各项改革措施都不可偏废。要把那些基础性改革作为司法责任制改革的前提，至少应当在推进综合配套改革过程中将那些基础性改革真正落地。这样才能真正发挥司法责任制改革的"牛鼻子"作用，全面实现中央确定的司法体制改革的最终目标，为国家治理体系和治理能力现代化建设发挥应有的作用。

B.3
中国检察公益诉讼发展状况观察

徐　卉*

摘　要： 中国检察公益诉讼自 2015 年试点并于 2017 年在全国范围内正式实施至今，案件数量迅速增长，检察系统公益诉讼办案已实现了"全覆盖"，在生态环境和资源保护、食品药品安全、国有财产保护和国有土地使用权出让这四个领域开展的检察公益诉讼成效显著。作为一项具有鲜明中国特色的制度，检察公益诉讼在实行跨行政区划的管辖机制、发挥诉前程序检察建议的督促作用、探索现代科技与检察公益诉讼的深度融合等方面都推动了制度创新。目前检察公益诉讼仍存在检察机关调查取证权不明、食品药品安全检察公益诉讼的惩罚性赔偿诉请规则亟须完善、协作与保障机制有待健全等问题，整体上从办案数量到质量都有待进一步提升，拓宽检察公益诉讼的范围已势在必行。

关键词： 司法体制改革　公益诉讼　检察公益诉讼

　　检察公益诉讼在中国经历了一个从无到有、从部分地区试点到全面推开的过程，至今已实施了三年多。作为一项具有鲜明的中国特色、基于中国本土国情与实践创设的制度，中国检察公益诉讼的发展状况，可以从以下几个方面进行总结与展望。

---

* 徐卉，中国社会科学院法学研究所研究员。

一 检察公益诉讼概况

（一）发展历程

2014 年党的十八届四中全会提出，"探索建立检察机关提起公益诉讼制度"。作为党的十八届四中全会作出的重大改革部署之一，检察公益诉讼在历经了初期全国 13 个省份开展的两年试点（2015 年 7 月~2017 年 6 月）后，通过修改《民事诉讼法》和《行政诉讼法》于 2017 年 6 月得以正式确立，该制度的设立旨在"优化司法职权配置、完善行政诉讼制度"，同时"推进法治政府建设"[①]。2018 年 3 月，最高人民法院、最高人民检察院联合发布了相关司法解释[②]，为保障检察公益诉讼程序的顺利运行提供了制度规范。同时，最高人民检察院制定了公益诉讼案件办案指南，对民事、行政公益诉讼的相关案件线索发现、办理程序、立案条件等作了细化规定。2018 年 4 月颁布的《英雄烈士保护法》，拓展了检察公益诉讼的办案范围；2018 年 10 月修订的《人民检察院组织法》和 2019 年 4 月修订的《检察官法》，均对检察机关的公益诉讼职权作了明确规定。中国的检察公益诉讼经历了一个"从顶层设计到实践落地，从局部试点到全面推开，再到快速健康发展"的过程。

（二）机构设置

中央高度重视检察公益诉讼的开展。2018 年 7 月 6 日，习近平总书记主持召开中央全面深化改革委员会第三次会议，会议通过了《关于设立最高人民检察院公益诉讼检察厅的方案》，"设立最高人民检察院公益诉讼检察厅，要以强化法律监督、提高办案效果、推进专业化建设为导向，构建配

---

① 《中共中央关于全面推进依法治国若干重大问题的决定》（2014 年 10 月 23 日党的十八届四中全会通过）。

② 《关于检察公益诉讼案件适用法律若干问题的解释》，自 2018 年 3 月 2 日起施行。

置科学、运行高效的公益诉讼检察机构，为更好履行检察公益诉讼职责提供组织保障"①。2019 年 1 月 4 日，最高人民检察院宣布专门设立公益诉讼检察厅，即第八检察厅，负责办理民事、行政公益诉讼案件，并"负责对最高人民法院开庭审理的公益诉讼案件，派员出席法庭，依照有关规定提出检察建议。办理最高人民检察院管辖的公益诉讼申诉案件"②。

地方各级检察机关也同步开展了相关内设机构改革，具体做法是：在各省级检察院单独设立公益诉讼检察机构进行归口管理，市、县两级检察机关则在民事行政检察部门组建专门机构或者专门办案组负责办理公益诉讼案件。

（三）案件办理

自检察公益诉讼制度正式建立以来，迄今已立案办理了逾 31 万件公益诉讼案件。自 2018 年起，检察公益诉讼案件数量开始迅速增长，连续两年均超 10 万件，与 2017 年下半年开始全面实施检察公益诉讼相比，2018～2019 年两年间的办案量增长高达 12 倍。更为重要的是，至 2018 年 11 月，全国所有基层检察院已全部填补公益诉讼立案空白及诉前程序空白，实现了检察系统公益诉讼办案"全覆盖"③（见图 1、图 2）。

不同于通常的诉讼案件，检察公益诉讼所谓的案件办理实际上不仅不局限于诉讼，甚至主要的办案工作不在于诉讼，因此我们不能仅从法院诉讼及法院审理的检察公益诉讼案件数量来评估检察机关的案件办理情况。对于检察公益诉讼办案量的考察需要把握以下几个方面。①立案数是指在检察机关内部经过立案程序后决定立案办理的案件数。立案程序具体包括案件线索发现、评估、管理和备案，其中，线索限于检察机关在履职中发现的问题情况，线索经初步审查评估后，由办案部门建立线索台账进行备案管理，重大

---

① 《习近平主持召开中央全面深化改革委员会第三次会议》，中国新闻网，2018 年 7 月 6 日，http://www.chinanews.com/gn/2018/07-06/8558955.shtml。
② 最高人民检察院网站，https://www.spp.gov.cn/spp/gjyjg/nsjg/201901/t20190103_404107.shtml。
③ 张军：《最高人民检察院关于开展公益诉讼检察工作情况的报告》，2019 年 10 月 23 日在第十三届全国人民代表大会常务委员会第十四次会议上。

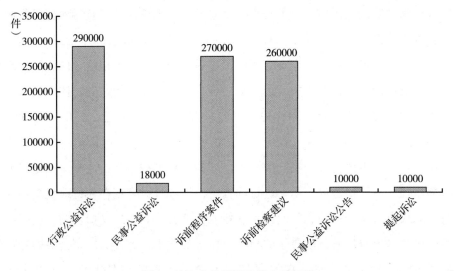

图 1　检察公益诉讼案件办理情况

资料来源:《检察公益诉讼全面实施三年办理案件 31 万余件》, 2020 年 7 月 8 日, 最高人民检察院网上发布厅, https://www.spp.gov.cn/xwfbh/wsfbh/202007/t20200708_472509.shtml。

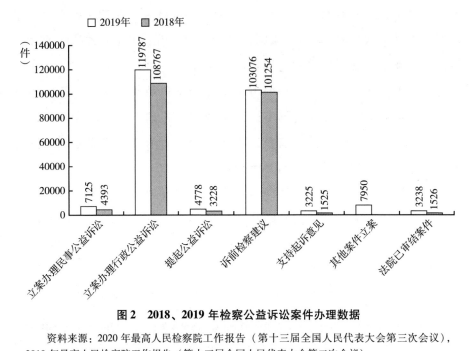

图 2　2018、2019 年检察公益诉讼案件办理数据

资料来源: 2020 年最高人民检察院工作报告(第十三届全国人民代表大会第三次会议), 2019 年最高人民检察院工作报告(第十三届全国人民代表大会第二次会议)。

案件线索必须向上级检察机关备案。②立案后，无论民事公益诉讼还是行政公益诉讼均需经过诉前程序。对于立案办理民事公益诉讼的，在经过调查、证据搜集、咨询、鉴定、审查等诉前程序后，如检察机关拟决定向法院提起民事公益诉讼的，检察机关应当启动公告程序，即在全国性的媒体上发布公告告知"法律规定的机关和有关组织"提起民事公益诉讼；决定不提起诉讼的，则应制作"终结审查决定书"。立案办理行政公益诉讼的，在诉前程序中，除与民事公益诉讼相同的调查、证据搜集等程序外，还有一项重要的程序步骤——检察建议，即在进行调查后，检察机关发现存在行政机关违法行使职权或者怠于行使职权使国家利益或社会公共利益遭受损害的，应当向行政机关提出督促其依法履职的检察建议。实践中，大量的检察公益诉讼都是通过诉前程序办结的。在检察公益诉讼正式实施的两年间（2017 年 7 月~2019 年 9 月），诉前程序占全部立案公益诉讼案件的 87.3%，特别是在行政公益诉讼中，近 98% 的案件都是通过提出检察建议在诉前结案①。③在起诉的案件中，刑事附带民事公益诉讼的案件量最多，占 77.82%②。具体的案件数量结构见图 3。④刑事附带民事公益诉讼并不是一种特殊的公益诉讼案件类型，其在性质和适用程序上仍属于民事公益诉讼，只是线索来源上，多为检察机关在办理刑事诉讼特别是食品药品安全、环境污染等刑事案件过程中，在提起刑事公诉追究被告人刑事责任的同时，认为存在损害社会公共利益需要追究民事法律责任而附带向审理刑事案件的法院提起的民事公益诉讼。刑事附带民事公益诉讼产生于检察公益诉讼试点的末期，并于 2018 年开始数量激增，在检察机关起诉的公益诉讼案件总量中形成后来居上、占比畸高的格局，部分原因是检察系统公益诉讼办案考核的压力且刑事附带民事公益诉讼更易于办理③。对此，2019 年

---

① 张军：《最高人民检察院关于开展公益诉讼检察工作情况的报告》，2019 年 10 月 23 日在第十三届全国人民代表大会常务委员会第十四次会议上。

② 张军：《最高人民检察院关于开展公益诉讼检察工作情况的报告》，2019 年 10 月 23 日在第十三届全国人民代表大会常务委员会第十四次会议上。

③ 刘加良：《刑事附带民事公益诉讼的困局与出路》，《政治与法律》2019 年第 10 期。

10 月最高人民检察院在向全国人大常委会就公益诉讼开展情况所作的报告中也坦承，该现象属于"搭顺风车"式的办案，"更多借助刑事追诉已锁定的对象、固定的证据拓展公益诉讼效果"①。

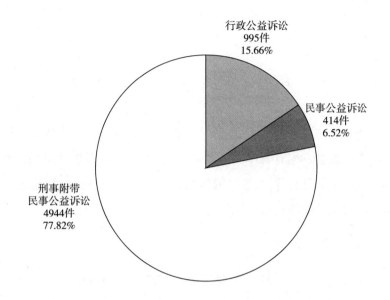

图 3　检察公益诉讼起诉案件数量结构

资料来源：张军：《最高人民检察院关于开展公益诉讼检察工作情况的报告》，2019 年 10 月 23 日在第十三届全国人民代表大会常务委员会第十四次会议上。

（四）实施成效

检察公益诉讼实施三年多来取得了显著成效。在生态环境与资源保护领域，检察机关通过办理公益诉讼案件，427 万余亩遭毁损的耕地、草原等被恢复；在食品药品安全领域，"督促查处、回收假冒伪劣食品 100 万余千克，督促查处、回收假药和走私药品 5 万余千克"；在国有土地使用权出让领域，办理案件 5000 余件，督促收回国有土地出让金 268 亿余元；在国有

① 张军：《最高人民检察院关于开展公益诉讼检察工作情况的报告》，2019 年 10 月 23 日在第十三届全国人民代表大会常务委员会第十四次会议上。

财产保护领域，"办理案件 2.9 万余件，占办案总数的 9.51%，督促保护、收回各类国有财产价值 70 亿余元"①。

检察公益诉讼制度充分发挥了检察机关的法律监督职能，特别是通过诉前程序督促行政机关依法行政收效明显，诉前程序使行政机关的整改率达到97% 以上②。

二　检察公益诉讼的"4 +1"领域

根据法律规定，现行检察公益诉讼的范围主要是：生态环境和资源保护、食品药品安全、国有财产保护和国有土地使用权出让四个领域。在这四个领域之外，法律还作了"等"的概括式表述，为检察公益诉讼进一步拓展适用范围提供了法律依据。

（一）环境资源保护领域

从三年多实践来看，环境资源保护一直是检察公益诉讼的重点工作领域，这方面的案件数量占比近 60%，其次是食品药品安全领域，案件占比25% 以上，具体情况见图 4。

环境资源保护领域的检察公益诉讼具体包括生态环境和资源保护两类案件，这是检察公益诉讼最初试水的领域，也是迄今办理案件最多的领域。目前，检察机关已经成为环境公益诉讼的主力军。一方面，根据法律规定，检察机关是行政公益诉讼的唯一提起主体，因此，环境保护领域的行政公益诉讼案件当然全部都由检察机关提起；另一方面，在民事公益诉讼领域，受主体要求的条件限制，目前能够提起环境民事公益诉讼的社会组织全国只有20 多家，因此在案件数量上，检察机关是环境民事公益诉讼领域绝对的主力（见图 5）。

---

① 闫晶晶：《检察公益诉讼全面实施三年办理案件 31 万余件》，《检察日报》2020 年 7 月 9 日。
② 张军：《最高人民检察院关于开展公益诉讼检察工作情况的报告》，2019 年 10 月 23 日在第十三届全国人民代表大会常务委员会第十四次会议上。

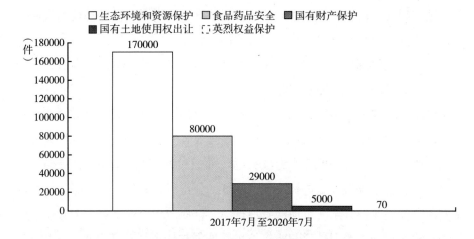

图4　检察公益诉讼案件类型数量分布

资料来源：《检察公益诉讼全面实施三年办理案件 31 万余件》，2020 年 7 月 8 日，最高人民检察院网上发布厅，https：//www. spp. gov. cn/xwfbh/wsfbh/202007/t20200708 _ 472509. shtml。

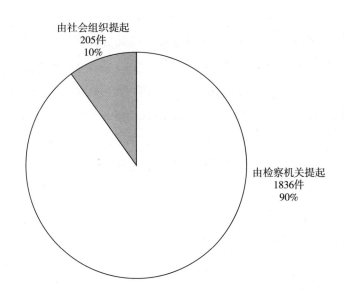

图5　检察机关与社会组织提起环境民事公益诉讼案件数量对比

在环境资源保护领域，2015 年人大授权试点期间，检察机关就办理了一批颇有影响的案件。例如，广东练江、贵州乌江、济南卧虎山水库、贵阳百花湖、湖北丹江口、甘肃祁连山等社会影响大、后果严重的环境污染或生态损害事件，都是通过检察机关以公益诉讼的方式介入后得到专门整治。迄今"检察机关办理生态环境与资源保护领域案件17万余件，占办案总数的54.9%，督促恢复被毁损的耕地、林地、湿地、草原427万余亩"①。最高人民检察院还部署了多项重点工作，特别针对污染水体治理、固体废弃物和生活垃圾处理、化学药品管理以及重金属排放等问题，通过公益诉讼充分行使检察监督权。同时开展多个专项行动，如通过办理跨省倾倒固体废弃物、非法采砂、违法排污等促进长江生态修复的公益诉讼案件，来服务长江经济带发展；开展保护母亲河黄河的专项行动，督促清理污染水域、拆除违法建筑和违法养殖场、清理生活和建筑垃圾，恢复被侵占的黄河湿地。2019年，最高人民检察院部署"守护海洋"检察公益诉讼专项监督工作，由沿海10余个省份检察机关就防控海上污染等问题，督促行政机关全面依法履职②。

在这方面，检察机关办理了多起影响较大的典型案件。例如，江苏省泰州市长江非法采砂行政公益诉讼系列案，福建省清流县人民检察院针对电子垃圾无害化处置问题督促行政机关依法履职提起行政公益诉讼案，云南省普洱市人民检察院诉云南某公司民事公益诉讼案，等等③。特别是针对万峰湖流域存在的违法养殖导致环境破坏、水质严重不达标等问题，2019年12月最高人民检察院直接立案，作为最高人民检察院办理的第一起公益诉讼案件，由副检察长任组长，最高人民检察院第八检察厅和云南、贵州、广西三省区检察机关业务骨干组成的专案组，在排查相关线索后，专案组向这三省区检察机关挂牌交办了26起案件，同时地方检察机关立案办理了20起案件；到2020年7月，万峰湖环境治理成效明显，"督促行政机关拆除湖面网箱349809平方米，清理浮房808个、鱼棚33个"④。在环境保护领域，检察机关一般直

---

① 闫晶晶：《检察公益诉讼全面实施三年办理案件31万余件》，《检察日报》2020年7月9日。
② 张军：《最高人民检察院关于开展公益诉讼检察工作情况的报告》，2019年10月23日在第十三届全国人民代表大会常务委员会第十四次会议上。
③ 《检察公益诉讼典型案例》，《检察日报》2018年3月3日。
④ 闫晶晶：《最高检直接立案办理首起公益诉讼案件 万峰湖流域生态环境治理取得阶段性成效》，《检察日报》2020年7月16日。

接采取提起民事或行政公益诉讼的方式，而在野生动物资源保护方面，检察机关往往在提起刑事公诉要求判处资源破坏者刑罚的同时提起刑事附带民事公益诉讼，追究实施非法猎捕、出售珍贵及濒危野生动物的犯罪人赔偿生态环境损失、承担修复生态环境的责任，并办理行政公益诉讼案件，督促行政机关履行法定职责、整治野生动物非法交易。例如，江苏省常州市金坛区人民检察院诉袁某某等21人非法收购、出售珍贵、濒危野生动物及制品刑事附带民事公益诉讼案，江西省鹰潭市人民检察院督促整治野生动物非法收购和运输行政公益诉讼案等①。这种"刑事诉讼＋民事公益诉讼＋行政公益诉讼"多管齐下的方式，对打击和整治野生动物交易、维护生态平衡收效明显。

（二）食品药品安全领域

在公益诉讼制度写入我国法律规范之初，仅分为环境民事公益诉讼和消费民事公益诉讼两大类型，食品药品安全领域隐含在消费民事公益诉讼概念中，并没有引起足够的关注。在实践中，食品药品安全领域的违法行为多交由行政执法和刑事司法联合惩处，受害者也仅仅通过私益诉讼使自身合法权益受到的不法侵害得到赔偿，并不能使社会公众的公益因此受到更好维护。在检察机关提起公益诉讼试点活动中也并没有将食品药品安全领域与其他消费领域明确区分，导致食品药品安全领域的公益诉讼一直处于萌芽状态，案件较少进入公益诉讼程序。2017年《民事诉讼法》修订最重大的突破就是明确检察机关可以作为公益诉讼的原告，并突出了其在食品药品安全领域的作用。行政公益诉讼制度也于2017年正式确立。为使检察机关提起公益诉讼的同时与检察工作更好地衔接，2018年《检察公益诉讼解释》中明确了检察机关可以在刑事案件中提起刑事附带民事公益诉讼。食品药品安全领域的公益诉讼逐步形成规模。

检察公益诉讼正式实施三年多来，在食品药品安全领域，检察机关共办

---

① 最高人民检察院：《检察机关野生动物保护公益诉讼典型案例》，https：//www.spp.gov.cn/spp/xwfbh/wsfbt/202002/t20200228_455360.shtml#1。

理了 8 万多起案件，占办案总数的 28%，查处、回收假冒伪劣食品 100 多万公斤，督促查处、回收假药和走私药品 5 万多公斤①。2018 年，最高人民检察院部署了"保障千家万户舌尖上的安全"公益诉讼专项监督工作，对学校及其周边的食品安全问题，加大线索调查和办案力度，并对农贸市场、饮用水水源、网络餐饮外卖等均加大了督查和立案公益诉讼力度。典型案例如北京市海淀区人民检察院针对部分商户违法向未成年人售烟问题，向区市场监督管理局、烟草专卖局发出检察建议，督促履行监管职责②；针对问题疫苗，河北省人民检察院、宁夏回族自治区人民检察院、长春市人民检察院、广州市人民检察院、云南省普洱市人民检察院、贵州省铜仁市人民检察院、山西省偏关县人民检察院等办理了系列公益诉讼案件③。在食品药品安全领域，检察机关致力于探索提出惩罚性赔偿诉请。最早在检察机关提起的食品药品安全民事公益诉讼中主张惩罚性赔偿的，是 2017 年 11 月湖北省利川市人民检察院诉吴某、赵某、黄某刑事附带民事公益诉讼一案④（以下简称"利川案"）。该案中，利川市人民检察院诉请法院判令三被告支付销售病死牛肉价款十倍的赔偿金 48900 元，法院在裁判中支持了利川市人民检察院的主张。此后，2017 年 12 月最高人民检察院发布的《关于加大食药领域公益诉讼案件办理力度的通知》中，"探索提出惩罚性赔偿的诉讼请求"就成为最高人民检察院关于提起食品药品安全检察公益诉讼的一项明确要求。根据最高人民检察院发布的数据，从 2017 年至 2019 年，检察机关提出惩罚性赔偿请求的食品安全民事公益诉讼总计 816 件，其中，民事公益诉讼共122 件，刑事附带民事公益诉讼 694 件，对于检察机关在食品安全公益诉讼中提出的惩罚性赔偿请求，一审法院的支持率为 97.4%⑤。

---

① 闫晶晶：《检察公益诉讼全面实施三年办理案件 31 万余件》，《检察日报》2020 年 7 月 9 日。
② 张军：《最高人民检察院关于开展公益诉讼检察工作情况的报告》，2019 年 10 月 23 日在第十三届全国人民代表大会常务委员会第十四次会议上。
③ 《你关注的这些疫苗案公益诉讼，检察院已经出手!》，搜狐网，https：//www.sohu.com/a/245868770_121220。
④ 湖北省利川市人民法院（2017）鄂 2802 刑初 453 号判决书。
⑤ 闫晶晶：《探索建立食品安全民事公益诉讼惩罚性赔偿制度》，《检察日报》2020 年 8 月 29 日。

（三）国有财产保护领域

在国有财产保护领域，检察机关主要针对征地拆迁、安置补偿等产生的骗取、套取政策性补贴问题，或行政机关怠于催缴、追缴人防易地建设费等问题以及社保金、养老金等专项资金的使用实行检察监督，防止国有财产流失。在该领域，办理案件 2.9 万件，占全部检察公益诉讼案件的 9% 以上，督促追偿受损的国有财产 70 亿元。典型案件如四川省绵阳市两家民营医院骗取国家医疗保险金 3000 多万元，尽管责任人已被追究刑事责任，但骗取的医保金未及时追缴，之后在检察机关的督促下由监管部门将 3000 多万元全部追回，有效地防止了国有财产流失①。

（四）国有土地使用权出让领域

这方面的案件主要是针对国有土地出让金进行重点监督，涉及治理拖欠土地出让金，清理收回国有土地、违法储备土地以及非法占用国有土地等情形。检察机关主要通过向国土、城建等行政主管机关发出要求依法履职的检察建议，督促行政机关收回欠缴的土地出让金、清理收回被非法占用的国有土地、清理违章建筑、拆除非法地上建筑物等。迄今在该领域已办理 5000 多起案件，督促收回约 268 亿元土地出让金②。典型案件如云南省景洪市人民检察院追回拖欠 10 年 271.31 万元国有土地出让金案③，浙江省海宁市人民检察院通过诉前建议追回 2.21 亿元土地出让金和 287 万元违约金④。青海省茫崖市有二十多户居民非法在公路两旁修建了 7 万多平方米的违章建筑，国土、城建等行政机关在收到相关检察建

---

① 闫晶晶：《检察公益诉讼全面实施三年办理案件 31 万余件》，《检察日报》2020 年 7 月 9 日。

② 闫晶晶：《检察公益诉讼全面实施三年办理案件 31 万余件》，《检察日报》2020 年 7 月 9 日。

③ 何赟、杨承福、黄娟：《公益诉讼进行时　271 万元国有土地出让金收回了》，《检察日报》2019 年 5 月 30 日。

④ 范跃红、苏雪：《浙江海宁：公益诉讼诉前程序助 2.21 亿元土地出让金入国库》，正义网，http：//www.jcrb.com/procuratorate/jcpd/201901/t20190130_1958434.html。

议后仅拆除了其中 4 处新增院落，未处理其他违建。检察机关据此提起行政公益诉讼，法院当庭判决检察机关胜诉①。

（五）英烈权益保护领域及其他

2018 年《英雄烈士保护法》颁行，根据该法的规定，检察机关有权对侵害英烈名誉、肖像等损害社会公共利益的行为提起公益诉讼②。该法施行后，检察机关办理了 70 余件涉及英烈名誉荣誉保护的公益诉讼案件。典型案件如江苏省淮安市人民检察院提起的全国首例英烈权益保护公益诉讼，针对在微信群里发布侮辱消防烈士名誉言论的行为诉请法院判令被告公开赔礼道歉、消除影响，获法院判决支持。该案也成为最高人民检察院发布的指导性案例。此外，针对一些地方英烈纪念设施缺乏保护等问题，检察机关向有关部门发出检察建议，均获纠正③。

三　检察公益诉讼的制度特色与创新

（一）实行跨行政区划的管辖机制

由于检察公益诉讼涉及的多是范围广、区域跨度大的案件，如环境资源保护、食品药品安全问题等，必然在管辖机制上有别于普通的民事、刑事、行政诉讼，要求多地检察机关开展多方面的合作。为此，检察机关积极探索跨省域的公益诉讼案件管辖协作机制。例如，围绕河流和水土资源保护问

---

① 张军：《最高人民检察院关于开展公益诉讼检察工作情况的报告》，2019 年 10 月 23 日在第十三届全国人民代表大会常务委员会第十四次会议上。

② 《英雄烈士保护法》第 25 条规定："对侵害英雄烈士的姓名、肖像、名誉、荣誉的行为，英雄烈士的近亲属可以依法向人民法院提起诉讼。英雄烈士没有近亲属或者近亲属不提起诉讼的，检察机关依法对侵害英雄烈士的姓名、肖像、名誉、荣誉，损害社会公共利益的行为向人民法院提起诉讼。"

③ 张军：《最高人民检察院关于开展公益诉讼检察工作情况的报告》，2019 年 10 月 23 日在第十三届全国人民代表大会常务委员会第十四次会议上。

题，组织沿长江 11 个省市、黄河流域 8 个省区的检察机关展开协作，合作解决污染源的治理问题，具体形式包括异地交叉管辖、区域性的集中管辖以及指定管辖等，从而实现"推进生态环境执法司法的统一性"①。

在这方面，由于过去铁路运输检察机关本身就适用跨行政区划的管辖制度，在司法改革过程中，将检察公益诉讼管辖机制建构与铁路运输检察院体制改革相结合也是检察系统积极探索的一种模式。北京、上海的铁路运输检察院作为跨行政区划改革试点检察院，都开展了积极探索。例如，原北京铁路运输人民检察院改革后成立了北京市人民检察院第四分院，一方面，集中管辖全北京市范围内县以上人民政府作为被告的行政公益诉讼案件，并对民事公益诉讼实行集中办理；另一方面，第四分院积极推行京津冀一体化公益诉讼模式，带动铁路运输检察院天津院、石家庄院行政公益诉讼发展，办理的京津冀跨省公益诉讼案件，取得了很好的社会效果和法律效果。原上海铁路运输检察院改革后成立的三分院则建立了"长三角区域长江航运公安分局办理的环境资源类刑事案件，由铁路运输检察院集中管辖，二审由上海铁路运输检察分院办理；办理上述案件过程中，发现的公益诉讼案件线索，根据级别管辖规定由相应铁路运输检察院管辖"机制。在湖北省境内，凡跨市州的环境公益诉讼案件都由湖北省铁路检察机关管辖。河南省则在郑州铁路运输检察分院加挂"郑州黄河环境资源保护检察分院"牌子，通过设立专门检察机关实现对环境资源类案件的集中管辖②。

（二）充分发挥诉前程序检察建议的督促作用

诉前程序和检察建议是中国检察公益诉讼的特色机制。检察机关作为专门的法律监督机关，中国检察公益诉讼的定位也不全然是以诉讼为中心，相反，"诉前实现保护公益目的是最佳司法状态"的理念是检察公益诉讼的出

---

① 曹颖频、李敏：《张雪樵：积极探索跨省域生态环境保护新模式》，《检察日报》2020 年 9 月 25 日。
② 朱小芹、王志民、王笑男：《集中管辖跨行政区划公益诉讼检察实践》，《中国检察官》2020 年第 2 期。

发点。诉前程序主要包括发出提起民事公益诉讼的公告，针对行政机关提出检察建议，旨在告知并督促食品药品安全领域和环境资源保护领域的社会组织提起民事公益诉讼，督促相应的行政机关积极履职。司法实践表明，大部分行政机关在收到检察建议后，都能够认真对待、查找问题、积极履职落实并自我纠错。从解决问题的实效来看，由于诉前程序能够有效统筹并督促各相关职能部门协同治理，实践中绝大多数问题都是通过诉前程序解决的，行政机关对诉前检察建议的整改回复率达 96.9% 以上（见图 6）。该数据显示，检察建议的适用达到了既节省司法资源又收效明显的作用，"以最小司法投入获得最佳社会效果，彰显了中国特色社会主义司法制度的优越性"①。

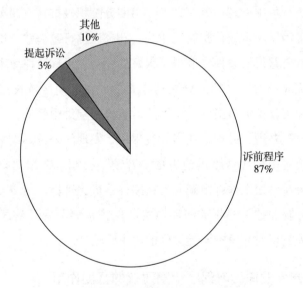

图 6　检察公益诉讼实施三年来办案结构

资料来源：闫晶晶：《检察公益诉讼全面实施三年办理案件 31 万余件》，《检察日报》2020 年 7 月 9 日。

关于诉前程序，在检察公益诉讼试点期间即明确规定，检察机关提起公益诉讼必须严格履行诉前程序。设立诉前程序的主要目的在于增强行政

---

① 张军：《最高人民检察院关于开展公益诉讼检察工作情况的报告》，2019 年 10 月 23 日在第十三届全国人民代表大会常务委员会第十四次会议上。

机关纠正违法行政行为的主动性，最大限度地节约诉讼成本和司法资源，并有利于充分发挥检察院作为法律监督机关的职能和作用①。鉴于诉前程序是现行检察公益诉讼职能行使的主要方式，检察公益诉讼被定位为"督促之诉""协同之诉"，即与西方国家的公益诉讼不同，中国的检察公益诉讼在性质上属于非对抗性、协同性的，检察机关办理公益诉讼案件，与行政机关的关系是"既依法督促又协同履职的新型监督关系，与法院、监察委等机关加强协调协作"②，旨在通过检察机关提起公益诉讼的方式督促、激活行政机关履行其维护公共利益的职责。据此，"双赢多赢共赢"成为检察公益诉讼的工作理念，强调检察机关与其所监督的主体一起发挥作用③。

2018年12月，在最高人民检察院发布的检察公益诉讼十大典型案例中，适用诉前程序的典型案例有7起，包括"重庆市石柱县水磨溪湿地自然保护区生态环境保护公益诉讼案""湖北省黄石市磁湖风景区生态环境保护公益诉讼案""北京市海淀区网络餐饮服务第三方平台食品安全公益诉讼案"等，这些案件的办理都是通过发出检察建议，督促相关行政机构联合执法、实现全方位整治，从而成功破解难题④。

为强化办案质量、促使诉前程序检察建议落到实处，2019年最高人民检察院开展了为期三个月的公益诉讼"回头看"专项活动，活动的主要内容是针对2018年检察系统通过诉前程序发出的10余万件检察建议进行专项评查，逐一检查落实情况，对存在虚假整改、整改不彻底、事后反弹等问题案件予以追查，跟进督促履职；同时，为防止检察机关在发出检察建议方面追求数量不重质量的问题，特别就类案群发的检察建议开展清理规范活动，以提升检察公益诉讼的办案质效。

---

① 徐卉：《探索检察机关提起公益诉讼的中国模式》，《学习时报》2017年2月22日。
② 胡卫列：《国家治理视野下的公益诉讼检察制度》，《国家检察官学院学报》2020年第2期。
③ 胡卫列：《国家治理视野下的公益诉讼检察制度》，《国家检察官学院学报》2020年第2期；胡卫列：《做强民行检察，从树立科学理念做起》，《检察日报》2018年5月30日。
④ 《最高检发布检察公益诉讼十大典型案例》，最高人民检察院，https：//www.spp.gov.cn/spp/zdgz/201812/t20181225_403407.shtml。

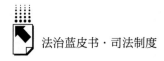

（三）探索现代科技与检察公益诉讼的深度融合

在检察公益诉讼的探索发展过程中，各级检察机关充分依托多种渠道，运用互联网、大数据、区块链、人工智能等现代科技手段快速获取并处理案源信息，助力调查取证等工作，使科技发展的成果与检察公益诉讼深度融合。

例如，针对环境生态领域的检察公益诉讼，宁夏、内蒙古、山西等地的检察机关运用无人机、无人船技术进行调查取证、固定证据，不仅快速而且具有超高清录像、精确测量、全方位动态跟踪的优势。浙江省检察院开发了便携式取证箱，箱内安装了多种高新测试设备，可以迅速完成现场取样、检测，对食品药品中的毒害成分、水土污染快速作出初步检查判断。内蒙古检察机关定制了"公益诉讼工作车"，能够实行同步信息传输、远程指挥，非常适合应对草原、沙漠等环境下的调查取证工作。

实际上，检察公益诉讼在试点初期就确定了要充分运用融合现代信息科技成果、不走传统办案老路的发展思路，提升检察公益诉讼的规范化与专业化水平。据此，各地检察机关都开发了不同类型的智能办案系统，具有代表性的如浙江省宁波市北仑区人民检察院研发的线索智慧筛查系统，用于对接检察机关内部的业务数据库，根据特定罪名筛选公益诉讼案件线索；江苏省镇江市人民检察院研发的办案管理平台，用于对接"政府12345服务热线"等行政部门的数据系统，将行政机关的相关数据接入检察机关；2019年9月，最高人民检察院推出的"12309中国检察网"则属于对外搜集公开数据平台，各地检察机关开发了很多同类型的平台，如浙江省余姚市人民检察院的"掌上检察微公益"小程序，市民除运用该小程序举报外，在通过平台的线索初步审核后，小程序会自动建立一个讨论空间，检察官可以和举报人、行政机关等分别进行讨论，以决定是否立案[①]。同时，各地检察机关还建立了公益诉讼大数据信息平台，通过抓取检察公益诉讼领域的信息，平台

---

① 金鸿浩、林竹静：《检察公益诉讼科技手段应用研究》，《中国检察官》2019年第11期。

对相关案件问题结合大数据进行分析研判，筛选线索信息并形成报告，并通过该平台对接行政机关的执法活动，为检察机关发出诉前检察建议提供更为充实、可信度更高的数据支撑，全方位提高了检察机关的智能化办案水平。

四 检察公益诉讼存在的主要障碍与问题

检察公益诉讼作为一个新生事物，其制度构建需要与之适配的制度规范，但目前仍存在诸多方面的制度供给不足。

（一）检察机关的调查取证权问题

在诉讼中，证据的调查与搜集直接关系到诉讼的质量与诉讼的结果。检察机关目前在公益诉讼中的调查取证权尚缺乏明确的规范，这使得检察机关在办理公益诉讼案件量占比最大的诉前程序，在向行政相对人了解案情、调查搜集有关行政机关不作为或乱作为的证据等方面，多处于被动地位，这不仅严重影响发出的检察建议的质量，也对可能提起的行政诉讼的质量产生不利影响。因此，赋予检察机关健全的调查取证权，才能确保其充分行使公益诉讼监督权。

实际上，在关于检察机关的取证权问题上，一些地方立法已经走在了前列。2020年5月，浙江省人大常委会通过的《关于加强检察公益诉讼工作的决定》明确规定："检察机关办理公益诉讼案件，可以要求行政机关提供涉案证据材料，也可以自行调查核实。检察机关自行调查核实的，可以依法行使下列职权：（一）查阅、调取、复制有关执法、司法卷宗材料；（二）约谈行政机关、企事业单位、社会团体和其他组织负责人；（三）询问违法行为人、行政机关相关人员以及行政相对人、利害关系人、证人等；（四）向有关单位和个人收集书证、物证、视听资料、电子数据等证据；（五）进入涉案单位、场所进行现场检查、取样、检测等；（六）勘验物证、现场；（七）其他必要的调查方式。调查核实时，检察机关可以请行政机关依法办理必要的证据保全措施，行政机关应当予以协助。"该决定规定了行政机关等机构和个人应对检察机关的调查核实取证工作予以配合、做好线索移送及就相关的鉴定评估、政策解读提供专业支持等工作，并规定了不配合的后果。具体包括："检察机关可以将相关情况报告同级党委、人大常委会，通报人民政府，或者建议监察机关、被调查单位上级部门依法处理；被调查单位或者个人以暴力、威胁等手段阻碍调查的，检察机关司法警察可以依照《人民检察院司法警察条例》的规定，采取相应措施进行处置，涉嫌违法犯罪的，移送公安机关依法处理。"

由于检察机关公益诉讼的调查取证权还涉及公益诉讼特别是行政公益诉讼的证据规则问题，检察机关作为行政公益诉讼的唯一提起主体，检察行政公益诉讼的构造与规则都不同于通常的行政诉讼；并且《行政诉讼法》关于检察机关"在履行职责中"发现行政机关违法或不作为情形而提起公益诉讼的规定中，并未对行政案件中检察机关履行职责的范围、方式等作出明确界定，因此，即使授权行政诉讼中的检察机关享有取证权，也仍然需要对检察公益诉讼主体的行为规范加以明确，即通过法律对检察机关取证权的实现方式作出规定①。

（二）食品药品安全检察机关公益诉讼的惩罚性赔偿诉请规则亟须完善

食品药品安全作为检察公益诉讼开展的一个重要领域，一直是检察公益诉讼制度建设与实践的重点。食品药品安全领域违法行为的特殊之处在于对人体造成的伤害往往具有隐蔽性和不可逆性，过去食品药品安全领域的违法行为多交由行政执法和刑事司法联合惩处，受害者也仅仅通过私益诉讼使自身合法权益受到的不法侵害得到赔偿，并不能使社会公众的公益因此受到更好维护。构建食品药品安全公益诉讼制度的动因源于食品药品安全在国民经济发展中具有战略性地位，关乎国计民生，而我国现行食品药品问题屡禁不绝，如前些年的瘦肉精、毒奶粉事件，近期的鸿茅药酒、假疫苗事件等等。

---

① 关保英：《检察机关在行政公益诉讼中应享有取证权》，《法学》2020 年第 1 期。

因此，食品药品安全检察公益诉讼旨在发挥"监管监管者"与"严惩违法者"两项重要功能，在"严惩违法者"方面，检察机关在食品药品安全民事公益诉讼中往往诉请对违法者课以惩罚性赔偿。

惩罚性赔偿制度的确立无疑将会大幅提高违法者的违法成本，推动我国的食品药品安全公益诉讼上升到新的高度。但是，就我国目前的法律规定来看，惩罚性赔偿作为民事责任承担的一种特殊方式，只有在相关法律法规有明确规定的情况下才可以适用①。《消费者权益保护法》《食品安全法》《药品管理法》均将惩罚性赔偿请求权的实施主体限定为普通消费者，以激励消费者，提升其通过法律途径维权的积极性。但由于普通消费者仅能提起私益诉讼，基于惩罚的公益性诉讼请求权无法从中剥离出来，使得公益诉讼中的原告在提出惩罚性赔偿诉讼请求时缺乏明确的法律依据，在司法实践中很难实现程序正义与实体正义的统一。所以，尽管2018年初的利川案已被最高人民法院、最高人民检察院列为首批检察公益诉讼典型案例用以指导下级法院和检察院的公益诉讼工作，尽管实践中法院对检察机关提出的惩罚性赔偿诉请给予超高的支持率，但根据惩罚性赔偿法定原则，检察机关代替不特定多数的私益主体提起惩罚性赔偿诉请并不具有合法性。

从解释论的角度看，实践中支持检察机关惩罚性赔偿诉请的法院，其对法律文本解释的重点落在《最高人民法院关于审理消费民事诉讼案件适用法律若干问题的解释》第13条关于消费民事公益诉讼的原告可请求"被告承担停止侵害、排除妨碍、消除危险、赔礼道歉等民事责任"规定中的"等"字上，即认为这一表述为"消费民事公益诉讼的请求权类型扩展预留空间"②。但无论如何，《消费者权益保护法》第55条、《食品安全法》第148条规定的惩罚性赔偿请求权主体是消费者，而消费者与消费公益诉讼原

---

① 《民法总则》第179条（承担民事责任的方式）第2款规定："法律规定惩罚性赔偿的，依照其规定。"

② 罗书臻：《积极稳妥推进消费民事公益诉讼　构建和谐公平诚信消费市场秩序——最高人民法院民一庭负责人就消费民事公益诉讼司法解释答记者问》，《人民法院报》2016年4月26日。

告是两个不同的概念主体，消费者根据《消费者权益保护法》所享有的索赔权并不能自动延伸适用至消费公益诉讼的原告。实践中，法院作出的支持性裁判主要是通过对政策性指导文件的理解和演绎进而延伸至相关法律规定的解释论上，但这在解释路径上并不通畅。因此，当务之急仍然应从立法论上创设相应的规则以明确消费民事公益诉讼的原告享有惩罚性赔偿请求权。

（三）协作与保障机制有待健全

检察公益诉讼的主要工作领域——食品药品安全、环境保护等都具有涉案范围广泛的特点，检察机关必须开展跨部门、跨区域的协作。最高人民检察院与多个部委签署了《关于在检察公益诉讼中加强协作配合　依法打好污染防治攻坚战的意见》，但无论是推动检察机关内部一体化办案机制还是建立外部多部门跨区域协作机制，都需要从顶层设计到基层落实的多方共同努力。

这方面已开展了一些有益的地方实践。例如，在公益诉讼的线索获取方面，江苏省检察院建立了"公益损害观察员制度"，聘请网格员、专业人士和污染多发区的群众担任观察员，开通公益诉讼举报电话和在线举报平台，通过调动群众参与的积极性来广泛获取问题线索和证据。同时，江苏省委出台了《关于支持检察机关公益诉讼的工作意见》，要求江苏省自然资源厅等部门与检察机关联合建立健全联席会议机制[1]。湖南省检察机关建立了"公益诉讼联络员制度"，在食药监、国土、环保等行政机关设立检察联络室，形成办案沟通与协作机制，同时与监察委开展线索对接，实行公益诉讼与职务犯罪线索的双向移送[2]。在检察系统的内部办案协作机制方面，湖南省检察院实行"一案三查"制度，即对涉及环境污染和生态损害、破坏资源等重点案件从刑事、民事和行政责任三方面进行审查。例如，湖南省郴州市永兴县人民检察院在办理一起刑事诈骗案时，查找到被告人套取廉租房政策保

---

① 《监督支持公益诉讼工作　维护国家社会公共利益——省十三届人大常委会第六次会议专题询问全省检察机关公益诉讼工作情况问答摘要》，《新华日报》2018年12月7日。
② 刘清生：《着力打造"督促之诉"和"协同之诉"》，《人民之友》2018年第8期。

障金损害国家利益的证据，遂向民行部门移送案件证据，由此获得 55 件公益诉讼线索，并向行政机关发出 55 份检察建议①。

由于环境保护、食品药品安全、国有资产保护等领域的问题复杂、专业性很强，检察公益诉讼对办案人员的规模和专业化程度要求都较高，这给以人员精简为主基调的检察机关员额制改革带来了挑战，建立健全检察公益诉讼保障机制直接关系到检察公益诉讼工作的顺利开展和可持续发展。从机构建制来看，目前地方检察机关的公益诉讼工作主要是由民行检察部门承担，但是民行部门同时还要负责再审申诉、行政检察、督促起诉、执行监督等多项工作，现有的人员结构和数量都难以保证由员额检察官组成专门的公益诉讼办案组，更难以满足检察干警应具备相关的专业背景、熟悉调查取证工作并具有出庭诉讼经验的要求。此外，公益诉讼的成本较高。例如，在常州毒地案中，提起公益诉讼的环保组织自然之友承担了 189 万元诉讼费用。尽管在这方面，2019 年 6 月司法部办公厅已下发通知要求各省至少上报 1 家不对检察公益诉讼预收鉴定费的环境损害司法鉴定机构，并给予相关鉴定机构以政策和资金方面的支持②。但显然，人财物资源作为基础性保障机制，检察公益诉讼需要专项资金的支持才能实现可持续发展。在这个问题上，浙江省人大常委会通过的地方决定中规定，县级以上人民政府应当"将检察机关办理公益诉讼案件所需经费纳入年度部门预算，为检察机关开展工作提供必要的财政资金保障"。要切实保障检察公益诉讼制度的落实，应当将公益诉讼鉴定费用等纳入财政预算。

五　展望

尽管经过了两年的试点和三年多的正式制度实施，检察公益诉讼在中国目前总体上仍处于起步阶段，不仅该制度中的诸多机制与规范仍在建构中，

---

① 刘清生：《着力打造"督促之诉"和"协同之诉"》，《人民之友》2018 年第 8 期。
② 《司法部办公厅关于进一步做好环境损害司法鉴定管理有关工作的通知》（2019 年 5 月 24 日）。

而且关于中国检察公益诉讼的基础理论问题也仍在探讨、探索发展中。例如，检察机关在公益诉讼中各项权力的配置关系问题，检察机关既是公益诉讼的提起人或诉讼参加人，又享有诉讼监督权，如何处理这些不同类别权力之间的关系？如何确保检察权的规范运行和检察职能的实现？目前对这些关系以及检察公益诉讼的基本认识问题在理论界与实务界仍存在一定分歧。

从实践看，目前检察公益诉讼案件数量整体上仍然偏少，特别是行政公益诉讼。现行法律规定检察机关是提起行政公益诉讼的唯一主体，但实践中行政公益诉讼的数量严重不足。尽管目前诉前检察建议效果明显，无须通过诉讼即可解决问题，但从回应群众关于环境保护、食品药品安全的实践需求来看，行政公益诉讼以及民事公益诉讼无论是数量还是质量都有待进一步提升。

从发展趋势看，拓宽检察公益诉讼的范围已是势在必行。党的十九届四中全会决定明确要求"拓展公益诉讼案件范围"。为落实四中全会精神，最高人民检察院要求检察机关"积极、稳妥"探索办理法律规定"4+1"之外群众反映强烈的其他领域公益诉讼案件。拓展的领域包括：2020年两会上人大代表提议的反家暴案件纳入检察公益诉讼范围，还有一些地方检察机关开展的文物保护公益诉讼，如对古城墙、传统村落等进行专项保护，以及对公共安全领域开展的检察公益诉讼，等等。

总之，公益诉讼作为"新时代检察工作发展的着力点"，存在多方面的发展机遇与挑战，数量增长、质效提升、结构优化、范围拓宽无疑将是未来一个时期的重点工作。

B.4
人民陪审员参审范围的调整与完善

高长见*

摘　要： 《人民陪审员法》对参审范围的规定较广，且参审机制具有强职权化的特征。人民陪审员参审范围设定过大不仅会浪费司法资源，也会导致制度功能错位和形式化。为有效发挥人民陪审员制度提高司法公信力、吸收普通人智慧的司法民主功能，立法上有必要适当限制人民陪审员的参审范围，以重大、复杂刑事案件为主，且以被告人、被害人提出申请为条件适用人民陪审员参审。限制人民陪审员参审范围有利于发挥司法民主功能，也有利于节约司法资源，降低区分事实与法律问题的难度。

关键词： 人民陪审员　参审范围　职权化

2018 年《人民陪审员法》沿袭了我国人民陪审员制度长期以来的做法，对人民陪审员参审案件范围作出了极为宽泛的规定。《人民陪审员法》关于陪审范围的规定主要是基于人民陪审员参审范围越大越有利于体现司法民主的理论判断。实际上，人民陪审员参审范围过大并不利于发挥其司法民主制度的功能，反而带来诸多弊端。例如，造成实践中各级法院在简单案件中大范围适用人民陪审员参审，给人民陪审员的数量和司法资源带来很大压力；在简单案件中广泛适用人民陪审制也带来新的"形式化"和功能错位问题；

---

* 高长见，中共中央党校（国家行政学院）政治和法律教研部副教授，人权室副主任。

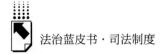
等等。

应当说，司法民主制度是一种"昂贵"的制度，需要投入大量的资源才能有效运转，我国的人民陪审员制度也不例外。早在 2014 年，全国法院就提前实现了当时提出的人民陪审员"倍增计划"，陪审员总数达到了 21 万人，参审案件 219 万多件①。在《人民陪审员法》生效后，根据最高人民法院有关人士的介绍，从《人民陪审员法》通过到 2019 年 5 月，一年间全国共新选出人民陪审员近 12 万人，加上原来选任、尚未到期的人民陪审员，共计 30 余万人②。应当说，如此数量的人民陪审员队伍，其选任与培训、履职都需要投入大量的司法资源。在案多人少问题突出的当下，我们应当重视人民陪审员参审范围问题及可能出现的资源浪费问题。

总体上，缩小人民陪审员参审范围不仅有利于发挥人民陪审员制度的司法民主功能，也有利于区分事实与法律问题，确保人民陪审员在参审中发挥作用。

一　《人民陪审员法》对参审范围的规定

从内容上分析，人民陪审员的参审范围问题包括两个方面：一是人民陪审员参审的案件类型范围，即人民陪审员参审适用于何种诉讼、具体包括哪些案件类型；二是人民陪审员参审案件的审级，即哪一级人民法院的一审案件应当适用人民陪审员参审。总体上，《人民陪审员法》对参审范围的规定较为宽泛，属于参审范围最广的立法例之一，在刑事诉讼、民事诉讼、行政诉讼中都可以适用人民陪审员参审；基层人民法院、中级人民法院、高级人民法院的第一审案件都可以适用人民陪审员参审。

十八大后的人民陪审员制度改革，一个基本思路就是扩大人民陪审员参审案件范围，决策者期望通过扩大参审范围发挥人民陪审员制度的司法民主

---

① 相关数据参见 2015 年最高人民法院工作报告。

② 《人民陪审员法满周岁，最高法出四个"新招"！》，http：//news. sina. com. cn/c/2019 - 04 - 28/doc - ihvhiewr8718155. shtml，最后访问日期：2020 年 6 月 14 日。

功能，化解过去存在的人民陪审员制度形式化、功能异化等问题。2015 年的《人民陪审员制度改革试点方案》（以下简称《试点方案》）要求，"扩大人民陪审员参审范围。合理界定并适当扩大人民陪审员参审案件范围，充分发扬民主，提高司法公信力"。《试点方案》以"应当"的方式明确"涉及群体利益、社会公共利益的，人民群众广泛关注或者其他社会影响较大的第一审刑事、民事、行政案件，以及可能判处十年以上有期徒刑、无期徒刑的第一审刑事案件，原则上实行人民陪审制审理"[①]。不过，《试点方案》并没有将可能判处死刑的案件纳入其中，但如果此类案件涉及群体利益、社会公共利益，人民群众广泛关注或者其他社会影响较大的，也可以适用人民陪审制审理。2015 年 5 月 20 日，最高人民法院、司法部印发的《人民陪审员制度改革试点工作实施办法》（法〔2015〕132 号）（以下简称《实施办法》）对参审范围的界定更为宽泛，它以"可以"的方式对人民陪审员参审范围作出了一般性的规定："人民法院受理的第一审案件，除法律规定由法官独任审理或者由法官组成合议庭审理的以外，均可以适用人民陪审制审理。"[②] 同时，在《试点方案》规定的基础上，《实施办法》以"应当"的方式增加了"涉及征地拆迁、环境保护、食品药品安全的重大案件"等必须适用人民陪审员参审的情形。

在总结试点法院改革经验的基础上，《人民陪审员法》延续了《试点方案》和《实施办法》关于人民陪审员参审范围的规定，同时也兼顾了法院的审判力量、物质保障等因素，总体上确定了很宽泛的人民陪审员参审范围。《人民陪审员法》第 15 条规定了人民陪审员参审的案件范围，第 16 条规定了适用 7 人合议庭的案件范围。根据第 15 条规定，人民法院审判第一审刑事、民事、行政案件，有下列情形之一的，由人民陪审员和法官组成合议庭进行：①涉及群体利益、公共利益的；②人民群众广泛关注或者其他社会影响较大的；③案情复杂或者有其他情形，需要由人民陪审员参加审判

---

① 《人民陪审员制度改革试点方案》，《人民法院报》2015 年 5 月 22 日，第 3 版。

② 《人民陪审员制度改革试点工作实施办法》，《人民法院报》2015 年 5 月 22 日，第 3 版。

的。第 16 条规定，人民法院审判下列第一审案件，由人民陪审员和法官组成七人合议庭进行：①可能判处十年以上有期徒刑、无期徒刑、死刑，社会影响重大的刑事案件；②根据《民事诉讼法》《行政诉讼法》提起的公益诉讼案件；③涉及征地拆迁、生态环境保护、食品药品安全，社会影响重大的案件；④其他社会影响重大的案件①。应当注意的是，《人民陪审员法》第15 条和第 16 条两者是包容关系，第 16 条规定的情形包含在第 15 条之中，只是规定的是案情更为重大的情形。此外，《人民陪审员法》第 17 条还规定，在当事人申请的情形下可以适用人民陪审制，"第一审刑事案件被告人、民事案件原告或者被告、行政案件原告申请由人民陪审员参加合议庭审判的，人民法院可以决定由人民陪审员和法官组成合议庭审判"②。

关于人民陪审员参审的级别管辖问题，除了需要参考《人民陪审员法》第 15～17 条的规定外，还需要依据《刑事诉讼法》的规定予以确定。在《人民陪审员法》通过后，2018 年 10 月 26 日，第十三届全国人大常委会第六次会议通过《关于修改〈刑事诉讼法〉的决定》，它将原《刑事诉讼法》第 178 条改为第 183 条，修改为："基层人民法院、中级人民法院审判第一审案件，应当由审判员三人或者由审判员和人民陪审员共三人或者七人组成合议庭进行，但是基层人民法院适用简易程序、速裁程序的案件可以由审判员一人独任审判。高级人民法院审判第一审案件，应当由审判员三人至七人或者由审判员和人民陪审员共三人或者七人组成合议庭进行。最高人民法院审判第一审案件，应当由审判员三人至七人组成合议庭进行。人民法院审判上诉和抗诉案件，由审判员三人或者五人组成合议庭进行。合议庭的成员人数应当是单数。"③ 因此，下面的观点并不成立，"总的来说，我国陪审员参与审理案件的范围既超过英美法系国家，也大于其他大陆法系国家。一方

---

① 《中华人民共和国人民陪审员法》，《中华人民共和国全国人民代表大会常务委员会公报》2018 年第 5 期。

② 《中华人民共和国人民陪审员法》，《中华人民共和国全国人民代表大会常务委员会公报》2018 年第 5 期。

③ 魏晓娜：《人民陪审员制度改革：框架内外的思考》，《内蒙古社会科学》2020 年第 3 期。

面，陪审制度适用的法院范围很宽。从立法上讲，从基层法院到最高人民法院的各级法院适用合议制审理一审案件时，都可以适用陪审制"①。尽管《人民陪审员法》第 15 条规定人民法院审判第一审案件适用人民陪审制，但根据《刑事诉讼法》第 183 条的规定，最高人民法院审判第一审案件不适用人民陪审员参审，所以，只有基层人民法院、中级人民法院、高级人民法院的第一审案件可以适用人民陪审制。

二 人民陪审员参审范围过大的缺陷

从国际经验看，各国普遍在立法上限制参审、陪审的案件范围，实际适用的案件比例极小。在美国，宪法及其第六修正案要求联邦法院系统审理刑事案件必须有陪审团审判，第十四修正案要求全部州法院系统在刑事诉讼中也采用陪审团审判②。尽管立法规定刑事案件和民事案件都可以申请陪审团审判，但美国司法中实际采用陪审团审理的案件数量极少，绝大部分刑事案件（90% 左右）是以辩诉交易的方式结案的，只有 10% 的案件会进入庭审，也才有可能采取陪审团方式审判；民事案件采用陪审团审理的比例更小，总体上只有 2% 的民事案件会进入庭审环节，其中，又只有一半会由陪审团听审③。美国的宪法和立法对陪审团的适用范围规定较宽，但是，由于其辩诉交易制度的发达，刑事案件繁简分流的程度很高，民事诉讼中调解、和解的比例也很高，这就在实践中大大限制了陪审团审判的适用范围。因此，美国对陪审团适用范围的限制不是在立法上，而是通过一系列诉讼制度的相互配合，最终实现了控制陪审团适用范围的目的。

显而易见，与很多法治发达国家的立法例相比，《人民陪审员法》对人

---

① 刘峥、刘知行：《论人民陪审员制度中的参审案件范围》，《法律适用》2018 年第 9 期。

② King N. J. (1999)，"The American Criminal Jury"，*Law and Contemporary Problems* 62（2）：41 – 67.

③ "Plea Bargains and the Role of Judges"，2008 National Convention Breakout Session，The American Constitution Society for Law and Policy（ACS），Retrieved，2009 – 09 – 24.

民陪审员参审范围的规定极为宽泛，所设定的适用条件也较为弹性，形成了强职权化的人民陪审员参审适用模式。职权化的参审适用模式，部分原因在于立法对参审适用条件的规定不够明确。根据《人民陪审员法》第15条的规定，适用人民陪审员参审的具体条件为涉及群体利益、公共利益的；人民群众广泛关注或者其他社会影响较大的；案情复杂或者有其他情形，需要由人民陪审员参加审判的。由于这些规定的情形存在一定模糊性，人民法院在是否适用人民陪审员参审问题上就有了很大的自由裁量空间，这就形成了人民陪审员参审适用的职权化模式。"一个案件是否应当适用陪审制由人民法院决定，人民法院决定适用陪审制后，是组成三人合议庭，还是组成七人合议庭审理，依然由人民法院依职权决定，当事人无权就合议庭组成本身要求复议，或提起上诉；当然对于合议庭的具体成员，包括法官和人民陪审员，当事人有提出回避的权利。"① 这种强职权化的参审适用模式不利于发挥司法民主功能，且易催生各种问题，如人民陪审员制度的功能异化、形式化等问题。

目前，在立法上人民陪审员参审范围过大并不利于发挥司法民主制度的功能，反而会带来一些问题。

第一，易造成实践中的人民陪审员制度功能错位问题。从司法实践角度考察，在普通、简单案件中大范围适用人民陪审员参与审判，会导致制度功能错位问题。具体表现在：弱化公民参与监督司法、吸纳普通人智慧的功能，人民陪审员制度可能被作为化解基层法院面临的"案多人少"问题的一种出路。实际上，如果法院把人民陪审员作为"廉价司法劳动力"，变成解决"案多人少"问题的另一种对策，显然会导致人民陪审员制度功能错位。

早在人民陪审员制度改革试点过程中就有研究发现，试点法院普遍排除重大敏感案件中的人民陪审员参审，对一般性普通案件则"能用则用"人

---

① 姚宝华：《人民陪审员法第十六条第一项理解之我见》，《人民法院报》2018年12月12日，第8版。

民陪审员参与审判，人民陪审员成为司法人员的人力补充。在"案多人少"的窘境下，"基层法院为了降低法官的时间成本，将目光转向了庞大的人民陪审员队伍，甚至将陪审率指标直接与法官业绩考核挂钩，形成了对人民陪审员制度不必要的滥用，使得陪审制功能异化，削弱了陪审效果。在任何国家，陪审制都是一项昂贵的事业。为何我国却反其道而行之？究其缘由，无外乎我国的陪审成本低廉，导致人民陪审员沦为法院的廉价劳动力"①。在《人民陪审员法》实施后，如果不重视实践中出现的人民陪审员制度功能错位问题，人民陪审员制度有可能重回"形式化""功能虚化"问题的老路。因此，为解决人民陪审员功能错位问题，立法上有必要排除在普通、简单案件适用人民陪审员参审的可能，修改《人民陪审员法》的相关规定。

第二，会带来陪审的形式化问题。与人民陪审员功能错位问题相关，立法上规定的参审范围过大也容易出现重蹈覆辙的问题。《人民陪审员法》对参审案件范围的宽泛规定导致实践中人民陪审员参审的大范围适用，且主要在简单案件中广泛适用人民陪审员参审，这样的制度运行实践对人民陪审员的积极性和参审效果都带来了负面影响，有可能重新出现人民陪审员制度的形式化问题。有实证研究发现："许多文章总是批评我们陪审员陪而不审、审而不议，说我们庭上不发言。我们冤枉得很呐！""我参加过刑庭的一个盗窃案子，被告人认罪态度很好，没有任何争议，一共庭审了10分钟，我除了坐在那里听，真的没什么好审的。为了这10分钟，我还向单位请了半天假，来回公交车程两小时，发现自己坐在那里10分钟也没多大用处，感觉挺无聊的。"② 在被告人认罪的简单案件中适用人民陪审员参审，除了对人民陪审员具有培训、普法教育功能外，并不能发挥实质性的司法民主功能，还会使人民陪审员制度重回形式化、虚化的老路。为解决此问题，《人民陪审员法》也有必要限制人民陪审员参审案件范围。

---

① 孙长永、周媛：《刑事案件陪审员制度实证研究——基于 J 省、C 市部分基层法院的考察和分析》，《贵州民族大学学报》（哲学社会科学版）2016 年第 2 期。

② 孙长永、周媛：《刑事案件陪审员制度实证研究——基于 J 省、C 市部分基层法院的考察和分析》，《贵州民族大学学报》（哲学社会科学版）2016 年第 2 期。

第三，浪费司法资源。从比较法角度分析，各国立法上关于陪审范围的规定与实际适用的比例有很大差异，各国立法上规定的参审、陪审案件范围远远大于实际适用的范围，这是现代司法民主制度建设规律的体现。在现代司法中，简单案件和复杂案件并存，简单案件居多是普遍性现象。在这样的背景下，如果不区分案件繁简程度，也不区分当事人是否提出申请，一律规定可以适用公民参与司法制度，既不合理也不必要。以《人民陪审员法》规定为例，刑事案件中有相当比例的案件事实清楚、证据充分且被告人认罪，此类极少争议的案件完全没有人民陪审员参与审判的必要，也无法发挥监督职业法官、提升普通人认知的作用。另外，在十八大以后的人民陪审员制度改革过程中，各级法院普遍反映人民陪审员选任的过程费时费力，对法院形成较大压力，这表明人民陪审员制度的运行需要大量的司法资源投入。在众多案件没有争议且适用人民陪审员参审消耗大量司法资源的情况下，《人民陪审员法》对其参审范围的规定过宽，不利于提高司法效率。加上实践中简单案件大范围适用人民陪审员参审，更加浪费司法资源。目前，我国诉讼制度中的繁简分流机制在不断完善，刑事诉讼中认罪认罚从宽制度的适用比例也在不断增加，在被告人认罪的案件中仍适用人民陪审员参审，除了把人民陪审员作为廉价的人力补充以外，并无其他益处。为有效节约司法资源，在认罪认罚从宽制度不断扩大适用的背景下，《人民陪审员法》应当把适用人民陪审制的案件范围限制在重大、疑难、复杂案件。

三　缩小人民陪审员参审范围的意义与途径

从理论上分析，缩小人民陪审员参审案件范围具有重要意义。

第一，有利于区分事实和法律适用问题。在十八大后的人民陪审员制度改革中，一个重大的创新就是十八届四中全会通过的《中共中央关于全面推进依法治国若干重大问题的决定》提出的区分事实认定与法律适用问题的改革举措。相比《试点方案》和《实施办法》的规定，《人民陪审员法》在此问题上又有所退步，部分回到了改革以前的状态。《人民陪审员法》对三人合议庭的规定恢复了原有的参审制做法，人民陪审员与法官在事实认定与法律适用方面同职同权，这就改变了四中全会决定设定的改革内容。具体而言，《人民陪审员法》在人民陪审员的参审职权问题上有两大变化：一是建立了二元的陪审法庭，三人合议庭中人民陪审员的职权回到了改革以前，七人合议庭则沿袭了《试点方案》和《实施办法》的规定；二是合议庭组成人员意见有重大分歧的，人民陪审员也可以提请院长提交审判委员会讨论决定。《人民陪审员法》规定的二元参审模式属于折中式的做法，在同一部法律中规定了人民陪审员的两种职权不仅理论上自相矛盾，在实践中也存在比较严重的问题。《人民陪审员法》作出这种折中规定的重要原因，就是实践中区分法律与事实问题困难，七人合议庭实践中比较困难的也是准确区分事实与法律问题。

在我国的诉讼制度下，区分事实与法律问题是更加困难的课题。首先是因为我国刑事诉讼中缺乏诉因制度，也不区分定罪与量刑程序，这增加了在刑事诉讼中区分事实与法律问题的难度。更重要的是，根据《人民陪审员法》的规定，人民陪审员参审范围极广，适用于刑事诉讼、民事诉讼、行政诉讼三大诉讼，而民事、行政诉讼案件中区分事实与法律问题更加困难。正是我国诉讼制度的特殊性，有学者认为不可能区分事实和法律问题①。

关于区分事实认定与法律适用问题，《最高人民法院关于适用〈中华人民共和国人民陪审员法〉若干问题的解释》适用解释最初曾规定，事实问题清单的内容应当包括全部案件事实，重点针对诉讼双方有争议的案件事实。但是"在征求意见过程中，很多意见提出，现有表述对民事和行政事实问题内容的概括很不全面，而且由于民事和行政案件类型较多，也无法全面概括，只能在具体个案中由法官确定，建议不在司法解释中规定，可以在指导性意见或裁判文书样式中予以规范。最后采纳该意见，没有就事实问题清单具体内容作出规定"②。这充分说明了在民事、行政案件中区分事实与法

---

① 左卫民：《七人陪审合议制的反思与建言》，《法学杂志》2019 年第 5 期。
② 姚宝华等：《关于适用〈中华人民共和国人民陪审员法〉若干问题的解释的理解与适用》，《法律适用》2020 年第 5 期。

律问题的困难，在某些专业性强的民事、行政案件中，事实与法律问题相互交叉的现象更为明显，区分难度极大，这就造成七人合议庭中人民陪审员行使参审职权的不确定性，影响人民陪审员制度改革的效果。

由于民事案件、行政诉讼案件的类型多样、差异极大，在复杂的民商事案件和行政诉讼案件中区分事实认定和法律适用问题确实存在很大困难。相比之下，在刑事案件中区分事实认定和法律适用问题则相对更为容易，可以根据犯罪构成要件或构成要件符合性来判断审判中的事实与法律问题。刑事诉讼中的事实问题可以简化为犯罪构成要件事实的认定问题，即被告人是否实施了构成要件事实以及是否存在影响量刑的事实。英美法系陪审团制度的实践也表明，在刑事诉讼中区分事实与法律问题更为可行。因此，如果《人民陪审员法》把人民陪审员参审案件限制在以重大、复杂刑事案件为主的范围内，将大大降低个案中区分事实与法律问题的难度。

第二，限制人民陪审员参审案件范围有利于解决专业陪审员问题。实践中，专业陪审员主要适用于复杂的民事和行政诉讼案件，但是专业陪审员会冲淡人民陪审员制度的司法民主属性，带来人民陪审员"精英化"的倾向。所以，《人民陪审员法》及以前的改革文件并没有明确建立专业陪审员制度。但是，在实践中，由于一些民事、行政案件的专业性很强，适用人民陪审员参审需要人民陪审员具备相关领域较丰富的专业知识，只有相关领域的从业或专业人士才有可能胜任，这就对建立专业陪审员制度形成了现实需求。因此，产生是否建立专业陪审员制度的难题，重要原因之一就是人民陪审员参审范围的过度扩张，如果把大部分民事案件和全部行政诉讼案件排除在人民陪审员参审范围以外，将从根本上消解专业陪审员制度利弊的争论。

第三，有利于增强司法公信力，提高司法判决可接受性。从国际经验分析，公民参与审判的重点是案情复杂、被告人不认罪或者争议较大的重大案件。正是在重大、复杂案件中，参审员、陪审员参与审判才能够发挥吸纳普通人认知、纠正职业法官偏见的作用，也才能够提高司法公信力、增强司法判决的可接受性。当前的制度运行实践中，由于立法对适用参审的范围作出宽泛规定，普通案件大范围适用人民陪审员参审，有利于对人民陪审员进行普法教育，还可以发挥监督司法权的作用；但是，人民陪审员参审对司法权运行的监督效果是有疑问的，法律外行对内行的监督需要全面、准确地区分审判中的事实与法律问题。事实上，司法民主制度不应当成为监督司法权的主要途径，也不应当以承担监督职能为主。更重要的是，在缺乏争议、被告人认罪的普通、简单案件中适用司法民主制度会浪费司法资源，也会妨碍司法民主制度各种基本功能的发挥。

从理论上分析，人民陪审员制度能否发挥提高司法公信力、增强司法判决的可接受性功能，关键并不在于其适用范围的广度或其每年适用的案件总数，而是在于人民陪审员制度在运行中能否吸收普通人智慧，进而纠正可能出现的法官职业偏见，最大限度消除法理情的冲突。人民陪审员参审范围的界定应当以有效发挥司法民主制度功能为出发点，因此，今后需要对人民陪审员参审范围进行必要的限制并设定更明确的条件，改变参审适用领域的强职权化模式，突出人民陪审员参审的双重权利属性。

就缩小人民陪审员参审范围的途径而言，由于目前司法中的繁简分流机制还不够发达，诉讼程序本身对案件的过滤功能有限，大部分刑事案件与民事案件仍需要开庭审理，因此，缩小人民陪审员参审范围主要应当以立法和制定新的司法解释的方式进行。当然，在实践中，司法机关也应当采取合理的措施缩小人民陪审员参审范围，确保人民陪审员参审只适用于重大、复杂案件，并适当减少人民陪审员参审案件数量。

具体而言，结合我国司法实际情况，基层人民法院和中级人民法院第一审的重大、复杂刑事案件应当成为人民陪审员参审的主要案件，此外，中级人民法院第一审的重大民事案件也可以保留在人民陪审员参审范围内。一般来说，中级人民法院第一审的民事案件标的额大、社会影响大、公众关注度高，有必要保留人民陪审员参审，以监督审判权力的运行，提高司法公信力和判决的可接受性。因此，人民陪审员参审案件的范围应当以基层法院、中级法院审理的第一审被告人不认罪的疑难、复杂刑事案件为主，以中级人民法院审理的第一审疑难、复杂民事案件为辅。之所以应当在人民陪审员参审案件中排除行政诉讼案件，主要是因为行政诉讼案件一般较为专业，对人民

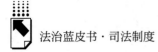

陪审员的法律知识要求较高，普通人民陪审员难以胜任，无法发挥常识、常情、常理的优势。

在缩小人民陪审员参审案件范围的同时，《人民陪审员法》有必要进一步明确适用人民陪审员参审的条件，改变参审适用方面的职权化模式，这就需要取消法院主动采用人民陪审员参与审判的规定。从理论上分析，公民参与司法具有重要的司法民主功能，如果相关的司法民主制度试图发挥司法民主的功能，一个重要的前提条件是确认公民参与司法的权利属性。公民参与司法的权利属性表现在两个方面，一是普通公民有参与司法的权利，二是被告人、当事人有申请同类人参与审判的权利。明确公民参与司法的权利属性有利于最大限度地发挥其提高司法公信力、增强司法判决可接受性的作用。在明确申请人民陪审员参审的权利属性后，立法就应当以被告人、当事人申请为适用人民陪审员参审的前提条件，各级法院不能基于普法教育、解决"案多人少"矛盾等方面的考虑主动选择人民陪审员参审。第一审刑事案件被告人、民事案件原告或者被告申请由人民陪审员参加合议庭审判的，除特定情形外，人民法院应当决定由人民陪审员和法官组成合议庭审判。

B.5
小额诉讼程序"四化三集约"模式调研报告

——以余姚法院为样本

浙江省余姚市人民法院课题组 *

摘　要： 小额诉讼程序对于案件分流、快慢分道具有重要意义，但在司法实践中却适用率不高，程序价值无法充分发挥。浙江省余姚市人民法院作为民事诉讼繁简分流改革试点法院之一，通过在部分领域促成相关行业部门将约定适用小额诉讼以条款形式嵌入前期合同、依托诉讼服务一体化团队强化庭前流程精简高效等举措，以及团队配置、审理模式、智能诉讼的集约，打造"四化三集约"小额诉讼模式，取得了良好的效果，提高了小额诉讼适用率。此外，进一步拓展小额诉讼适用空间，应当合理确定小额诉讼适用标的额，合理确定小额诉讼答辩期、举证期，并根据小额诉讼特点合理制定司法考核机制。

关键词： 小额诉讼　司法资源优化　繁简分流　"四化三集约"

为进一步优化小额诉讼程序，2020年1月15日，最高人民法院根据全国人大常委会授权印发《民事诉讼程序繁简分流改革试点实施办法》（以下

---

* 课题组负责人：余国英，浙江省余姚市人民法院党组成员、副院长。课题组成员：杜珊珊，浙江省余姚市人民法院诉讼服务管理办公室负责人；谢芸芸，浙江省余姚市人民法院立案庭员额法官；程银，浙江省余姚市人民法院综合办公室调研干部。执笔人：杜珊珊、谢芸芸、程银。

简称《实施办法》），明确了小额诉讼程序的独立于简易程序、普通程序的一种诉讼程序，对小额诉讼程序的审级制度、审理方式、文书制作等进一步作出了具体安排。浙江省余姚市人民法院（以下简称"余姚法院"）作为改革试点的基层法院之一，坚持简化程序不减损当事人权利的理念，通过与行业部门联动促成约定适用条款前置嵌入合同、精简庭前流程提升庭审质效、高度集约审理环节等一系列举措，打造"四化三集约"小额诉讼工作模式。该模式在释放审判资源活力的同时，满足了新时代当事人高效、低成本的解纷需求，切实提升了人民群众的司法获得感。

一　价值与需求：小额诉讼改革试点的推行背景

（一）小额诉讼程序的历史沿革

2012 年《民事诉讼法》修改后新增了一条："基层人民法院和它派出的法庭审理符合本法第一百五十七条第一款规定的简单的民事案件，标的额为各省、自治区、直辖市上年度就业人员年平均工资百分之三十以下的，实行一审终审。"由此拉开了小额诉讼的序幕，但该规定仅仅笼统地表述了小额诉讼的适用金额和一审终审的特点。2015 年《民事诉讼法》司法解释就简易程序中的小额诉讼单独列明，并进一步规定了小额诉讼适用和禁止适用的范围、举证答辩期、程序转换、文书制作等方面的内容。小额诉讼从 2013 年 1 月 1 日开始适用至今已八载有余，通过司法实践发现部分环节尚可进一步优化完善。

（二）优化司法资源配置与匹配当事人便捷解纷需求的良性循环

小额诉讼程序体现了与案件性质相匹配的"程序相称"原则，实现了案件繁简分流、快慢分道。这不仅有利于优化审判资源配置、实现合理诉讼格局，更有利于降低当事人诉讼成本，保障其胜诉权益，满足当事人便捷高效化解矛盾纠纷的司法需求。

二 掣肘与症结：小额诉讼改革试点面临的困境

（一）整体适用率偏低

改革前，小额诉讼程序的适用率普遍偏低，其实践运行的情况与程序构建的初衷存在较大差距。以余姚法院为例，改革试点前，2015 年、2016 年、2017 年、2018 年、2019 年五年度法院受理的小额诉讼案件占全部民商事案件的比例分别为 0.85%、1.80%、4.72%、1.41%、0.73%。尽管在改革试点以后小额诉讼程序适用率有大幅上升，但与小额诉讼程序设立之初期望的"全国法院小额诉讼案件将占到全部民事案件的 30% 左右，总数将超过120 万件，对人民法院的民事审判工作格局将产生重大影响"① 的目标仍存在差距。

（二）审理流程繁杂

小额诉讼程序虽已运行多年，但作为简易程序中的一种特别程序存在，案件审理流程、庭审程序、裁判文书制作等均与简易程序并无二致。同时，小额诉讼程序相对于简易程序在便捷性、效率方面有更高的要求。对小额诉讼程序来说，简易程序的审理流程过于繁杂，与小额诉讼的审限要求并不匹配。

《实施办法》虽然规定小额诉讼程序在举证答辩期、传唤方式、庭审流程、裁判文书制作等方面可以比照简易程序进一步简化，但是在具体落实上，还需一个探索、改进的过程。比如，"庭审可以不受法庭调查、法庭辩论等庭审程序限制，直接围绕诉讼请求或者案件要素进行"，而法庭调查、法庭辩论如何结合在一起进行，要素式审判如何具体落实都需细化明确。

---

① 谢勇：《最高人民法院审判委员会专职委员杜万华 2012 年在宁夏调研时强调　要认真做好小额诉讼实施准备工作》，《人民法院报》2012 年 10 月 9 日，第 1 版。

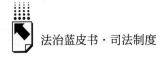

《实施办法》规定"适用小额诉讼程序审理的案件，可以比照简易程序进一步简化裁判文书"，裁判文书可以简化到何种程度，也需要各级法院统一规定。

（三）法官适用意愿不高

一是年轻法官能力有限。一方面，小额诉讼审理期限较短。年轻法官审判经验不足、庭审驾驭能力不强，加之基层法院案多人少矛盾突出，导致多数法官无法做好充分的庭前准备工作，部分小额诉讼案件无法一次审结，当庭宣判率不高。过长的审理期限超出小额诉讼案件的规定时间。另一方面，小额诉讼程序"一审终审"可能带来的再审、信访压力，也降低了年轻法官对小额诉讼程序适用的意愿。

二是老法官存在思维定势。年纪稍大的法官对传统的审理流程已经驾轻就熟，尽管简化后的审理流程更省时省力，但重新学习需要过程，部分老法官不愿意花精力重新学习适应新的审理流程，这种因循守旧的思想对司法实践中适用小额诉讼程序造成了障碍。

（四）当事人不愿意选择

对于当事人而言，与简易程序相比，小额诉讼程序除了审限较短外，诉讼费以及其他诉讼流程中并无明显优势，却限制了当事人上诉的权利。因此多数情况下，当法官在开庭前告知小额诉讼程序一审终审后，当事人一般会以案件争议较大为由提出异议，要求转为简易程序审理，以保障上诉的权利。至于标的额5万元以上10万元以下的案件，就更难促成双方当事人一致选择适用小额诉讼程序审理的合意。

（五）配套硬件设施不健全

《实施办法》规定"适用小额诉讼程序审理的案件，可以比照简易程序进一步简化传唤、送达、证据交换的方式"，但即使是简化的传唤、送达、证据交换方式，也必须以某种留痕的方式固定保存，否则一旦当事人提出异议，就存在程序瑕疵。而录音电话、录音录像设备、电子送达载体等配套硬件设施尚不健全。

（六）虚假诉讼风险增大

小额诉讼程序除了"一审终审"，在操作层面上最突出的特点就是程序上的"简"。程序上简化一方面优化了司法资源配置、节省了当事人的诉讼成本；但另一方面，给部分当事人以可乘之机，增大了双方当事人恶意串通进行虚假诉讼的风险。因此，如何处理好小额诉讼程序简化审理和防范虚假诉讼的矛盾，达到两者的兼顾和平衡，对法官提出了更高的能力要求。

三　探寻与突破："四化三集约"助推小额诉讼改革

（一）"四化"构建小额诉讼程序"递进适用"机制

1. 程序选择"前置化"

对实务中小额诉讼程序适用的高频领域，可积极促成约定程序适用前置。由相关行业部门将合意适用小额诉讼程序的内容以条款形式，嵌入前期合同中，一旦发生合同纠纷，就能借助小额诉讼解纷的"高速通道"实现权益保护。余姚法院与辖区内30余家金融机构召开联席会议，促成全市金融机构在金融借款合同中明确约定，对日后可能发生且符合约定适用条件的纠纷，选择适用小额诉讼程序；与住建部门联动，促成在物业合同条款中明确约定，一旦发生如拖欠物业费等权利义务明确、争议不大的较小标的纠纷，选择适用小额诉讼程序进行诉讼。

2. 立案适用"普适化"

积极推动小额诉讼立案先行适用机制。对于标的额5万元以下且不属于《实施办法》第6条反向规定的六类案件，在立案登记阶段一律先行选择适用小额诉讼程序，由法官在案件后续审查过程中视实际情况决定是否进行程

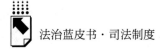

序转换，减少对"事实清楚、权利义务关系明确、争议不大"事项的重复审查。

与此同时，强化"类案示范效应"，引导当事人约定适用。通过定期梳理发布小额诉讼典型案例，以诉讼服务大厅为阵地，强化对小额诉讼案件的类型化宣传，借助具体案件对小额诉讼程序解纷终局性和便捷性进行解读，引导当事人选择适用小额诉讼程序。通过发放"小额诉讼程序适用告知书"，配合诉讼服务团队的阐释，提升合意选择适用率。

3. 庭前流程"精简化"

（1）发挥诉前调解在庭前准备中的作用

余姚法院于2017年3月率先在全省成立诉讼服务一体化审判团队，其中团队内承担立案和诉前调解职能的法官助理，对当事人同意案件先行进行诉前调解的，将受理案件编立"诉前调"案字，在诉前调解阶段，对未能调解成功的案件，若到场双方当事人同意放弃举证、答辩期，则当场立案，当场分案，当场确定速裁法官开庭审理；若双方当事人需要举证、答辩期，则统一引导、合理确定期限；先行召开庭前会议，对调解不成的争议焦点进行询问、查明，组织已有证据交换、厘清争议焦点，简化后续开庭流程，提高小额诉讼后续庭审效率（见图1）。

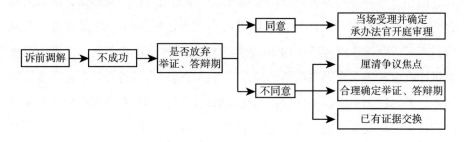

图1 诉前调解不成功流转情况

（2）简化庭审程序性流程

对于庭审程序性事项的简化，既要能简化庭审流程，又要保障当事人的权利，回应人民群众日益多元、高效、便捷的纠纷解决需求。因此，余姚法院对于身份信息核实、审判组织和权利义务告知、回避权利行使等庭审中的程序性事项，通过在庭前以表格方式完成确认（见表1），大大节省了告知性事项所占用的时间；并在审判大楼安检处、各审判庭门口电子公告显示屏以文字和录音形式循环向当事人和旁听人员告知。

表1　庭前告知确认表

案号：（20××）　浙0281民初××号

（列明当事人及委托诉讼代理人身份信息）		
确认内容	原告	被告
是否收到应诉通知书、举证通知书、诉讼须知等一系列告知双方权利义务的法律文书材料	□是　□否	□是　□否
对上述法律文书中的权利、义务是否清楚	□是　□否	□是　□否
是否申请证人出庭	□是　□否	□是　□否
告知庭审改革:本次开庭全程录音录像,录音录像即为庭审记录,不再另行制作书面笔录	□是　□否	□是　□否
告知:法庭纪律	□是　□否	□是　□否
告知: 审判员/审判组织 书记员/速录员	□是　□否	□是　□否
是否对上述人员申请回避	□是　□否	□是　□否
告知:本案适用小额诉讼程序审理,一审终审	□是　□否	□是　□否

上述已庭前告知、确认的内容,庭审中不再另行告知、确认。

（到庭当事人、委托诉讼代理人签名）

原告（签名）　　　　　被告（签名）：

　　　　　　　　　　　　　　　　　　　　　　　年　月　日

4. 程序转换"严格化"

为防止已经适用小额诉讼程序审理的案件，后续因法官主观原因、审限需求或当事人无理由异议，被转换为简易程序或普通程序审理，余姚法院出台《浙江省余姚市人民法院民事诉讼小额诉讼程序办案指引（试行）》，严格审查小额诉讼程序转换，以《实施办法》第6条、第11条列举情形作为转换程序理由。同时避免年轻法官以案件疑难复杂为由的程序转换，建立团队内部案件讨论制度，应先经团队内部讨论确定，再依法转为简易程序或普

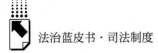

通程序。为避免无故拖沓导致审限过长造成程序转换，制作了"小额诉讼程序流转图"（见图2），清晰规范各环节流转期限及注意事项，明确各节点责任人，强化流转时间和程序的规范化监督。

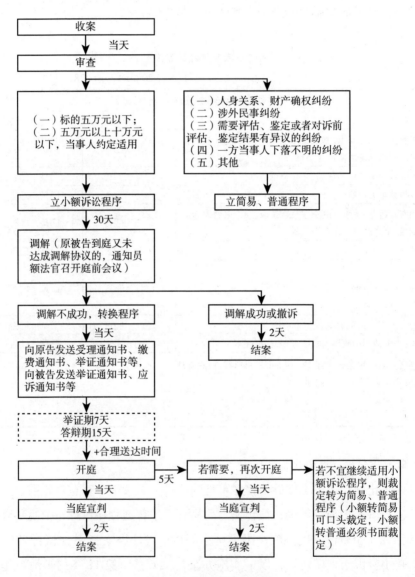

图2 小额诉讼程序流转

（二）"三集约"提升小额诉讼程序简化效应

1. 集约团队配置，速裁处理

繁简分流改革前，针对诉前调解无法达成一致调解协议的案件，民商事案件审判采取随机分案原则，随机确定案件承办法官。案件审理分散化、零星化，既不利于审理模式的统一，也不利于审判人员的管理培训。为适应繁简分流改革的需要，余姚法院以诉讼服务一体化审判团队为依托组建了由年轻员额法官为主的速裁审判团队，集中办理小额诉讼案件。

由诉讼服务一体化审判团队集中审理小额诉讼案件，一是有利于减少案件流转环节，缩短案件处理用时，使当事人充分体会到小额诉讼程序的便捷实效；二是有利于培育专业化的小额诉讼审理团队，通过大量类案处理积累实务经验，提升小额诉讼案件的审判质效；三是有利于丰富小额诉讼案件样本数量，由一线审判团队将审判实践同调研改革有机结合，便于深入挖掘试点过程中的实务问题，并及时提出针对性改进措施，提高小额诉讼改革成效。

2. 集约审理模式，诉审协同

余姚法院立足实务调研，统一规范庭审流程、文书样式，采取模板化应用整合司法资源，使庭审节奏更明快、文书要素更明晰，保障各环节与"简案快审"目标相适应。

一是建立要素式审判模式。制作要素式起诉状、要素式答辩状模板。针对机动车交通事故责任纠纷、民间借贷纠纷、劳动争议等具有明确审理要素的案件类型，在起诉时指导原告填写要素式起诉状。对于原告已填写要素式起诉状的案件，承办人员在向被告、第三人送达起诉状副本时一并送达诉讼要素表，并要求被告、第三人提交对原告填写的诉讼要素表内容逐项作承认或否认表示的要素式答辩状，对于否认的要素部分，还应当写明所依据的事实，并提供证据。通过对要素式起诉状、要素式答辩状的分析，法官在开庭审理前即已经厘清双方当事人的争议焦点，开庭时只需围绕双方有争议的要素展开审理，对无争议的要素则可以直接予以认定。案件审理结束，法官亦采用要素式判决书对当事人的争议事实作出判决，以此形成文书简化协同效应，使诉讼前后端高效衔接。

二是强化焦点审理。在小额诉讼案件的开庭审理过程中，直接围绕当事人有争议的事实、证据和法律适用争议焦点等问题进行。对于案情简单、争议不大的小额诉讼案件，当事人可以一并陈述事实与理由、证据和法律适用意见；对案件稍微复杂一点的小额诉讼案件，在综合原被告当事人起诉、答辩意见的基础上，采取"争点→调查→辩论"模式，逐一理清争点，将法庭辩论贯穿整个法庭调查过程。

三是统一各类文书样式。制作小额诉讼程序告知书、民事调解书、无争议民事判决书、有争议民事判决书、程序转换笔录、小额诉讼庭审提纲等多种小额诉讼文书样式供法官统一选择适用。一方面减少了法官的工作量，另一方面避免法官各行其是而造成文书样式不一。

3. 集约智能诉讼，高效留痕

完善小额诉讼案件审判团队配套硬件，确保"事过留痕"，保障当事人诉讼权利。

一是配备电话录音设备。为小额诉讼审判团队配备"小秘书"电话录音设备，便于法官、书记员直接通过电话方式简化传唤，被告传唤成功率达68%；并逐一拨打通过电子送达协查系统查询到的所有被告的联系方式，向被告告知并确认以电子送达方式送达的相关诉讼文书，确认内容由系统自动录音后生成音频文件保存在电脑中，提高后续送达效率、缩短审理天数、降低公告送达率。

二是充分利用音视频记录仪。为小额诉讼审判团队配备音视频记录仪，对需要制作调查笔录、询问笔录的，法官、书记员可选择直接使用音视频记录仪，以录音录像方式记录调查、询问过程，无须另行制作纸质笔录。

三是积极引导在线庭审。借力移动微法院多方视频、云庭等移动庭审平台，激励小额诉讼审判团队积极开展在线庭审。在立案阶段即告知和引入移动微法院，引导当事人适用电子送达，引导到场当事人使用移动微法院，引导异地当事人、律师参与在线庭审，集约智能系统打通小额诉讼流程简化的"最后一公里"。

（三）强化小额诉讼配套机制，保障当事人权利到位

小额诉讼案件通常案情简单，当事人的对抗性较弱，且大多涉及民间借贷、追索劳动报酬等案件，成为虚假诉讼的高发领域。为防止当事人利用小额诉讼进行虚假诉讼，余姚法院出台了《余姚市人民法院不诚信诉讼行为甄别规范（试行）》《余姚市人民法院关于民间借贷案件审查工作指引（试行）》等文件，运用看—搜—审—诚—纠"五步工作法"发现与识别虚假诉讼，对民间借贷、追索劳动报酬等虚假诉讼高发领域进行重点关注。在立案阶段，向当事人进行诚信诉讼承诺告知、虚假诉讼惩戒告知和典型案例展播，同时一律要求当事人阅读诚信诉讼告知书并签署《诉讼诚信承诺书》，对违反诚信承诺的，可以直接依据承诺内容予以制裁。通过严格审查案件事实的真实性，既最大限度发挥小额诉讼程序简单便捷的优势，又充分保障当事人的合法权益。

四　实践与成效：五大优势彰显小额诉讼改革成效

（一）适用比例大幅增长

自改革试点以来，余姚法院受理的小额诉讼案件 2589 件，占全部民商事案件的 29.5%，其中诉讼标的额在 5 万元以上 10 万元以下，双方当事人约定适用率为 2.94%。小额诉讼程序在民间借贷、物业服务、买卖、机动车交通事故等几类案件中适用比例大幅度提升。

（二）庭审流程精简高效

庭审程序围绕主要的争议焦点展开，同时就虚假诉讼高发领域，法官依职权尽到调查义务。自改革试点以来，余姚法院小额诉讼案件平均庭审时长约 12 分钟，同比缩短近 40%。在诉前调解阶段，对到场各方当事人同意放弃答辩举证期的，当场立案、分案、确定速裁法官开庭审理，平均节省审限天数 10~12 天。

（三）办案法官科学减负

借助"四化三集约"小额诉讼新模式，承办法官在案件刚接手时根据团队法官助理制作的庭前会议记录，就能明确案情、明晰争议焦点。承办法官可以根据已有案件信息，在向双方当事人送达开庭传票、举证通知书等诉讼文书前，一并通知需要补充提交的案件证据材料等，便于一次开庭审结；对于案情已经明了的案件，可以在开庭审理前先拟定裁判文书，若开庭审理结果与庭前会议查明的案件事实基本无差异，即可以对拟好的裁判文书稍作修改后，当庭宣告判决；对于庭审中双方当事人仍有争议的案件，围绕案件争议焦点、关键事实展开调查，不容易被当事人的其他陈述、案件的旁枝末节信息带偏审理思路；当事人在诉前调解阶段或当庭履行完毕给付义务后，直接以无文书方式结案；庭前告知确认表亦将承办法官从烦琐的程序性流程中解放出来。

自改革试点以来，余姚法院 15.20% 的小额诉讼案件以无文书方式结案，100% 的小额诉讼调撤案件（无文书的除外）和 86.09% 的小额诉讼判决案件适用简式裁判文书结案。小额诉讼开庭审理并以判决方式结案的案件，99.2% 的案件实现一次开庭审结。

（四）诉讼服务优化升级

"四化三集约"小额诉讼新模式，简而不减当事人权利，为小额诉讼案件的当事人、诉讼参与人、委托诉讼代理人提供定制化的诉讼辅导，简化线上服务，精简高效流转，落实"最多跑一次"乃至"一次不用跑"司法服务理念，切实减轻人民群众诉累，让人民群众在小额诉讼程序中有司法获得感，增加人民群众特别是律师群体对小额诉讼程序的适用偏好。

自集约办理小额诉讼案件试点以来，余姚法院集约团队小额诉讼案件平均审理天数为 5.75 天，其中调撤案件的平均审理天数 4.08 天、判决案件的平均审理天数 30.69 天。这对于促进司法资源优化配置，为更多当事人提供更为优质的司法服务提供了巨大助力。

五 展望与思索：完善小额诉讼改革的建议

（一）存在的问题

1. 适用条件有待扩充

目前《实施办法》中关于小额诉讼程序的法定适用条件是 5 万元以下，约定适用条件是 5 万元至 10 万元，这一金额设定使得经济较发达地区的大量金融借款纠纷、机动车交通事故责任纠纷无法进入小额诉讼程序中来。在不同类型案件的性质不同、复杂程度不同，东西部地区经济发展差异较大等现实情况下，一律适用固定的金额标准，无法衡平因经济发展差异造成的合理金额标准门槛差距，难以动态匹配日益增长的司法需求。以小额诉讼程序适用高频的机动车交通事故责任纠纷为例，因宁波市关于人身损害的赔偿标准已统一适用城镇标准，以原告伤残等级十级为例，诉讼请求中仅残疾赔偿金一项就高达 129772 元，再加上医疗费、误工费、护理费等各项金额，诉讼标的金额一般都会超过 20 万元，远高于《实施办法》确定的约定适用标的额，即使案情简单、事实清楚，也无法采用小额诉讼程序。

2. 现行关于举证期、答辩期的规定制约案件审理进程

《实施办法》第 7 条规定："适用小额诉讼程序审理的案件，经人民法院告知放弃答辩期间、举证期限的法律后果后，当事人明确表示放弃的，人民法院可以直接开庭审理。当事人明确表示不放弃答辩期间的，人民法院可以在征得其同意的基础上，合理确定答辩期间，但一般不超过七日。当事人明确表示不放弃举证期限的，可以由当事人自行约定举证期限或者由人民法院指定举证期限，但一般不超过七日。"因此，在试点初期，余姚法院对于当事人未明确放弃举证期、答辩期的，均统一按照 7 日确定，且两个期限同时起算。

但最高人民法院 2020 年 4 月 15 日发布的《民事诉讼程序繁简分流改革试点问答口径（一）》在第十二项、第十三项问答中明确，当事人未就答辩期间作出明确意思表示的，根据《民事诉讼法》第 125 条之规定，答辩期间为 15 日；答辩期间和举证期限原则上分开计算，但当事人同意合并的除外。因此，

在该问答口径发布后，余姚法院对于当事人未明确作出意思表示的，出于诉讼程序合法性要求，均对当事人给足15天答辩期、举证期。

小额诉讼程序作为相较于简易程序更为简便的程序，现行改革中关于小额诉讼程序答辩期、举证期限的规定仍局限于《民事诉讼法》关于简易程序、普通程序中举证期、答辩期的规定，即仍旧以当事人明确放弃为前提，且原则上两个期限分开起算，与小额诉讼程序60天审理期限并不匹配，单举证期、答辩期就占去一半审限，大大制约了小额诉讼程序的审理进程。

3. 现行评估考核、工作要求机制与改革要求不匹配

（1）庭审要求方面

根据庭审规范化建设的要求，着重要求法官根据《民事诉讼法》的相关规定进行，并且要求法官在双方陈述诉辩意见后要归纳案件争议焦点，法庭辩论前再次归纳案件争议焦点；但在改革试点中，已将法庭调查和法庭辩论结合进行，并且法官围绕焦点，组织当事人展开举证质证和辩论，与庭审规范化建设要求相矛盾。

（2）裁判文书方面

目前关于文书公开的考核、工作要求仍是："合议庭制作裁判文书，应当阐明当事人的诉辩意见和证据采信、事实认定、法律适用的理由和依据，还可以视情以附表、图示等方式，便于当事人理解。"但在改革试点中简化后的裁判文书已简略了当事人的事实与理由、关于无争议证据认定意见，若当庭宣告判决的案件，书面裁判文书还省略了事实认定、法院说理部分，直接根据法律规定给出判决结果。

旧的考核机制、工作机制和新的改革试点做法之间存在矛盾，改革试点做法无法契合考核工作要求。例如，简化后表格式或结果式的裁判文书不符合现行裁判文书公开上网的要求，部分法官固守原有审判工作模式，无法根据改革试点精神及时转变审判工作理念。

（二）完善路径构想

小额诉讼程序改革试点工作是一个循序渐进、不断深化的过程，但改革

试点工作仍有较大的提升空间。

1. 合理确定适用标的额

不同类型案件的性质不同,复杂程度不同,对不同类型案件一律适用一个标准未免有失灵活。除增加当事人合意选择适用可以扩大小额诉讼的适用范围外,对强制适用的限额同样可以进行一定的调整。建议小额诉讼标的额为上年度受案法院所在市级在岗职工平均工资三倍以下的交通事故损害赔偿案件,以及标的额为上年度受案法院所在市级在岗职工平均工资一倍以下的简单金钱给付类案件,应当适用小额诉讼程序;标的额超出上年度受案法院所在市级在岗职工平均工资,但是金额在上年度受案法院所在市级在岗职工平均工资一倍以上、两倍以下的简单金钱给付类案件,双方当事人约定适用小额诉讼程序的,可以适用小额诉讼程序审理。

2. 合理确定小额诉讼答辩期、举证期

建议从立法层面规定,凸显小额诉讼程序在举证期、答辩期上相较于简易程序、普通程序的比较优势。在被告缺席的案件中,给足被告15天的举证期、答辩期与确定7天的举证期、答辩期,并无实质差别;在被告到庭的案件中,若被告对于法院指定的答辩期、举证期有异议,可以向法院申请延长。因此建议,小额诉讼的答辩期、举证期原则上最多不超过7天,人民法院可以根据案件情况自行予以确定,若当事人对法院指定的举证期限、答辩期限存在异议,则人民法院可根据案件实际情况,将举证期、答辩期限延长至15天,两者期限可以同时起算。

3. 合理制定司法考核机制

考核机制要结合司法改革步伐与时俱进。建议根据现有小额诉讼庭审简化改革做法,依不同适用程序、案件类型,制定简化庭审规范标准和一般庭审规范标准;根据小额诉讼文书简化要求,制定相应的文书制作考核规范,同时制定相匹配的文书上网要求等。通过配套考核机制的合理衔接,免除因考核指标不匹配给法官、书记员造成的困扰。

B.6
员额制检察官监督管理机制的完善

—— 以黔西南州的改革实践为视角

刘 青　邓毅林*

摘　要： 司法体制改革要求形成检察官、检察辅助人员、司法行政人员三类人员各司其职、各负其责，更加科学的分类管理体系。但从实践看，检察官监督管理体系不够完善，对检察官的监督管理还不够精细、不够规范，需进一步完善检察官准入机制、退出机制、监督机制、保障机制、惩处机制等制度机制，搭建规范、高效的检察官管理体系，加强对检察官的监督管理，推动检察官队伍革命化、规范化、专业化、职业化建设。

关键词： 司法体制改革　员额检察官　监督管理　激励保障

检察官既是犯罪的追诉者，也是人民群众的保护者。加强对检察官的管理和监督，是促进检察官在司法办案中更好履行客观公正义务，确保检察权始终依法公正高效行使的重要保障，也是推进检察队伍革命化、正规化、专业化、职业化建设，更好地落实司法责任制的客观要求。

一　员额制检察官监督管理的基本实践

从司法体制改革实践看，员额制改革过程中，通过分类管理、明晰权

---

* 刘青，贵州省黔西南州人民检察院党组书记、检察长；邓毅林，贵州省黔西南州人民检察院法律政策研究室检察官助理。

责、监督制约、激励保障等改革措施，逐步形成了一套较为系统的管理体系，为司法责任制的落实创造了重要条件。

（一）分类管理

检察官员额制改革是司法人员分类改革的重要内容之一，是推进检察官队伍革命化、正规化、专业化、职业化建设的关键举措。2013 年，《中共中央组织部、最高人民检察院关于印发〈人民检察院工作人员分类管理制度改革意见〉的通知》明确规定："人民检察院工作人员划分为检察官、检察辅助人员、司法行政人员"，为检察人员分类改革提供了政策依据，同时明确了三类人员的职责和比例。经过实践探索，检察机关结合我国基本国情和检察工作实际，按照职位分类的基本原理，科学整合职能职责，完成了检察人员分类改革。以贵州省黔西南州检察机关为例，全州检察机关员额制检察官和检察辅助人员占比为 85.03%，司法行政人员占比为 14.97%，实现主要人员力量集中到办案一线，优秀业务骨干回归办案岗位，检察工作的司法属性更加凸显。2018 年，三类人员分类管理制度被写入《人民检察院组织法》，同时，《人民检察院组织法》明确了检察官员额根据案件数量、经济社会发展情况、人口数量和人民检察院层级等因素确定，地方各级人民检察院检察官员额，在省、自治区、直辖市内实行总量控制、动态管理，为员额检察官的管理提供了基本遵循，构建了具有中国特色的检察人员管理制度。

（二）明晰权责

"司法责任制改革是司法体制改革的核心。"[①] 厘清司法办案责任，是落实"谁办案谁负责，谁决定谁负责"司法责任的基本前提。司法体制改革过程中，检察机关在法律规定的框架内，坚持合理放权与加强领导相统一，坚持突出检察官主体地位与强化办案活动的监督制约相统一，遵循检

---

① 参见吕芳《司法责任制何以成为本轮司法改革的核心——基于司法的责任文化视角》，《人民司法（应用）》2017 年第 34 期。

察权运行规律，合理下放职责权限，科学明确检察长、检察委员会、副检察长、检察官、检察官助理的职责、权限、责任。以贵州省黔西南州人民检察院（以下简称"黔西南州检察院"）为例，黔西南州检察院按照司法责任制改革要求，以公正高效为价值目标，将139项权限下放给检察官，对检察官的职权和责任进行划分，构建了清晰的权责体系，为司法责任制的落实提供了重要支撑。

（三）监督制约

司法体制改革实践过程中，对员额制检察官的监督制约主要体现在五个方面。一是明确权责。检察官办案责任实际上是一种监督管理制度，通过明确检察官的职责、权限和责任，划定检察官权力边界，防止权力的扩大和滥用，规范检察权的运行与司法办案行为。二是办案监督。实践中，在对检察官职责、权限和责任进行明确的基础上，主要通过开展案件流程监控、案件质量评查、办案责任追究等形式强化对司法办案的监督。三是日常管理。通过加强思想政治与职业道德建设，建立司法业绩档案和绩效考核制度机制等形式加强对员额检察官的日常监督管理。四是员额退出。建立员额退出机制，明确员额退出情形与退出程序，打破"入额终身制"，规范员额管理。黔西南州检察院出台了《员额制检察官退出暂行办法（试行）》，司法体制改革以来，按照规定退出员额6人，畅通了员额制检察官能上能下、能进能退渠道。五是负向惩戒。通过对检察官涉嫌违反检察职责行为进行惩戒，或依照法律及相关规定对检察官的其他违法违纪行为进行处理，加强对检察官的监督制约。

（四）激励保障

员额检察官职业保障主要体现在两个方面。一是经济保障。首先是经费资产统管。黔西南州8家基层检察院全部纳入州级财政一级预算管理，实现了资产经费由州级统一管理，为员额制改革提供了经济保障。其次是工资制度改革。员额制检察官工资套改后，黔西南州检察机关员额制检察官工资较改革前平均增长比例提升了 53.01%，员额检察官的经济待遇水平明显提高。二是非经济保障。实施员额检察官单独职务序列，畅通员额制检察官上升渠道，为员额制检察官提供发展空间，增强职业成就感和获得感。检察官单独职务序列实施以来，黔西南州检察机关坚持"定期晋升"和"择优选升"相结合，按程序择优选升员额检察官 4 人，按期晋升员额检察官 84 人。

二 员额制检察官监督管理面临的困境

员额制改革有效推动了检察队伍革命化、正规化、专业化、职业化建设和司法责任制的落实。但在改革过程中还面临人少事多、案多等矛盾，权责体系不够规范、监督机制不够健全、激励保障机制尚需完善等困难和问题。

（一）员额数量不能满足办案需求

在人员分类管理改革过程中，检察官实行员额制管理，按照改革要求，员额严格控制在中央政法编制的 39% 以下。从黔西南州检察机关实际情况看，部分基层检察院员额比例仅为中央政法编制的 37%，除州检察院和兴义市人民检察院外，其他基层院员额检察官人数均在 15 人以下，员额检察官人数总体偏少。从初任检察官遴选实践看，由于员额的限制，部分符合检察官条件的检察官助理面临长期不能入额的现实困境，检察官队伍结构尚需优化。此外，国家监察体制改革和派驻纪检组监察机构改革后，两级检察院划转的中央政法编制数约占全州检察机关编制数的 26%，全州检察机关面临机构编制紧缺的现实困境。随着机构编制的减少、检察职能的拓展、案件数量的增多，检察机关人少案多、人少事多的矛盾凸显。

（二）权责体系需进一步完善

完善的权责体系是落实司法办案责任制的关键，但从实践看，权责体系的构建还不够科学规范。一是权责不够明晰。检察官、检察官助理之间的职责、权限、责任不够明晰，可操作性不强。《最高人民检察院关于完善人民检察院司法责任制的若干意见》规定，"检察辅助人员参与司法办案工作的，根据职权和分工承担相应的责任"。但在实践中，还存在检察官与检察官助理权责边界模糊的问题。二是与时俱进不足。国家监察体制改革和检察机关内设机构改革后，检察职能的调整与重塑，原有的权责体系与改革发展不完全匹配。比如，实行"捕诉一体"后，员额检察官的职责和权限发生了变化，需对原有的权责体系进行修改完善。此外，《刑事诉讼法》《人民检察院组织法》《检察官法》修订后，检察机关的职权、检察官的职责权限均发生一定变化，权责体系需根据新的要求重新调整。

（三）监督机制不够健全

内部监督制约和外部监督制约机制有待完善。一是日常监督管理有待强化。在日常监督过程中，存在案件质量评查、案件流程监控常态化开展不足，检察官动态管理机制不健全、防范干预过问案件的制度落实不到位等问题，日常监督管理机制尚需探索完善。二是员额准入与退出机制不够完善。新修订的《检察官法》第20条明确了八种应当依法提请免除检察官职务的情形，且明确了任免的权限和程序。但实践中，检察官的退出配套机制还不够健全，需要在准确理解和把握退出情形的基础上，细化检察官退出员额的具体制度措施。三是绩效考核机制有待深化。当前的考核体系主要存在考核指标可操作性不强、考核结果运用不充分等问题。四是惩戒机制不够健全。根据新修订的《检察官法》，惩戒委员会对检察官"故意违反法律法规办理案件的或因重大过失导致案件错误并造成严重后果的"等违反检察职责的行为，提出是否具有主观过错或者重大过失的审查意见。在实际操作过程中还需要进一步完善制度机制，明确具体追责情形、惩戒程序等，增强操作性。

（四）激励保障尚需完善

司法体制改革以来，检察官的激励保障机制不断健全，为检察官提供了重要的履职保障，但部分激励保障措施有待完善。从经济保障方面看，新修订的《检察官法》第 64 条规定："检察官退休后，享受国家规定的养老金和其他待遇。"但如何落实员额制检察官退休后的待遇，则需要进一步探索完善。此外，资产、经费由省级统一管理后，基层检察院的考核主体、经费保障、财务工作等面临一定难题。以黔西南州为例，经费实行州级财政统管后，为资产、经费由省级统一管理打下了基础，但各基层院财务人员需往返于州、县之间办理审批事项和支付业务，工作成本增大。从非经济保障方面看，员额制检察官单独职务序列与行政职务职级的衔接配套制度还不够完善，员额制检察官的交流渠道较窄。此外，员额制检察官退出员额转任检察官助理后，如何与检察官助理单独职务序列衔接；转任司法行政人员后，如何确定其职务职级等问题需探索解决。

三 员额制检察官监督管理机制的完善建议

为加强检察官队伍革命化、正规化、专业化、职业化建设，推动司法办案责任精准落实，促进公正司法，需进一步加强人员分类管理、构建科学的权责体系、完善监督制约机制和激励保障机制，完善员额制检察官监督管理配套制度，提升管理水平。

（一）提升管理水平

1. 完善动态调整机制

深入贯彻落实中共中央办公厅《关于深化司法责任制综合配套改革的意见》，按照"建立员额检察官数据库，区域动态化调整"[①] 的理念，探索建立由省级统一管理的员额检察官动态调整制度机制。在严格控制总量的情况下，综合考虑基层院或市（州）院所在地的人口数量、经济发展情况、机构编制、单位层级等因素，按照"优先考虑基层人民检察院和案件数量

---

① 参见袁岳霞、胡芝春《检察官员额制动态调整机制研究》，《北京政法职业学院报》2018 年第 4 期。

多的人民检察院办案需要",探索由下级院按需报备、层层审批的员额动态调整机制,明确动态调整的范围、条件、程序和规则,构建运行高效、调配有力的动态调整体系,充分利用好有限的员额资源,缓解人少案多、事多矛盾。

2. 全面提升管理效能

一方面,以内设机构改革为契机,组建专业化办案团队,深化"捕诉合一"机制,优化办案模式,规范检察机关内部运行机制,提升检察权运行效率。另一方面,在机构编制紧缺的情况下,完善聘用制检察辅助人员和聘用制书记员招录管理机制,适当提高聘用人员待遇保障水平,解决聘用人员流动性大的问题,确保招得进、留得住、用得好,提升检察工作综合保障水平。

3. 加大人才培养力度

"现代司法作为一种特殊的职能,不仅需要司法的职业化,更要强调司法人员的精英化。"[①] 因此,应拓宽人才培养渠道,大力培养人才。积极探索建立与政法机关,与环保、国土、质检等行政执法部门的干部双向挂职锻炼机制,搭建好行政执法与刑事司法良性互动、相互支持配合的平台,拓宽检察官视野,提升综合素质;探索建立特约检察官助理、专家咨询委员会等制度,借助"外脑"解决法律监督专业技术能力不足问题;创新招录机制,探索完善从律师或者法学教学、研究人员等从事法律职业的人员中公开选拔检察官的具体制度,充实检察官队伍;探索检校合作模式,创新按需培训、系统培训方式,提升检察队伍革命化、正规化、专业化、职业化水平。

4. 深化科技应用

推进"大数据 + 司法办案""大数据 + 检察办公""大数据 + 队伍管理""大数据 + 检务保障""大数据 + 检察决策支持""大数据 + 检务公开和服务"等系统建设与应用,全面推进大数据应用与检察工作深度融合,推动检察工作向数字化、网络化、应用化、智能化发展,促进检察工作提质

---

① 参见邱铭、邓小燕《检察官职业保障机制研究》,《基层建设》2018 年第 17 期。

增效，更好地维护司法公正、提升司法能力。比如，深化智能语音系统在司法办案中的运用，可把检察官从繁杂的文字材料中解脱出来，节省更多精力专注于办案；深化远程视频讯问系统的运用，可有效节约办案时间、减少办案成本等。

（二）完善权责体系

1. 科学划分职责

随着改革的深入推进，检察委员会的职责发生了变化，需在实践的基础上做好顶层设计，修订《人民检察院检察委员会议事和工作规则》《人民检察院检察委员会组织条例》，科学明确检察委员会审议议题范围、条件、程序和相关要求，明确检察委员会的职责。比如，对提请检察委员会审议的"重大、疑难、复杂"案件，应明确判断的标准和范围，防止检察官随意将案件提请检察委员会审议而规避其职责。此外，根据新修订的法律法规，重新完善检察长、副检察长、主办检察官、独任检察官、检察官助理的职责体系，厘清职责边界。

2. 依法明确权限

"制定和落实检察官权力清单是检察机关推进司法责任制改革的重要举措，是明确检察官职权并确定司法责任的基础和根据。"[①] 权力清单的制定需符合检察权运行规律、级别管辖要求和内设机构的基本职能，依法制定。一要科学划分权限。根据法律法规，重新明确检察委员会、检察长、副检察长、检察官、检察官助理的职权，完善权力清单。根据《人民检察院组织法》第29条和《检察官法》第9条规定，检察官在检察长领导下开展工作，重大办案事项由检察长决定。检察长可以将部分职权委托检察官行使，可以授权检察官签发法律文书。在完善权力清单的过程中，需遵循检察权运行规律，明确检察长授权的具体范围、方式、程序等，构建"收放有度"

---

① 参见王光贤《检察官权力清单制度及完善——以上海市检察机关为样本》，《上海政法学院报》2017年第4期。

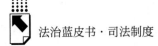

的授权体系。二要科学明确职权。根据内设机构的职能调整，结合"捕诉合一"办案机制要求，细化各业务部门的职权，构建科学的运行体系。

3. 精准厘清责任

"建立司法责任制，是深化司法改革的关键性任务，也是新形势下推进检察改革的核心。"① 厘清责任是落实"谁办案谁负责、谁决定谁负责"司法办案责任的关键。因此，需要根据法律法规的规定和检察职能的调整，进一步厘清检察委员会、检察长（副检察长）、检察委员会委员、检察官（含独任检察官和办案组中的主办检察官）、检察官助理、书记员的办案责任，构建清晰的责任体系，为司法责任制的落实提供支撑。以检察委员会和检察官的责任划分为例，根据《最高人民检察院关于完善人民检察院司法责任制的若干意见》第37条第3款规定，"属于检察长（副检察长）或检察委员会决定的事项，检察官对事实和证据负责，检察长（副检察长）或检察委员会对决定事项负责"；第40条规定，"检察官向检察委员会汇报案件时，故意隐瞒、歪曲事实，遗漏重要事实、证据或情节，导致检察委员会作出错误决定的，由检察官承担责任；检察委员会委员根据错误决定形成的具体原因和主观过错情况承担部分责任或不承担责任"。在建立责任清单过程中，需要进一步厘清检察委员会集体责任和检察委员会委员个人责任、检察委员会责任和检察官责任，明确检察委员会、检察官承担责任的界限、范围、程序。

（三）强化监督制约

1. 完善日常监管机制

强化日常监督制约是推动检察官依法、公正行使职权的关键举措，应探索管用的监督制约机制，规范检察权的行使。一是加强革命化、正规化建设。丰富教育培训方式，深化巡视巡察，强化思想政治与职业道德建设、纪律作风建设，构建与司法权运行新机制相适应的监督制约体系，打造对党绝

---

① 参见龙宗智《检察官办案责任制相关问题研究》，《中国法学》2015年第1期。

对忠诚的检察队伍。二是健全员额退出机制。完善员额退出机制，细化员额退出情形，构建"能上能下、能进能退"的员额管理机制，促进人员合理流动，优化员额结构。三是完善办案监督机制。完善检察官办案制度、检察官联席会议制度，推动司法办案制度化规范化开展；"探索以案管办监督为主的各种监督模式，加强对员额检官的监督"①，完善案件质量评查、案件流程监控制度机制，常态化开展案件质量评查和案件流程监控，推动规范司法；健全问责机制，严格执行防范干预过问案件制度，推动检察人员依法独立公正行使检察权，促进公正司法。四是完善司法业绩管理制度。健全检察官、检察官助理司法业绩档案管理制度，将办案数量、质量、效率、效果、安全纳入检察官和检察官助理的司法业绩档案，完善履职监督机制。五是完善外部监督机制。健全主动接受人大监督和政协民主监督等工作机制，创新开展"检察开放日"等活动，丰富检务公开的形式，强化外部监督，促进严格、规范、公正、文明司法。

2. 完善绩效考核机制

绩效考核是推动司法责任制落实、提升办案质效的有效路径。一是健全绩效考核制度。完善三类人员考核办法，细化考核指标、考核内容、考核程序、结果运用等，健全考核体系。二是科学设置考核指标。考核指标制定要坚持"遵循司法规律、突出实绩导向，坚持责、权、利相统一，坚持公平公正"的原则，探索建立考核指标动态调整机制。围绕"检察工作实绩、职业道德、专业水平、工作能力、工作作风"，体现绩效考核的全面性、系统性和完整性，考核指标重在实绩，综合考虑办案数量、质量、效果等因素，结合各业务部门的职责和检察官的职责权限、办案的难易程度等情况制定，防止"一刀切"。三是完善考核方式。"检察官考核应当以量化考核为主、定性考核为辅的原则为指导，尽可能使用量表法和目标管理法。"②坚

---

① 参见贺进森、杨博《以案管管理监督为主的检察官办案监督机制研究》，《法制与社会》2018 年第 35 期。

② 参见苏吴检《浅论检察官绩效考核机制的重构与完善》，《唯实（现代管理）》2017 年第 9 期。

持"平时考核与年度考核"相结合，全面、客观、公正进行考核，探索设置一定机动分值，解决"干得多、错得多""不洗碗就不会打破碗"等问题，树立正确的考核导向，激发干警干事创业激情。四是注重结果运用。探索考核结果的分类运用机制，将岗位职责、工作性质、工作难度、工作方式等相同或相近的检察官放在同一个评价体系下进行观察评价，确保考核科学公正。强化考核结果运用，建立考核结果与奖惩挂钩制度，将考核结果作为调整检察官等级、工资以及检察官奖惩、免职、降职、辞退的依据，推动检察官依法高效履职。

3. 完善惩戒制度机制

"建立检察官惩戒委员会制度是司法责任制改革的重要组成部分，是检察官依法履职的重要保障。"[1] 应完善惩戒机制，推动司法责任制精准有效落实。一是加强惩戒委员会建设。完善惩戒委员会组成人员选任机制，明确标准和范围，加强检察官惩戒委员会组成人员建设；完善惩戒委员会日常工作制度，细化惩戒委员会的职责权限和工作规则，推动惩戒委员会工作规范开展。二是完善惩戒制度机制。根据新修订的《检察官法》的规定，"最高人民检察院检察官惩戒委员会、省级检察官惩戒委员会的日常工作，由相关人民检察院的内设职能部门承担"，需从省级层面依法出台具体的惩戒办法，明确惩戒的范围与惩戒程序，细化责任追究的具体情形，完善回避、陈述、举证、辩解、异议的相关规定，构建科学合理、公平公正、运行高效的惩戒体系。

（四）加强激励保障

1. 完善经济保障措施

一是完善检察官工资制度。新修订的《检察官法》第59～63条对检察官工资制度以及相关福利待遇作出了规定，建议从顶层设计出发，根据检察

---

[1] 参见最高人民检察院监察局课题组《检察官惩戒委员会制度研究》，《人民检察》2017年第1期。

工作特点，完善相关配套制度。比如，出台检察官退休办法，明确检察官退休后享受的待遇，解决检察官的后顾之忧。二是完善经费保障体系。在资产经费由省级统一管理的过程中，深化信息平台建设与运用，搭建规范、高效、安全的财务审批和业务支付平台，减少大量的人力、物力、财力投入，提升资产经费管理效率。同时，加强调查研究，总结资产经费由省级统一管理过程中存在的实际问题，出台配套措施加以解决，为检察工作的开展提供充足的财物保障。

2. 健全非经济保障制度

一是完善晋升机制。搭建与绩效考核相匹配的晋升机制，完善"按期晋升"和"择优选升"制度，严格按照员额晋升比例和程序晋升员额，畅通能上能下渠道，为检察官提供充分的发展空间。二是拓宽人才交流渠道。坚持顶层设计与基层实践相结合，自上而下完善检察官单独职务序列与行政职务职级、检察官助理单独职务序列相匹配的制度机制，畅通能进能出渠道，推动人才合理流动，优化检察官队伍。三是完善职业保障制度。"检察官不被任意免职"既是一项国际通行的检察官履职保障原则，也是我国法律的明确要求①。因此，有必要健全检察官权益保障委员会制度机制，出台保护司法人员依法履职的规定，依法保护检察官的职业尊严和人身安全。

---

① 参见龙宗智、符尔加《构建合理、有效、协调的员额检察官退出制度》，《人民检察》2017年第22期。

B.7
专业法官会议议事规则的检视与重构

王韶方　李瑞增　王林娟*

摘　要： 专业法官会议至今已经运行十年，但由于议事规则设定过
于原则，专业法官会议在制度设计与实际运行的激烈碰撞
中产生众多积弊，未能充分实现司法改革设计的就疑难复
杂案件为法官提供专业意见的制度预期。有鉴于此，本文
在深入剖析借鉴罗伯特议事规则可行性的基础上，针对性
提出完善专业法官会议议事规则的构想，以合理选定会议
组成人员、明确会议流程、规范动议提请程序、明确会议
规则、完善会议纪要制度为核心，辅以考核机制、法官成
长机制、信息化管理、上下级法院衔接机制，为实现专业
法官会议核心价值提供制度保障，也为推动司法体制综合
配套改革注入强大动力。

关键词： 司法体制改革　专业法官会议　罗伯特议事规则

专业法官会议作为发端于顶层设计的新型审判智库制度，脱胎于 2000
年的审判长联席会①，正式确立于 2015 年。其间，《最高人民法院关于审判

---

* 王韶方，河南省安阳市中级人民法院党组副书记、副院长；李瑞增，河南省安阳市中级人
民法院立案一庭副庭长；王林娟，河南省安阳市中级人民法院民一庭法官助理。
① 最高人民法院于 2000 年颁布实施了《人民法院审判长选任办法（试行）》，一些法院开始
尝试由选任而来的审判长组成一个集体讨论研究机构，研讨司法实践中的疑难复杂案件，
统一案件的法律适用规则。

权运行机制改革试点方案》① 确定了专业法官会议的"名分"问题，这一名称得以统一和确认。时隔几年，《最高人民法院关于完善人民法院司法责任制的若干意见》② 解决了其定位问题。2018 年，最高人民法院印发《关于健全完善人民法院主审法官会议工作机制的指导意见（试行）》（以下简称《法官会议指导意见》），对主审法官会议提请召开程序、归口管理机制等方面作出规定，但是对主审法官会议议事规则的规定过于抽象，实操性有待完善。专业法官会议召开程序及发言规则等具体操作规则，直接关系到专业法官会议的议事效率和发言质量，而罗伯特议事规则（以下简称"罗氏规则"）有很好的借鉴意义，可以为完善、规范我国专业法官会议召开程序提供参照。

一 专业法官会议议事规则现状检视

专业法官会议议事规则为法官会议功能发挥、效果实现提供制度保障。然而，实践中各法院专业法官会议议事规则各不相同，积弊较多，专业法官会议流于形式，专业法官会议功能受阻、效率低下，其专业性未得到充分彰显；同时，由于议事规则不细致、操作性不强，会议规则的严谨性不足，专业法官会议在实践中并没有收到预期的效果。对于专业法官会议的运行情况，法官的评估结论是"一般"③。

---

① 《最高人民法院关于审判权运行机制改革试点方案》第 5 条规定："对于案件审理过程中发现的重要法律适用问题或者其他重大疑难复杂问题，独任法官或者审判长可以提请院、庭长召集专业法官会议或者审判长联席会议讨论，其结论应当记录在卷，供合议庭参考。"

② 《最高人民法院关于完善人民法院司法责任制的若干意见》第 8 条规定："人民法院可以分别建立由民事、刑事、行政等审判领域法官组成的专业法官会议，为合议庭正确理解和适用法律提供咨询意见。合议庭认为所审理的案件因重大、疑难、复杂而存在法律适用标准不统一的，可以将法律适用问题提交专业法官会议研究讨论。专业法官会议的讨论意见供合议庭复议时参考，采纳与否由合议庭决定，讨论记录应当入卷备查。"

③ 梅俊广、高一飞：《专业法官会议制度实施情况的实证研究》，《四川理工学院学报》（社会科学版）2017 年第 5 期。

（一）组成人员缺乏统一规范

从会议组成人员构成看，仍未摆脱"行政化"藩篱。《法官会议指导意见》规定，主审法官会议由本院员额法官组成，但实践中会议成员多数有副庭长以上职务。例如，《四川省高级人民法院专业法官会议工作规则（试行）》规定，各专业法官会议成员分别由相应审判领域的庭长、副庭长、资深法官等组成。从会议成员是否固定来看，有的法院规定经过一定的选任程序，由各审判业务部门提出建议人选，提请审判委员会研究确定，人员相对固定；有的法院仅规定了参加专业法官会议人员范围，成员不固定，主管院长、审判委员会专职委员参加讨论时，是专业法官会议的当然组成成员。从会议成员人数来看，中高级人民法院人数较多，而基层人民法院由于内设机构改革后相关审判团队撤并，专业法官会议组成人员人数较少。

（二）准备工作不充分

按照《法官会议指导意见》要求，审理案件的合议庭或者独任法官应当准备必要材料，但对具体提交哪些"书面材料"未予以明确。实践中，各地法院的要求不尽相同，如有的要求专业法官会议议题的提请应提出书面申请，由庭长报请主管院领导审核后提交专业法官会议研究。有的要求提请专业法官会议研究的议题，合议庭一般应当提前1天将相关材料发送专业法官会议成员审阅。但实际执行过程中，因案件压力、工作责任心等，很多情况下都是案件快到期了，临上会前草草制作一份审理报告提请会议讨论，会议秘书又疏于审核，甚至出现有的案件合议庭未能形成多数意见而以多种意见上会讨论的现象。专业法官会议实际运行中各主体对规则的忽视，致使承办人（合议庭）只要提出申请即可进入，降低了提请会议研究议题的"门槛"，也助长了承办人或者合议庭对专业法官会议的惰性思维。

（三）议事规则缺乏制度刚性

《法官会议指导意见》第 6 条①虽对发言顺序有所规定，但该规定仅是指引性的，实践中，发言规则不合理、不科学的问题普遍存在，以下问题较为突出。

1. 发言程序不统一

实践中，发言顺序不一。有的按行政级别由高到低依次发言，即使参会人员都以法官身份出席会议，仍然避免不了行政职务对发表意见带来的心理压力，导致发言结果呈"统一论"；有的按照主持人的指定发表意见，看似随机性很强，实际上带有主持人主观感情色彩或个人喜好，各参会人员发言次数和时间不具有均衡性，且指定发言有些突然，没有给发言者相对充分的准备时间，容易导致发言内容质量欠佳，发言见解不成熟；有的由汇报人最先发表意见，由于汇报内容经承办人主观加工，多汇报支持本人或者合议庭意见的内容，带有倾向性措辞，可能会影响参会人员的意见发表，容易出现"片面论"。

2. 与会人员规则意识不强

行政级别低的员额法官受隐形权威的影响，会上发言较为拘谨，顾虑较多，常常"犹抱琵琶半遮面"，不敢畅所欲言发表自己对案件的看法，唯恐与领导意见相左，发言时间短、发言次数少。行政级别高的院庭长发言则较为随意，发言时间、发言次数与普通员额法官形成鲜明对比。

3. 出现偏离讨论主题的现象

会议讨论的走向常常会被案件中某些"招黑"案情带偏，参会人员被这些无关紧要的问题吸引甚至产生热烈的讨论，主持人没有及时打断制止，导致案件的争议焦点没有被及时回应。也存在拟提请讨论的争议焦点所依赖的证据不足或事实不清，参会人员转而对事实或证据认定部分展开讨论，少

---

① 《关于健全完善人民法院主审法官会议工作机制的指导意见（试行）》第 6 条规定："参加会议的法官可以按照法官等级和资历由低到高的顺序依次发表意见，也可以根据案情由熟悉案件所涉专业知识的法官先发表意见，但主持人应当最后发表意见。"

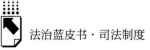

则花费十余分钟，多则半个小时甚至更长时间，严重影响议事效率。

4. 附和意见现象较多

承办法官汇报案件并表明合议庭拟裁判意见后，各参会人员受维护人际关系、避免责任承担、欠缺知识储备等单一或者多种因素影响，最后发表意见时难以体现个人梳理—思考—判断的定案思路和视角，经常阐述为"同意合议庭意见"。

（四）礼仪和程序约束不足

在礼仪方面，最常见的问题主要表现在：未经主持人许可，擅自发问、打断汇报者或者与其意见相左者，没有给予主持人、发言人充分尊重；多人同时发言，导致每个人的声音都想被倾听，但每个人的声音都得不到倾听，会议秩序陷入混乱；不同意汇报人意见的，辩论的对象从动议本身转移至动议的人，辩论甚至升级为争执，因一些不当言语导致双方关系僵化和会议停滞。在纪律方面，发言者经常被他人来电提醒、接打电话等打断发言，也会被参会人员交头接耳、随意走动等行为分散注意力，特别是主持会议的领导，因分管任务重、头绪多、工作量大，会议召开期间不时接打电话，有时甚至不得不中间离开办理其他紧急公务，导致会议暂时中断无法顺利进行。

（五）会议纪要制度作用发挥不充分

《法官会议指导意见》第 7 条[①]对会议纪要提出了要求，但实践中，专业法官会议几乎沦为个案定案工具，能够认真归纳整理典型案件裁判规则、形成类案指导的寥寥无几，会后总结机制阙如，致使专业法官会议止步于"就事论事"，未将个案讨论效果进一步延展深化至指导类案审理，专业法官会议统一裁判标尺、提供类案指引的功能还未得到最大限度释放。

---

① 《关于健全完善人民法院主审法官会议工作机制的指导意见（试行）》第 7 条规定："会议结束时，主持人应当总结归纳讨论情况，形成讨论意见，记入会议纪要。"

二 议事规则对法官会议的启示

议事规则的实质是在竞争环境中为公正平衡和正当维护各参与方的利益而设计的精妙程序①，罗伯特议事规则就是其中的典型代表之一。其细致地囊括了会议议事过程中各种操作程序，完美保障了各种意见得到充分表达和倾听，并用规则制约与会者私欲膨胀，民主决策和决策效率都能得以实现，对专业法官会议具有充分的可借鉴性。

（一）专业法官会议迫切的现实需求

为法官审理案件提供"智力支持"，是专业法官会议最初的价值功能，也即最核心的价值功能，这种"借脑"模式在法官社会经验不足、司法能力参差不齐的审判实践中十分必要，且具有相当强的生命力。在落实司法责任制与实现法官职业化、精英化两者尚未实现无缝衔接的背景下，能有效避免大型审判"事故"发生。毕竟，当一般性的公共知识在司法场域遭遇来自法官对有关案件的个人化体验或者个性化认识时，尽管一般性的认识并非天然具有压倒个体化体验的优势，但仍能修正个性化认识的错误与瑕疵②。

在司法体制综合配套改革的宏大叙事下，专业法官会议的功能逐渐以法律咨询为核心向外衍生，担负起与审判权运行机制改革、审判监督管理制度转型以及司法责任制落实等内容相匹配、呼应的重任。备受瞩目、寄予厚望的专业法官会议急需一套高效的议事规则为其保驾护航。议事规则作为"决策的程序和语法"③，恰如程序法与实体法的关系，与专业法官会议有不

---

① 〔美〕亨利·罗伯特：《罗伯特议事规则》（第 11 版），袁天鹏、孙涤译，格致出版社、上海人民出版社，2015，第 14 页。

② 方乐：《审判权内部运行机制改革的制度资源与模式选择》，《法学》2015 年第 3 期。

③ 〔美〕亨利·罗伯特：《罗伯特议事规则》（第 11 版），袁天鹏、孙涤译，格致出版社、上海人民出版社，2015，第 6 页。

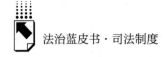

可分割的关系。议事规则是否足够严谨、科学、高效，是衡量会议权威性的关键参数，亦可在相当程度上折射"改革果实的成色"。

（二）专业议事规则的议事模式

专业议事规则如罗氏规则将自身定位为一套开会的"工具书"，表明议事规则并非纸上谈兵的理想篇，有很强的可操作性，能够真正为议事活动提供借鉴和指导。同时，"如何开会""如何开好会"是其要表达的核心要义，罗氏规则已经作为一项通用议事规则广泛应用于政府、企业等组织开会活动，其专业性特点尤为突出。随着社会不断变迁发展，罗氏规则几经修正，对会议流程始末及可能出现的情形进行总结和归纳，逻辑严密。

（三）二者的比较与融合

从适用范围来讲，罗氏规则是通用的议事规则，抛开专业法官会议的多项制度功能，专业法官会议说到底也是各法官开会讨论疑难复杂案件并发挥集体智慧的制度。专业法官会议议事规则作为特定领域的规则，当然包括在罗氏规则这一通用规则的外延之中。

从价值理念来讲，由于专业法官会议紧迫的现实需求，其议事程序追求效率与民主，并通过议事程序实现公平正义的最终目标。罗氏规则是通用性议事规则，其追求的价值理念更具有普遍性，涵盖的范围更广。两者追求的价值理念有共通之处。充分借鉴罗氏规则，推动专业法官会议体现民主性、突出专业性、更具严谨性，真正实现专业法官会议的功能和定位。

从发展趋势来讲，罗氏规则经过多个版本的修订已经发展为可复制推广的通用议事规则，域外司法实践也较多吸收采纳罗氏规则的基本内容。国内虽无先例可循，但参考借鉴罗氏规则可以破解专业法官会议开会规则阙如或者混乱造成的困局，符合司法运行机制的规律。

三 完善专业法官会议议事规则构想

专业法官会议各项职能的发挥，需要一套完备的、可操作的议事规则来保障。借鉴罗氏规则的有益成分，专业法官会议在流程设置和规则建构方面可以进一步丰富和完善。

（一）人员组成要突出专业性

专业法官会议制度最初目的是为法官提供咨询服务，专业性是其鲜明特点，因此，关于由谁来提供咨询的问题，应充分考虑法官的意愿。在人员构成上，要"去行政化"，尽量多吸收专家型资深员额法官，弱化参会人员的行政职务身份，使参会法官的地位、权责平等。成员应当相对固定，由各审判业务部门提出建议人选，经过一定的程序研究确定，在一定时期内形成相对固定的组织，便于会议的召集，保持工作的连贯性。会议成员人数不宜过多，建议人数保持在 5～10 人，既有利于广泛听取各种意见，又不至于影响会议效率，充分体现专业法官会议的专业性和灵活性。

（二）流程设置要凸显节奏性

罗氏规则具有较强的可操作性，一次议事过程大致有六个环节：动议、附议、陈述议题、辩论、提请表决、宣布表决结果（见图1）。借鉴罗氏规则的一般议事流程，专业法官会议应坚持"一时一件"规则，也就是说，一个议题表决后才能讨论另一个议题，以保障讨论的针对性、深入性。讨论每个议题应当步骤明晰、节奏紧凑，充分发挥专业法官会议的专业高效优势，一般分为五个阶段（见图2）。五个阶段不一定要刻意进行区分，但会议主持人应按阶段把握会议节奏，使各环节有条不紊顺利进行。

（三）动议提请程序要严格规范化

动议是开会议事的基本单元。罗伯特议事规则的"动议中心主义原则"要求会议围绕动议展开，因此拟提交会议讨论的议题需具备明确性、具体性和可操作性特点。动议的提请程序可以充分纳入审判流程管理系统，实现监督管理的全程"留痕"。

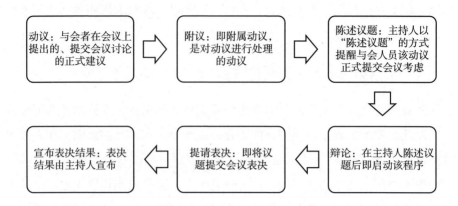

图1 罗伯特议事规则一般议事流程

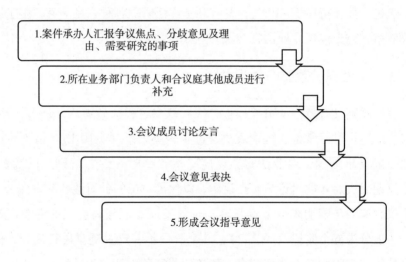

图2 专业法官会议五个阶段

1. 会议秘书要对会前提交的案件审理报告进行形式审查

案件审理报告应当翔实、具体，真实反映案件情况。以二审民事案件为例，一份合格的审理报告至少但不限于以下内容：案件由来及提请上会的理由，当事人基本情况，原审原告诉请及原审被告答辩意见，原审认定的事实及判决结果，上诉人的上诉请求及被上诉人的答辩意见，二审争议焦点，经审理查明的事实及主要依据，本案的处理结果和理由，相关法律法规、案例等参考资料。审理报告必须明确合议庭讨论意见，合议庭评议意见应形成一致意见或多数意见，不得以三种以上意见提请会议讨论。必要时审理报告还应附类案或者关联案件的检索报告，便于参会人员把握案件整体情况。提请上会讨论案件的审理报告符合规范要求的，方可由会议秘书进行登记，纳入专业法官会议讨论议程。

2. 动议应落入专业法官会议研究范围

提交专业法官会议研究的案件应限定在《法官会议指导意见》第 4 条[①]规定范围内，至于第 1 项规定的"新类型、疑难、复杂、社会影响重大"的认定，不同法官基于审判经验和生活阅历可能存在不同认识，但该条规定，符合条件的"可以"而非"必需"提请，故是否属于该类情形、应否提请，本着满足需求侧考虑，应由审判长视情况而定。

3. 动议应当进行附议

合议庭认为案件需要提交专业法官会议研究的，由审判长提出申请，并将审理报告上传系统待庭长审核，庭长认为案件尚不具备提请会议条件，如该案件事实有待进一步查清，合议庭意见不成熟的，予以退回；符合提请条件的，通过系统电子签章审核后发送至主管院长批准。

（四）主持规则要彰显仪式感

罗氏规则的"主持中立原则"明确会议主持人依据规则严格执行程序，非必须不发表自己的意见，即使必须发表意见亦不能有倾向性言论。主持人应及时打断任何违反会议规则的言行，且违规者应立即接受主持人的裁判。

[①] 《关于健全完善人民法院主审法官会议工作机制的指导意见（试行）》第 4 条规定："具有下列情形之一的案件，合议庭或者独任法官可以提请主审法官会议讨论：（一）属于新类型、疑难、复杂、社会影响重大的；（二）裁判规则、尺度有待统一或者在法律适用方面具有普遍指导意义的；（三）拟作出的裁判结果与本院或者上级人民法院同类生效案件裁判规则、尺度不一致的；（四）合议庭成员意见分歧较大的；（五）持少数意见的承办法官认为需要提请讨论的；（六）拟改判、发回重审或者提审、指令再审的；（七）其他需要提交讨论的。根据审判监督管理相关规定，院长、副院长、庭长可以决定将《最高人民法院关于完善人民法院司法责任制的若干意见》第二十四条规定的四类案件提交主审法官会议讨论。"

专业法官会议应明确主持人制度，突出强调主持人在会议召开过程中统筹全局、把握节奏的作用，专门规定主持人在会议过程中的基本职责。法院的分管院长普遍分管多个业务部门，因事务繁多，往往难以在固定时间内专注于专业法官会议的主持工作，建议不对院领导是否参加每场会议作硬性要求，考虑由会议组成人员轮流担任专业法官会议主持人。同时，专业法官会议召开过程中主持人负有严格执行会议规则的重任，为确保主持人专注于履行维护会议秩序职能，保证会议有条不紊地进行，主持人一般不直接参与案件讨论，但最后要作总结性发言。

主持人必须全面了解会议召开规则。一要保证会议按时如期召开，确保会议召开常态化、制度化；二要带头严格遵守会议规则，合理分配发言权，严格控制会议的发言时间、发言次序；三要对会议规则的破坏者及时提醒、制止，促使会议始终围绕中心议题展开。

（五）发言规则要体现严谨性

发言规则是专业法官会议议事规则的核心组成部分，直接影响着会议的质量和效率。借鉴罗氏规则"机会均等原则"①"辩论原则"②"文明表达原则"③，专业法官会议发言规则可以从以下几点完善。

第一，讨论案件时，先由主审法官或合议庭成员汇报案件事实、证据、争议焦点等情况。首先，汇报人汇报案件以讲清关键问题为目的，不追求面面俱到，但强调突出重点，主要就案件疑难问题及法律适用困境进行汇报。

---

① 机会均等原则：与会人员欲发言应该向主持人请示，得到主持人允许后方可发言。先举手的人有优先发言权，但尚未对该议题发过言的除外，即尚未对该议题发过言者优先于已发言者。同时，意见相反的双方在主持人的主持下应轮流发言或依次发言，以保持意见的均衡性。
② 辩论原则：发言人应首先对当前议题进行明确表态，说明是赞成还是反对，并辅以理由。不能打断别人的发言。参会者在发言时必须在主持人的主持下发言，不能越过主持人直接与参会者辩论。每人每次发言的时间有限制；每人必须在既定发言次数内发言，不得无限制发言。发言不得偏离当前待决的问题，主持人对跑题行为应予制止。在讨论下一个议题时必须以前一个议题讨论结束为界限。表决前必须经过充分深入讨论。
③ 文明表达原则：讨论不能掺杂个人喜好及感情，禁止过激言行，只"就事论事"，就当前议题发表意见。

为提高工作效率，汇报时间以 10 分钟左右为宜，案情确实疑难复杂，较短时间无法汇报清楚的，应控制在 20 分钟以内。其次，参会人员向案件承办法官提问或者询问以弄清案情为目的。主审法官介绍案情后，如参会人员对案情不明白或者需要进一步明确细节的，可以简短提问，但不得提前发表意见。最后，讨论主题不够明确具体或者容易产生歧义的，会议主持人可以对讨论议题作进一步修改或者重新界定，避免讨论过程中出现偏差，影响议事效率。

第二，参会人员发言按照"从小到大""由低到高"的顺序进行，即一般由资历浅、职位低的年轻法官先发言，依次类推进行。这样的发言顺序安排，主要出发点在于避免"职级压力使领导意志成为'多数意见'"，也能防止将"多数意见演化为领导命令的运作逻辑"。为此，会议主持人对参会人员信息必须有充分的了解，为提高发言质量打下基础，也为释放集体智慧提供保障。

第三，参会人员的发言必须围绕会议主题展开，不得出现偏离中心议题的发言，如出现对发言人或案件当事人个人评价等与案件无关的发言，会议主持人应及时提醒并予以制止。参会人员发言时应面向会议主持人，尤其是出现不同意见甚至争论性发言时，发言者更不能直接面对不同意见者发言，避免冲突转化升级，引起会议秩序混乱。

第四，参会人员要集中倾听。为保持会议严肃性，提高会议规范程度，发言者发言时其他人员应保持安静，不得插话、打断发言；会议过程中要减少干扰因素，不接打电话，减少来回走动、耳语交流。

第五，会议主持人最后发表意见，并归纳会议讨论情况以及主要观点或意见，原则上一个议题讨论结束后应形成多数意见。

（六）会议纪要制度要注重实用性

注重加强会议讨论成果的转化。主要是针对具有普遍适用价值的规则，通过一定形式，及时形成类案裁判指引，促进法律适用同案同判。会议纪要的形成过程不仅是专业法官会议制度不断健全完善的过程，而且是专业法官会议集体智慧的结晶。以中级人民法院民事专业法官会议为例，会议纪要内容主要包括总体情况、发回重审案件存在的问题、典型案例及裁判要点、其他应注意的问题等部分。具体典型案例表述没有统一格式，一般应包含如下内容：标题，如超过60周岁误工费是否支持；案件名称，如上诉人×××与被上诉人×××执行异议之诉纠纷案；原审案号；二审案号；原审主审人；二审主审人；合议庭意见；二审裁判理由；法律问题；专业法官会议意见。为及时发挥专业法官会议的指导作用，建议按季度或按月印发专业法官会议纪要。

四　专业法官会议配套机制思考

（一）与考核制度衔接

在当前法院人案矛盾愈演愈烈的形势下，专业法官会议议事规则的构建应避免脱离审判实际。法官参与案件讨论势必会影响其办案节奏，且参加专业法官会议并非法定扣除审限事由，故参加专业法官会议给员额法官带来的是程序之外的工作负担，法官参与积极性不高。根据《法官会议指导意见》第11条[①]规定，可将法官参与讨论案件数量、发言质量、发言态度作为考量参数折算工作量纳入绩效考核。

（二）与法官成长机制衔接

年轻法官或者法官助理可自主申请旁听专业法官会议，一方面是对专业法官会议效果的扩大化，另一方面也是基于培养后备人才考虑。通过旁听优秀法官讨论案件，促使其迅速成长。旁听人员列席会议也是对参会人员的一种隐形监督，在多人的关注下，倒逼参会人员积极参与讨论发言，避免发言的趋同性。

---

① 《关于健全完善人民法院主审法官会议工作机制的指导意见（试行）》第11条规定："法官参加主审法官会议的情况可以计入工作量，作为绩效考核的加分项纳入业绩档案。"

（三）与信息化管理衔接

为实现专业法官会议规范化管理、电子化办公，减少各种办公耗材和"签字难""审批难"烦恼，同时在审判流程管理系统全程留痕，便于了解案件的整个发展脉络和研讨过程。严格落实司法责任制，避免合议庭制度虚化、专业法官会议沦为员额法官责任担当的"挡箭牌"，信息化办公室有必要不断升级办公软件，为专业法官会议提供技术支持，推动这项制度逐步趋于成熟。

（四）与下级法院衔接

鉴于基层法院内设机构改革后员额法官有所变动调整，个别审判领域如刑事审判领域存在员额法官人数较少根本无法启动该领域专业法官会议的问题，如将其他领域法官确认为参会人员，则专业法官会议可能异化为"小审委会"或者"第二审委会"。针对此类情况，可以以审判团队内部讨论为前置程序，经讨论研究仍有提交专业法官会议讨论必要的，可通过系统向上级法院提出申请，启动该程序。

借鉴罗伯特议事规则对专业法官会议议事规则进行检视与重构，在对当下我国专业法官会议运行模式的缺陷进行细致考辨的基础上，发挥专业法官会议的探索与创新功能，为专业法官会议各流程环节再造指明路径和方向，并以考核机制、法官成长机制、与下级法院衔接机制为必要辅助，使专业法官会议在满足法官咨询案件需求的基础上将集体智慧落脚于审判实践，进而保障裁判口径以及法律适用的统一，充分激活专业法官会议的生命力，推动审判监督管理体制转型、审判权运行机制改革以及司法责任制落实。本文对专业法官会议议事规则的探索，期望能为其功能发挥提供些许思路。

司法人权保障

Judicial Protection of Human Rights

B.8
儿童权益司法保护的进展

祁建建*

摘　要： 儿童权益最大化是对儿童权益加以司法保护的基本理念，特殊保护、优先保护是儿童权益司法的基本要求。近年来我国儿童权益司法体制改革历经发展，未成年人审判、检察体系逐步形成，专业化、社会化、体系化的司法保护特点突出。我国刑事司法对儿童实行双向保护，对儿童被害人、儿童嫌疑人和被告人均予以保护。对儿童权益的民事司法保护重视监护、人格权等保护，在家事审判机制改革中加大儿童权益保护力度。对儿童权益的行政司法保护稳步发展。

关键词： 儿童权益　司法保护　儿童利益最大化　特殊保护　优先保护

* 祁建建，中国社会科学院法学研究所副研究员。

引言　儿童权益司法体制的发展

儿童权利和利益具有特殊性，这首先是由于儿童受能力和身份的限制，使其自身不知、不懂、不能、不会、不敢主张权利和利益。正如1959年联合国《儿童权利宣言》所示："儿童因身心尚未成熟，在其出生以前和以后均需要特殊的保护和照料，包括法律上的适当保护。"本文要讨论的首要问题是界定儿童的年龄范围。联合国《儿童权利公约》第1条规定："为本公约之目的，儿童系指18岁以下的任何人，除非对其适用之法律规定成年年龄低于18岁。"我国《未成年人保护法》第2条规定："本法所称未成年人是指未满十八周岁的公民。"《民法典》第17条关于成年人与未成年人的年龄标准也是18周岁，18周岁以上的自然人为成年人，不满18周岁的自然人为未成年人。可见我国对未成年人的定义等同于《儿童权利公约》中的儿童，基于此，本文对儿童的界定等同于我国法上的未成年人。

以1984年上海市长宁区法院设立少年法庭为起点，我国儿童权益司法体制历经重大改革，目前不但建立了法院系统的少年审判体系，在地方三级法院设立了2000余个少年法庭，而且已建立体系化的未成年人检察机构。2019年最高人民检察院设立未成年人检察厅作为第九检察厅，各地方检察院在最高人民检察院领导下设立未成年人检察机构、配备专业人员、设置专门办案区，专门负责办理未成年人检察业务。最高人民检察院明确检察院在民事、刑事、行政、公益诉讼方面的四项职能，要求涉未成年人的这四类案件由未成年人检察机构一体化办理。这标志着我国少年司法体制改革的进一步深化和完善。

司法是儿童权益保护的最后一道防线。在完善少年司法体制的基础上，近年来我国儿童权益司法保护在政策法规制定、司法实践等方面取得了重大进展。儿童司法保护手段多样，内容丰富。为尽可能保证论述的覆盖面，首先，本文将司法保护区分为刑事司法保护、民事司法保护、行政司法保护三种手段，其中既包括实体法保护，也包括程序法保护和证据法保护。其次，以相关儿童主体在刑事司法中的身份（如罪错儿童、被害儿童等）进一步详述保护措施。最后，区分所保护的权利类型（如人格权、诉讼权利等）论证对不同儿童主体的具体保护内容。这既是本文研究主题的思路，也是组织论证的架构。在研究方法上，主要采取文献研究方式，力求最大限度穷尽相关司法资料和规范性文件等文献，同时结合数据分析、案例分析的方法，以说明成效。在研究的时间范围上，本文尽可能选取近几年来的数据和发展情况，并探索其可能的发展空间。

一　对儿童权益的刑事司法双向保护

在犯罪与刑罚方面，我国对作为加害人的儿童和作为被害人的儿童都提供司法保护，即本文所指罪错儿童和被害儿童，称之为双向保护，并逐步发展完善。2020年《最高人民检察院加强未成年人检察工作的意见》明确了当前我国未成年人刑事司法的难点与现实："当前未成年人保护形势严峻复杂，涉及未成年人的犯罪多发高发，重大、恶性案件时有发生，未成年人保护有法不依、执法不严等问题较为普遍，严重危害未成年人健康成长。"近年来，我国持续加强未成年人刑事司法保护的制度建设，除修改《刑法》《刑事诉讼法》外，最高司法机关也发布了《关于审理拐卖妇女儿童犯罪案件具体应用法律若干问题的解释》《关于依法惩治性侵害未成年人犯罪的意见》《关于依法处理监护人侵害未成年人权益行为若干问题的意见》《关于依法办理家庭暴力犯罪案件的意见》《关于防治中小学生欺凌和暴力的指导意见》等规范性文件，落实对未成年人特殊、优先保护的政策。

（一）对罪错儿童的刑事法保护

《刑法》《刑事诉讼法》对有违法犯罪行为的儿童提供全面司法保护，对其实体权利和诉讼权利予以保护。

1. 刑事法对罪错儿童实体权利的保护

在刑事实体法上，对罪错儿童的保护从刑事责任年龄、刑种的适用等方面展开。

（1）罪错儿童在刑事法上享有绝对的生命权

无论儿童犯有多么严重的犯罪行为，任何情况下国家不得剥夺儿童生命权。《刑法》第49条规定，犯罪时不满18周岁的人不适用死刑。

（2）刑事责任年龄制度对罪错儿童人身自由权的分段保护

《刑法》第17条对有犯罪行为的未成年人的刑事责任年龄规定分为4款，区分年龄段对其予以三个层次的保护，尽可能使其人身自由权不受限制和剥夺。一是不满14周岁的人不负刑事责任，责令家长或监护人加以管教。二是已满14周岁不满16周岁的儿童，仅对抢劫、强奸、放火、爆炸、贩卖毒品、故意杀人、故意伤害致人重伤或者死亡、投放危险物质的八种犯罪行为负刑事责任，其他行为不负刑事责任。三是对于未成年人犯罪的，从轻或减轻处罚，其中，对因不满16周岁不予刑事处罚的，责令家长或监护人予以管教；必要时也可由政府收容教养。

近年来儿童实施的暴力案件屡见报道。2019年1月至8月，广州市14周岁以下犯有故意杀人等八类严重犯罪行为的儿童共57人①，其依法不负刑责，引发大众担忧。2019年以来，我国启动了对《未成年人保护法》《预防未成年人犯罪法》《刑法》的再修订，学术界、实务界及社会各界对于降低刑事责任年龄有所期待。2020年12月通过的《刑法修正案（十一）》规定，已满12周岁不满14周岁的人，犯故意杀人、故意伤害罪，致人死亡或以特别残忍手段致人重伤造成严重残疾，情节恶劣，经最高人民检察院批准追诉的，应负刑事责任。

（3）保护未成年人不被黑恶势力利用

2020年公布的权威数据显示，公安机关在扫黑除恶专项斗争中共打掉涉黑组织2954个、恶势力犯罪集团9814个，其中，有未成年人参与的占近20%，未成年人涉案人数占7%左右；2017～2019年，全国检察机关审查起

---

① 王亦君、耿学清：《13岁少年杀人！未成年人犯罪还是"一放了之"？》，《中国青年报》2019年10月24日。

诉的黑社会性质组织犯罪案件中，未成年人分别为 84 人、428 人、552 人；仅在福建检察机关办理的陈某等人恶势力犯罪一案中，就有 19 名因不满 16 周岁未被追究刑事责任的儿童成员①。为此，2020 年"两高两部"发布《关于依法严惩利用未成年人实施黑恶势力犯罪的意见》，严惩成年人招募、胁迫、欺骗、引诱、拉拢、教唆、吸收利用未成年人实施黑恶势力犯罪的行为，列举向未成年人传授技能、使其顶罪等应从重处罚的 9 种情形，对首要分子、骨干成员、纠集者、主犯和直接利用等 5 类从重处罚对象依法批捕，从严适用取保候审、监视居住。

2.《刑事诉讼法》对罪错儿童的保护性特殊程序规定

《刑事诉讼法》对于涉案未成年嫌疑人、被告人规定了未成年人诉讼程序作为刑事诉讼特别程序，最高司法机关也出台了具体的实施细则和规范性文件，贯彻对未成年人的教育、感化、挽救方针。这些规范涉及未成年人刑事案件的侦查、起诉、审判、执行、强制措施、证据、辩护等方面。

（1）未达刑事责任年龄的管教预防与分级干预

2017 年《未成年人刑事检察工作指引（试行）》第 6 条要求，对于 14 周岁以下以及 14 周岁不满 16 周岁有《刑法》第 17 条第 2 款罪行之外的行为的，检察院应加强与公安机关、社会保护组织、学校等单位及未成年人家庭的配合与协调，通过责令予以管教、政府收容教养、实施社会观护等措施预防再犯罪。实践中必要时也可对其监护人予以教育。

为解决 16 周岁以下不负刑事责任未成年人管教难问题，2020 年最高人民检察院《关于加强新时代未成年人检察工作的意见》要求，建立罪错未成年人分级干预体系，推动完善临界预防、家庭教育、保护处分等有机衔接的分级干预制度。最高人民检察院公布《十起未成年人检察社会支持体系建设工作典型案（事）例》，其中上海市嘉定区检察机关与公安、教育、民政、共青团等单位联合会签《嘉定区建立未成年人保护处分制度的工作协

---

① 周斌：《"两高两部"相关部门负责人就〈关于依法严惩利用未成年人实施黑恶势力犯罪的意见〉答记者问》，《法制日报》2020 年 4 月 24 日。

议》，探索罪错未成年人保护处分制度，依靠社会力量对有严重不良行为未成年人、未达刑事责任年龄的涉罪未成年人进行教育矫治。嘉定区检察院对涉伤害案的三名未达刑事责任年龄未成年人作出保护处分决定。首先，对其进行训诫教育。其次，将其安置在专门学校，与其本人及其家长签订观护帮教协议，委托区未成年人司法社会服务中心的青少年社工对其开展行为矫治、心理疏导及观护帮教等工作。最后，针对其家长存在的监管不力问题，要求家长到专业机构接受强制性的亲职教育，以提高监护管教能力。

（2）最大限度减少羁押措施和监禁刑的适用

最高司法机关要求对未成年人慎用逮捕，严格限制适用逮捕措施，对证据不足、无人身危险性的不捕，保护罪错儿童人身自由权。2017 年《未成年人刑事检察工作指引（试行）》第 160 条要求，对未成年嫌疑人无社会危险性不捕，如果具备有效监护条件或社会帮教措施，不捕不致再危害社会、妨害诉讼正常进行的，其中，对于可能被判处三年有期徒刑以下刑罚的，一般应不批捕；对于罪行较重但主观恶性不大，有悔罪表现的，可以不批捕。根据 2020 年最高人民检察院发布的《未成年人检察工作白皮书》，2014 ~ 2019 年对未成年人共计不捕 88953 人，不捕率 31.43%。

（3）分处原则

《刑事诉讼法》要求，对于被剥夺或者限制人身自由的未成年人与成年人分别关押、分别教育、分别管理，保证未成年人被关押在安全的环境；对与成年人共同犯罪的，原则上也应分案处理。

（4）法律援助

儿童是《刑事诉讼法》规定的首批法律援助对象之一。1979 年《刑事诉讼法》就规定被告人是未成年人而没有委托辩护人的，法院应为其指定辩护人。其后指定辩护、通知辩护、强制辩护、值班律师等不同称谓的法律援助制度的援助对象均包括未成年人。2017 年《未成年人刑事检察工作指引（试行）》第 24 条要求，组建专业化维护未成年人法律援助律师队伍，确保落实强制辩护。2020 年 10 月，《未成年人保护法》规定了对未成年人的法律援助，还规定法律援助机构应指派熟悉未成年人身心特点的律师，并和律师协会对

办理未成年人法律援助案件的律师进行指导和培训。

(5) 社会调查

《刑事诉讼法》规定，可对未成年人进行社会调查。司法解释对这一要求严格化，2017年《未成年人刑事检察工作指引（试行）》要求对于未成年人刑事案件，一般应对其成长经历、犯罪原因、监护教育等情况进行社会调查，作为审查逮捕、审查起诉、提出量刑建议以及帮教等工作的重要参考，但未成年人犯罪情节轻微或相关情况已在案的，可不进行专门的社会调查。公安机关或者辩护人可提供社会调查报告及相关材料，对于卷宗中没有社会调查材料或材料不充分的，检察院应要求公安机关提供或补充提供，检察院也可自行调查或补充调查。

(6) 通过合适成年人等制度保护未成年人在讯问中的人格权

《刑事诉讼法》要求合适成年人在场发挥监督作用和见证整个讯问、询问过程，维护未成年人基本权利。检察院应加强与有关单位的沟通协调，制作合适成年人名册，所在地政府部门或者未成年人保护委员会等组织组建青少年社工或者合适成年人队伍的，应从中选择。确定合适成年人应重点考虑未成年人的意愿和实际需要，优先选择未成年人的近亲属。近亲属之外的合适成年人一般由熟悉未成年人身心特点，掌握一定未成年人心理、教育或者法律知识，具有较强社会责任感，并经过必要培训的社工、共青团干部、教师、居住地基层组织的代表、律师及其他热心未成年人保护工作的人员担任。当合适成年人是律师时，实际上实现了律师在场权。

合适成年人在场是强制性规定，违反该规定应发生证据排除后果。检察院应对侦查活动中合适成年人到场以及履职情况予以监督，发现讯问时应有合适成年人到场但没有到场，笔录内容无法和同步录音录像相互印证且无法作出合理解释的，对该证据应予以排除。

2017年《未成年人刑事检察工作指引（试行）》要求，对未成年人文明讯问，尊重其人格尊严，不得使用带有暴力性、贬损性色彩的语言，可采取圆桌或座谈的方式进行讯问，一般不得使用械具。对确有人身危险性必须使用械具的，在现实危险消除后应立即停止使用。

（7）保护涉案儿童隐私权

涉案罪错儿童享有充分的隐私权，公安司法机关、辩护人、新闻媒体等无论是在诉讼过程中，还是结案后，都不得泄露其个人信息。例如，2017年《未成年人刑事检察工作指引（试行）》第19条专门规定了对未成年人的隐私保护，检察院应当依法保护涉案未成年人的个人信息、隐私和名誉，尊重其人格尊严，不得公开或传播能够识别个人身份的各种信息，包括姓名、出生日期、身份证号码、个人生物识别信息、住址、电话号码、照片、图像等。此外，检察人员开展社会调查不得驾驶警车、穿着制服，应尊重和保护未成年人名誉，不向不知情人员泄露其涉罪信息。

（8）亲情会见

2017年《未成年人刑事检察工作指引（试行）》规定，检察院对于案件事实已基本查清等情形，且未成年嫌疑人的法定代理人、近亲属等与本案无牵连的，经公安机关同意，可安排在押的未成年嫌疑人与其法定代理人、近亲属等进行会见。

（9）心理疏导

《未成年人刑事检察工作指引（试行）》规定，检察院视需要可对涉罪未成年人（包括未达法定刑事责任年龄而不负刑事责任的未成年人）进行心理疏导。必要时，经未成年人及其法定代理人同意，可对未成年人进行心理测评，由具有心理咨询师资质的检察人员或者委托具有执业资质的心理咨询师进行。

（10）认罪认罚

2020年《最高人民检察院关于加强新时代未成年人检察工作的意见》要求，自2020年开始，未成年人案件认罪认罚从宽制度总体适用率达到80%以上。《刑事诉讼法》第174条要求，对未成年嫌疑人认罪认罚的案件，其法定代理人、辩护人对认罪认罚有异议的，不需要签署认罪认罚具结书。

（11）附条件不起诉

《刑事诉讼法》确立了对一年有期徒刑以下、有悔罪表现未成年人的附条件不起诉制度。2017 年《未成年人刑事检察工作指引（试行）》要求，检察院对未成年嫌疑人积极适用、结合刑事和解适用附条件不起诉，可诉可附条件不起诉的，优先适用附条件不起诉；可相对不起诉也可附条件不起诉的，优先适用相对不起诉。并要求检察院促成和解，对于符合条件的案件，检察院可应双方当事人的申请促成和解或者通过人民调解委员会等中立的第三方进行和解，开展和解应不公开进行。检察院应告知参与人不得泄露未成年人的案件信息。

根据 2020 年最高人民检察院发布的《未成年人检察工作白皮书》，2014～2019 年，共计对未成年人提起公诉 292988 人（含附条件不起诉考验期满后起诉人数），包括附条件不起诉考验期满后不起诉在内的不起诉58739 人，不诉率为 16.7%（见图 1）。

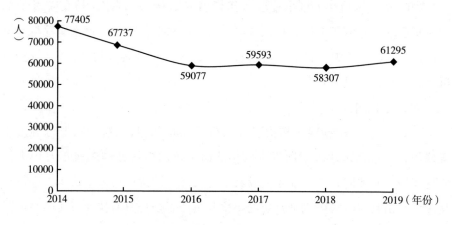

图 1　受理审查起诉人数（2014～2019）

（12）圆桌审判等审判程序

对于未成年人案件，在审判程序和审判方式的选择适用上有特殊规定。一是不适用速裁程序，这有利于保障未成年人公正审判的权利；二是案件一律不公开审理，以保障未成年人隐私权；三是可适用圆桌审判方式，检察院对于适用简易程序的、16 周岁以下未成年人犯罪的、可能判处五年有期徒刑以下刑罚或者过失犯罪的案件，在提起公诉时，可建议法院采取圆桌审判方式审理，这种形式缓和、轻对抗、重挽救的审判方式有利于消除未成年人的紧张情绪和反社会反体制心理。

（13）关于缓刑、管制的禁止令

2017 年《未成年人刑事检察工作指引（试行）》要求，检察院根据未成年被告人的犯罪性质、手段、原因、认罪悔罪表现、一贯表现等，充分考虑与其罪行的关联程度，可有针对性地建议法院判处未成年被告人在管制执行期间、缓刑考验期限内适用禁止令：①禁止夜不归宿、接触网游等活动；②禁止进入夜总会、中小学校等区域、场所；③禁止接触同案犯、证人等人员。应把握好禁止令的针对性、可行性和预防性，并向未成年被告人及其法定代理人阐明适用禁止令的理由，督促法定代理人协助司法机关加强监管，促进未成年被告人接受矫治和回归社会。这是预防未成年人再犯的重要司法手段。

（14）犯罪记录、不起诉记录封存

《刑事诉讼法》要求，对于犯罪时不满 18 周岁、被判处五年以下刑罚以及免罚的未成年人犯罪记录予以封存。对此，《未成年人刑事检察工作指引（试行）》要求，检察院应告知未成年人在入学、入伍、就业时免除报告前科义务；检察院对未成年嫌疑人作出不起诉决定后，应对相关记录予以封存；需要出具无犯罪记录证明的，检察院应为其出具；如需要公安机关、法院出具的，检察院应积极予以协助协调。

（二）对被害儿童的刑事法保护

最高人民法院工作报告显示，2018 年审结针对妇女儿童的暴力、虐待、拐卖、性侵害等犯罪案件 2.7 万件；2013～2017 年审结针对妇女儿童的暴力、虐待、性侵害等犯罪案件 13.1 万件，审结拐卖妇女儿童犯罪案件 4685 件，发出人身安全保护令 2154 份。近年来性侵、拐卖、虐待、伤害未成年人犯罪持续多发，来自社会、校园、家庭的侵害受到媒体的广泛关注，刑事实体法和诉讼法对被害儿童的保护逐步加强。

1. 实体法对被害儿童权利的保护

《刑法》对于被害儿童人格权、财产权、隐私权的保护方式主要是事后保护,体现为以惩罚促进保护,对于侵害未成年人合法权益的犯罪行为予以严惩。

(1) 严惩侵害未成年人人身权利的犯罪行为

2017年《未成年人刑事检察工作指引(试行)》第5条规定,侵害未成年人人身权利案件是指,由成年人实施、未成年人是被害人,《刑法》分则第四章"侵犯公民人身权利、民主权利罪"规定的犯罪,以及其他章节规定的实际侵害未成年人身心健康,以危险方法危害公共安全、危险驾驶,教育设施重大安全事故,抢劫,向未成年人传授犯罪方法,向其传播淫秽物品,引诱其聚众淫乱,组织未成年人进行淫秽表演,非法组织、强迫其出卖血液,强迫、引诱、教唆、欺骗、容留未成年人吸毒,组织、强迫、引诱、容留、介绍未成年人卖淫等犯罪案件。实践中,对实施侵害未成年人人身权利犯罪行为的未成年人也予以严惩。2016年最高人民法院《关于审理拐卖妇女儿童犯罪案件具体应用法律若干问题的解释》对社会福利、医疗等机构的工作人员以非法获利为目的,将所抚养、诊疗、护理的儿童出卖的,以拐卖儿童罪论处。2020年最高人民法院发布的《依法严惩侵害未成年人权益典型案例》显示,2013~2019年,全国法院依法审理拐卖、猥亵、组织儿童乞讨等侵害儿童合法权益的犯罪案件28975件,判处罪犯29787人。

(2) 儿童性权益刑事司法保护理念和实践不断加强

办理性侵害未成年人犯罪案件的基本要求是贯彻特殊、优先保护原则,这是充分考虑到未成年被害人身心发育尚未成熟、易受伤害等特点,切实保障未成年人的合法权益,具体体现在以下方面。①关于报案或者举报。对未成年人负有教育、训练、监护、救助、看护、医疗等特殊职责的人员及其他公民和单位,发现未成年人受到性侵害的,有义务向公检法报案或者举报。②针对未成年人实施强奸、猥亵,组织、强迫、引诱、容留、介绍未成年人卖淫构成犯罪的,应从重惩处。③有特殊职责的人、有共同家庭生活关系的人、国家工作人员,实施组织、强迫、引诱、容留、介绍卖淫等性侵犯罪的,依法从严惩处。对于强奸、猥亵等性侵儿童犯罪更要依法从严惩处的情况有:犯罪人为有特殊职责的人员、有共同家庭生活关系的人员、国家工作人员或者冒充国家工作人员;进入学生集体宿舍、未成年人住所实施的;采取暴力、胁迫、麻醉等强制手段的;对农村留守儿童、12 周岁以下的儿童、严重残障或者精神智力发育迟滞儿童实施的;猥亵多人或多次实施强奸、猥亵的;造成儿童被害人轻伤、感染性病、怀孕等后果的;有强奸、猥亵前科劣迹;等等。

2013 年最高人民法院、最高人民检察院、公安部、司法部的《关于依法惩治性侵害未成年人犯罪的意见》规定,性侵害儿童犯罪包括刑法规定的针对儿童实施的强奸罪,强制猥亵、侮辱妇女罪,强迫卖淫罪,猥亵儿童罪,嫖宿幼女罪,组织卖淫罪,引诱、容留、介绍卖淫罪,引诱幼女卖淫罪等,要求依法从严惩治。2015 年《刑法修正案》废除有污名化色彩的嫖宿幼女罪,但现存的涉幼女的强迫卖淫罪等罪名仍有污名化之嫌。2013 年最高人民法院公布三起性侵害未成年人犯罪典型案例,包括强奸案累犯、猥亵多名男童女童、强迫未成年人卖淫等案件,示范对性侵未成年人的犯罪予以严惩。2018 年最高人民检察院发布的第十一批指导性案例中,教师齐某因多次强奸、猥亵二名幼女,被法院终审判处有期徒刑十年,最高人民检察院抗诉后,检察长列席最高人民法院审判委员会发表意见,齐某被改判为无期徒刑。该案进入 2019 年最高人民检察院工作报告。这体现了司法最高层已经更新理念,通过重罚来保护未成年人性权益。2020 年最高人民法院官网报道典型案例,对在公交车上猥亵两名不满 12 周岁儿童的罪犯判处七年半有期徒刑,也是对这一理念的践行①。新的理念指导司法实践的发展,司法实务部门践行这一理念有助于形成良性循环。

(3)对特殊职责、家庭暴力案件中的犯罪人予以严惩

2015 年我国通过《反家庭暴力法》,对家庭暴力案件中的未成年人予以特殊保护,确认有特殊职责、与未成年人有密切联系机构和人员的强制报告义务,确立人身保护令、代为告诉制度,完善法律援助等措施。同年《刑法修正案》与《反家庭暴力法》协调一致,将针对未成年人的虐待案自诉案件转为公诉案件办理,"两高两部"印发《关于依法办理家庭暴力犯罪案

---

① 唐军、朱慧萍:《在公交车上猥亵儿童 男子获刑七年六个月》,中国法院网,https://www.chinacourt.org/article/detail/2020/07/id/5355546.shtml,最后访问日期:2020 年 7 月 16 日。

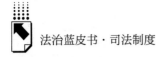
件的意见》，加大在家庭暴力案件中对未成年人的司法保护力度。

近年来，保姆、幼儿园教师等具有监护或者看护职责的人员虐待儿童的案件时有发生，严重侵害儿童合法权益，引发社会高度关注。2019年最高人民法院发布保护未成年人权益十大优秀案例。其中，马某针刺多名幼儿，虽未造成轻微伤、不符合故意伤害罪的法定标准，但其行为对受害幼儿的身心造成了严重伤害。法院对此"零容忍"，对其虐童行为判处二年有期徒刑，判处从业禁止最高年限五年。通过这一案例警示特殊职责人员尊重和保护未成年人合法权益，否则会受到严厉处罚。

（4）严惩来自网络的不法侵害

网络的虚拟性全面介入个人隐私生活后产生的巨大风险是未成年人无法理解也无法控制的，成年人利用网络对未成年人实施绑架、强奸、猥亵等案件频发。为此，2014年最高人民法院公布七起通过网络实施的侵犯妇女未成年人等犯罪典型案例。2018年最高人民法院公布依法惩治利用互联网侵害未成年人合法权益典型案例，对通过网约车猥亵儿童、通过裸贷敲诈勒索、约网友见面强奸、假借迷信强奸、以视频裸聊方式猥亵儿童、通过网络向未成年人贩卖毒品、提供虚假网络技术诈骗、网上虚假销售诈骗、以招收童星欺骗猥亵儿童等利用网络对儿童实施各种类型犯罪行为的案例予以警示。2019年最高人民法院发布保护未成年人权益十大优秀案例。其中之一为被告人蒋某以视频裸聊方式猥亵、诱骗多达30余名儿童被害人，多数被害人未满12周岁，最小的不到10周岁，有些被害人被猥亵两次以上，被认定为"有其他恶劣情节"，以猥亵儿童罪依法从重判处有期徒刑11年。这一案例确立了无接触构成猥亵罪的规则，对于无身体接触猥亵行为与接触儿童身体猥亵行为同罪追诉原则，严惩成年人通过网络聊天胁迫女童自拍裸照上传，严重侵害儿童人格尊严和身心健康的行为。

（5）严惩校园暴力欺凌

2019年最高人民法院发布保护未成年人权益十大优秀案例。其中，北京某校在校未成年女生五人在女生宿舍楼内，采用辱骂、殴打、逼迫下跪等方式侮辱17岁女同学，并无故殴打、辱骂15岁女同学，二被害人受轻微伤，一名被害人无法正常生活、学习。法院经审理认为构成寻衅滋事罪，且属共同犯罪，依法分别判处五名被告人 11 个月至一年不等的有期徒刑。还有案例针对校园暴力，明确成年人遇到未成年人欺凌弱小、劝阻无效的，可以对正在施暴者进行正当防卫，不应视而不见、路过不管。

2. 刑事诉讼法对被害儿童诉讼权利的司法保护

2017 年《未成年人刑事检察工作指引（试行）》第 21 条规定了双向保护，检察院办理未成年人刑事案件，要平等保护被害人，尤其要注重维护未成年被害人的权益、对其帮扶救助。这是对我国司法机关办理涉未成年人刑事案件的基本要求。

（1）司法救助

2018 年《最高人民检察院关于全面加强未成年人国家司法救助工作的意见》规定，对于未成年人受案件影响而生活困难的 8 种情况，国家可给予不超过上年度管辖地省份上一年度职工月平均工资为基准的救助金，一般不超过 36 个月的工资总额。对重伤或严重残疾、生活特别困难以及需要长期心理治疗或身体康复的未成年人，可突破救助限额。最高人民检察院发布的案例中，有一起山东高院跨省对少数民族被害人的六名未成年子女进行司法救助案件，承办法官亲自将 23 万元司法救助金和相关手续送到四川大山深处的被害人家，改善其学习、生活和成长环境。

司法救助规范还要求法院、检察院协调相关部门，综合运用司法救助、心理救助、社会救助、扶贫等多种方式和手段帮助未成年人，建设有助于未成年被害人健康成长的环境，尤其是对于遭受性侵害、监护人侵害以及其他犯罪侵害，严重影响心理健康的未成年被害人，应依照规定对其进行心理救助。

（2）隐私权保护

公安司法机关应保护儿童被害人隐私，为其个人信息保密，诉讼过程及公开的诉讼文书均应对其身份信息及可能推断出其身份的资料和涉及性侵的细节等内容保密，对性侵的事实以适当的方式叙述。公、检、法、律及其他诉讼参与人对相关信息应予以保密。

法院开庭审理性侵未成年人犯罪案件，儿童被害人、证人确有必要出庭的，应根据案件情况采取不暴露其外貌和真实声音等保护措施。有条件的可采取视频等方式播放陈述、证言，播放视频亦应采取保护措施。

（3）询问取证原则及合适成年人在场等

询问未成年被害人，公、检、法、律应当坚持不伤害儿童的原则，具体要求如下。①询问应采取和缓的方式进行，可采取圆桌或者座谈的形式。询问过程中要耐心倾听，让其有充分的机会表达自己观点。尽可能避免程式化的一问一答方式，确保其陈述的连贯性和完整性。对其提出的疑问或法律问题，应认真给予解释和说明。②询问地点应为其熟悉的环境。选择其住所或其他让其心理上感到安全的场所进行，经其本人及法定代理人同意，可通知其到检察机关专设的未成年人检察工作室接受询问。③应通知其法定代理人到场。无法通知、法定代理人不能到场或法定代理人是性侵案嫌疑人、被告人的，也可通知其他成年亲属或所在学校、居住地基层组织、儿童保护组织的代表等人员到场。询问时合适成年人到场是强制性规定，适用与未成年嫌疑人、被告人同样的证据排除规则，检察院应对此进行监督。④对与性侵害犯罪有关的事实应进行全面询问，以一次询问为原则，尽可能避免反复询问造成二次伤害。公安机关已询问并制作笔录的，除特殊情况外一般不再重复询问。对性侵害等严重侵害人身权利的犯罪案件，检察院可通过提前介入侦查的方式参与公安机关询问工作，尽量避免在检察办案环节重复询问。对询问过程一般应录音录像，应全程不间断进行，保持完整性，不得选择性录制或剪接、删改。⑤询问时间应当以不伤害其身心健康为前提。询问不满14周岁未成年人，每次正式询问持续时间一般不超过一小时，询问间隔可适当休息。询问过程中，应根据其心理状态、情绪变化等实际情况，及时调整询问节奏，避免对其身心造成负面影响，以使询问顺利进行。⑥未成年被害人对案件进展和结果有知情权。除有碍办案的情形外，公、检、法应将案件进展情况、处理结果及时告知被害人及其法定代理人，并对有关情况予以说明。

（三）全面、综合司法保护的启动与审查机制

为解决未成年人不会、不敢、不能报案举报的问题，有效启动和利用司法保护机制。2020 年 5 月，最高人民检察院、公安部、司法部等十部门公布《关于建立侵害未成年人案件强制报告制度的意见（试行)》，要求国家机关、法律法规授权行使公权力的各类组织及法律规定的公职人员，密切接触未成年人行业的各类组织及其从业人员，在工作中发现未成年人遭受或疑似遭受不法侵害及面临不法侵害危险的，应立即向公安机关报案或举报。必须报告的不法侵害情形包括性侵、其他身体伤害、死亡、被遗弃、失踪、被买卖、组织乞讨等。2020 年《最高人民检察院加强未成年人检察工作的意见》第 18 条也要求，全面推行侵害未成年人案件强制报告和入职查询制度，加快推进、完善强制报告制度，督促有关部门、与儿童密切接触行业的各类组织及其从业人员严格履行报告义务，建立特殊岗位入职查询性侵违法犯罪信息库和相关制度，明确查询程序及相应责任，完善入职审查"防火墙"。

此前公民报案举报既是权利又是义务，此次强制报告义务更强调义务本质，对违反报告义务的公职人员等视情况予以处罚。强制报告义务是对儿童全面综合司法保护的启动机制，性侵违法犯罪信息查询制度，是对现有儿童性侵案件司法数据的有效利用机制。

二 对儿童的民事司法保护

近年来，法院深入开展家事审判改革，将其与少年司法融合发展，更重视对儿童权益的全面保护，切实贯彻儿童利益最大化理念，将特殊、优先保护未成年人的要求贯彻到各个审判领域。针对儿童的民事法保护也有长足进展，有的发展是填补空白的，有的则体现了对儿童权益的理念更新。2020年颁布的《民法典》将《合同法》《继承法》《婚姻法》《收养法》《侵权责任法》等内容均予以纳入，儿童民事权利体系化、更丰富，且更适应社会变迁。2019 年最高人民法院工作报告显示，2013～2019 年，全国法院审理

涉未成年人监护、抚养、抚育、探视等民事案件共 713671 件，同比增幅 34.18%。

本文对儿童民事司法保护的论述分为实体权利和诉讼权利保护两个层面。当事人进行诉讼、运用诉讼法的根本目的在于保护和实现实体权利，但是如果诉讼权利得不到保障，就没有司法公正，也就无法实现实体权利。

（一）民事实体法对儿童实体权利的保护

《民法典》各编对自然人权利的保障是儿童实体权利和相应诉权的基础。这些权利包括总则的权利能力、诉讼时效，物权编的物权、所有权、用益物权、担保物权、占有，合同编的各项权利，人格权编的生命权、身体权和健康权，姓名权、肖像权，名誉权和荣誉权，隐私权，在监护关系、收养关系、侵权损害赔偿中的权利等。

1. 保护儿童受抚养权及其不受监护人侵害

《民法典》第 26 条规定，父母对未成年子女负有抚养、教育和保护的义务；第 1084 条第 3 款规定，离婚时父母双方对抚养问题达不成协议的，由法院视双方具体情况，按照最有利于儿童的原则判决，对已满八周岁的子女，应尊重其真实意愿。2019 年 12 个部门联合发布《关于进一步加强事实无人抚养儿童保障工作的意见》，保护儿童受抚养权。事实无人抚养儿童是父母双方死亡、失踪、重残、重病、服刑在押、强制隔离戒毒、被执行其他限制人身自由的措施、失联情形的，公安、司法、刑罚执行机关在办案中发现疑似事实无人抚养儿童的，应及时通报其所在地民政部门或乡镇政府（街道办）。公安、民政、司法、共青团、妇联、医疗保障、残联等部门和组织应加强信息共享、工作衔接，确认后将儿童纳入保障范围，启动基本生活、医疗、教育保障及生活补贴发放、综合协调和监督管理等，同时将有关信息录入"全国儿童福利信息管理系统"。对认定过程中处境危急的儿童，应实施临时监护照料和救助。检察院应对涉儿童权益的民事诉讼活动进行监督，必要时可支持起诉，对有关部门不履行相关职责的应提出检察建议。

监护人侵害儿童权益的事件时有发生，容易对儿童身心健康造成严重伤害，引起社会广泛关注。为此，最高人民法院、最高人民检察院、公安部、民政部2014年发布《关于依法处理监护人侵害未成年人权益行为若干问题的意见》，明确对监护人侵害行为的处理措施，进一步加强对儿童不受监护人侵害的司法保护。其中，明确规定有性侵害未成年人等七种情形的，法院可以判决撤销监护人资格，并赋予民政部门等申请撤销监护人资格及依法院指定担任监护人的权利。2016年最高人民法院发布《关于侵害未成年人权益被撤销监护人资格典型案例》，对虐待儿童、侵害儿童人身、性权利或者不愿、不能、不宜监护，不尽监护义务，不让子女上学受教育的父母撤销其监护权，改以其他亲属、村委会、民政局、SOS儿童村、儿童福利院为监护人，父母仍需承担抚养费用。

2. 保护儿童人格权不受侵害

2018年最高人民法院公布依法惩治利用互联网侵害未成年人合法权益典型案例。案例十中某网络公司旗下的某网站作为网络服务提供者，转载《探访北京戒网瘾学校》相关内容的照片和文章，未经法定代理人同意使用儿童的正面全身照且对其面部图像未进行模糊处理，并配有"一名上网成瘾的女孩""这名女孩到这里戒瘾"等文字，侵犯其隐私权，造成其名誉权受到侵害。法院判决该网络公司在某网站上发布向该儿童赔礼道歉声明并赔偿精神损害抚慰金1万元、公证费2500元、律师费3万元。网络平台作为善良管理人对新闻内容依法应尽必要的注意、合理审查义务，应承担法定审慎义务，特别是在关涉未成年人或重大敏感事件时要更加慎重。

关于儿童健康权纠纷的司法保护，针对校外培训不规范、导致未成年人受伤是常见多发的现象。2020年最高人民法院发布七起依法严惩侵害未成年人权益典型案例。某校外培训机构及其从业人员因未履行安全保障义务导致未成年人周某练习下腰动作时，未获适当指导且未获扶托保护，摔倒经伤情鉴定为三级伤残，应依法承担侵权责任，赔偿逾百万元。监护人对此也应警示，确保儿童受到安全的教育培训。

（二）对受害儿童诉讼权利的保护

1. 保护胎儿和性侵案诉权

《民法典》对胎儿利益予以特殊保护，涉及遗产继承、接受赠与等胎儿利益保护的，视为胎儿具有民事权利能力，但胎儿娩出时为死体的，其民事权利能力自始不存在。这回应了《儿童权利宣言》对儿童出生以前需要特殊的保护和照料，包括法律上的适当保护的要求。

《民法典》第 191 条规定了受性侵未成年人赔偿请求权的特殊诉讼时效，未成年人遭受性侵害的损害赔偿请求权的诉讼时效期间，自受害人年满 18 周岁之日起计算。

《民法典》通过胎儿利益和性侵诉讼时效两个条款保障儿童受害人诉权，是对儿童权益的特殊保护。

2. 在家事审判改革中保护儿童权利

（1）亲权诉讼中的亲职教育与诉讼指导

2019 年最高人民法院、全国妇联发布《关于进一步加强合作　建立健全妇女儿童权益保护工作机制的通知》，要求对涉及未成年人的离婚、抚养费、抚养权、探望权等亲权关系诉讼，法院和妇联组织应加强与家长亲职教育的合作。法院在诉讼中应对家长给予诉讼指导，引导其从儿童利益最大化角度考虑亲权诉讼，解决家庭矛盾。法院也可以委托妇联组织推荐专业力量对家长开展亲职教育，积极引导家长正确处理亲子关系和家庭矛盾。

（2）婚姻家庭纠纷中的法官、陪审员应有儿童权益意识

家事审判改革要求办理婚姻家庭纠纷案件的法官应有性别平等、儿童权益保护意识，法官应接受相应培训。在陪审员的选任上，各级妇联组织和法院应进一步加强沟通合作，法院可请当地妇联组织推荐符合基本条件，具有性别平等和儿童利益最大化意识，熟悉妇女儿童心理特点，善做思想工作的人员作为陪审员预备人选，充分发挥妇联陪审员的优势。

三 行政案件中对儿童权益的司法保护

对儿童权益行政司法方面的保护，随着社会发展和政府保护儿童权益履职积极性的提高，相关的案件可能逐渐增多。例如，2020 年最高人民法院公布的依法严惩侵害未成年人权益典型案例，其中在镇政府申请执行义务教育行政处罚决定书案中，监护人不让适龄子女接受义务教育，违反法定监护职责，镇政府依《义务教育法》对监护人处以罚款，责令其送子读书。被处罚人在法定期限内未申请复议，也未提起诉讼，且拒不履行行政处罚决定。镇政府向法院申请强制执行，法院裁定准予强制执行，经法院多次执行，两名被执行人拒不履行义务，法院对被执行人之一依法作出了行政拘留 15 日的决定书。在拘留期间，被执行人履行了行政处罚决定书所确定的义务，其子现已入学就读。当地属特困区，有的农民不重视教育，近年来该县法院受理了几十起类似行政非诉案件，以巡回就地开庭的方式，以案释法讲解《义务教育法》《未成年人保护法》等有关法律政策，让群众明白作为监护人不送适龄子女上学是一种违法行为，要依法承担法律责任。法院通过此类案件的审理和执行，使 100 多名留守儿童重返校园，保障其受教育权。又如，2019 年《全国检察机关、市场监管部门、药品监管部门落实食品药品安全"四个最严"要求专项行动工作方案》要求，检察机关善用刑事诉讼、公益诉讼、监督立案与执行、检察建议等多项措施，联合国家市场监督管理总局、国家药品监督管理局维护食品药品安全，其中也包括儿童食品药品安全。

与行政司法相比，行政执法和行政机关实施政策法规在儿童权益保护方面的作用更为显著。这包括公安机关为保护儿童权益而执行治安管理处罚法，国务院及其民政部门等为保护儿童权益制定并实施相关儿童福利政策、儿童权益规范等，但这不属于司法保护，本文不予赘述。

结　语

对未成年人予以司法保护应遵循司法规律和特殊要求，以未成年人利益最大化为最高理念。在刑事司法方面，一方面，对侵害未成年人的成年犯罪行为人"最低限度容忍"，针对侵害未成年人权益的违法犯罪行为，予以从严惩治，对负有特殊职责的人员侵害未成年人权益的违法犯罪行为予以从重、加重处罚，威慑不法行为人远离未成年人，敦促负有职责者依法履行法定职责；另一方面，对罪错未成年人应认识到未成年人的可塑性，实行预防、办案、监督与教育结合，惩戒与帮教结合，保护、教育与管束结合。此外，对未成年被害人推行"最高限度保护"。通过将专业化办案与社会化保护相结合，实现社会支持的体系化，以上政策取向的目的是实现对未成年被害人利益、涉罪未成年人利益和社会公共利益的均衡保护，持续推进对涉刑事案件未成年人双向、综合、全面司法保护。在儿童民事权益保护方面，保护儿童人格权、财产权等权益需要进一步落实和加强监护人责任。监护人不仅对儿童负有照料、抚育职责，而且言传身教对儿童产生终生影响。家庭环境因素是未成年人罪错行为的重要背景和促成因素，保障和加强监护权是儿童权益司法保护的重要环节。

来自家庭、社会、学校、网络的侵害是儿童权益司法保护反侵害行为的主要来源，因此，社会化组织所能够提供的专业化支持是儿童权益司法保护所必不可少的。司法机关和社会组织合力推进对儿童权益的体系化、专业化司法保护，方能取得好的效果。

B.9
关于依法扩大假释适用的调研报告

四川省监狱管理局课题组 *

摘　要： 假释是世界各国监狱普遍采用的一项刑罚制度，在帮助罪犯实现再社会化和激励罪犯改造等方面作用明显。目前，我国假释适用相比减刑适用明显偏低，影响了监狱作为国家政治机关和刑罚执行机关的制度优势和改造功能的有效发挥。在依法治国背景下审视，依法扩大假释适用是新时代依法治监工作的重要环节和提高公正文明执法水平的必然趋势，坚持全方位、多维度、分阶段，不断探索创新推进依法扩大假释适用具有重大意义。

关键词： 假释　再犯罪预防　刑罚体验　犯罪改造

一　依法扩大假释适用的现实意义

（一）对彰显刑罚目的具有积极意义

我国刑罚理论一般认为，刑罚的目的在于预防，即实现一般预防和特殊预防。《刑法》第81条对执行了一定刑期的罪犯可以适用假释作出明确规

---

* 课题组组长：黄辉灿，四川省监狱管理局党委委员，工会主席。课题组成员：范元亮，四川省监狱管理局犯罪与改造研究中心主任；余智明，四川省监狱管理局犯罪与改造研究中心副主任；高倩，四川省监狱管理局犯罪与改造研究中心科长；于杰，四川省川东监狱副主任科员。执笔人：高倩、于杰。

定，这考虑了受害者及社会的情感预期，同时又兼顾了法律的惩罚性和恢复性。依法扩大假释可以使得这类罪犯在考验期内实现回归社会前的过渡，从而进行社会化改造，同时也可以得到社会及人民群众的监督，对实现预防的刑罚目的、帮助罪犯实现再社会化具有重要意义。

（二）对维护司法公正具有深远影响

当前我国对罪犯的惩罚以监禁刑为主要手段，非监禁刑的适用相对较少。但是，监禁管理一方面警力、物力、财力消耗巨大，另一方面无法根据罪犯在不同服刑阶段的改造表现进行科学的动态管理，缺乏弹性和激励管理机制。假释的适用能在一定程度上与减刑制度形成互动、填补不足。依法扩大假释有利于改变我国"减刑占绝对主导、假释为辅助"的刑事奖励模式，有利于维护法律尊严和判决权威，实现宽严相济下的罪罚相当，体现刑事司法的公平正义。

（三）对激励罪犯改造具有极大助力

受刑人入狱经历"社会人→监禁人→社会人"的改造历程，刑罚执行的终点以及受刑人最大的期望点便在于回归社会。假释制度设立之初的意义，便在于避免由于长期监禁而导致罪犯丧失回归社会的信心。依法扩大假释适用，能在现有刑事政策条件下激励罪犯在改造过程中化被动为主动，消除抵抗改造的情绪，努力通过改过自新以获得提前出狱的机会。

（四）对促进社会和谐稳定具有推动作用

斯坦福监狱实验显示，罪犯在历经长期监禁生活后，极易形成监狱人格。监狱人格导致罪犯在刑满释放后难以快速融入社会，成为社会不稳定因素，易重新走上犯罪道路，这在一定程度上解释了刑释罪犯再犯罪的高发期为刑满释放2年内。依法扩大假释适用，通过社区矫正部门、罪犯家庭和社会团体的共同努力，可以在很大程度上引导假释罪犯在考验期内逐步消除犯罪思想，顺利度过回归适应期，对于预防和减少重新犯罪、切实维护社会稳定有很大裨益。

二 四川监狱假释适用的基本情况

课题组以四川监狱为例采取抽样调查法，随机抽取 9 个监狱（其中包含轻刑犯监狱、重刑犯监狱和女犯监狱），通过问卷调查、实地走访和电话访谈等形式，对 2015 年以来四川监狱适用假释制度罪犯的情况开展了调查研究。对收集资料以求实和科学的态度，剖析统计数据，真实反映近几年来假释制度执行和运行情况，进而深入研究和找寻依法扩大假释适用的有效方向和方法。

2015～2019 年，全国监狱罪犯平均假释率[①]为 1.17%，而四川平均假释率为 0.54%，不到全国平均假释率的一半（见图 1）。同时，抽样调查发现，假释率远远低于减刑率[②]，减刑率与假释率的比例最低为 12∶1，最高则达 51∶1，差距十分明显。

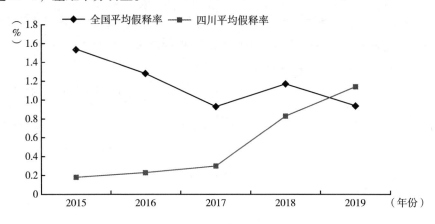

图1　2015～2019 年全国与四川平均假释率对比

---

① 假释率：法院裁定假释人数占当年押犯总数的比例。
② 减刑率：法院裁定减刑人数占当年押犯总数的比例。

从假释考验期来看，四川监狱的假释考验期基本在三年内，其中考验期占比最高的在一年至一年半，达42.83%。考验期在二年以上的占比仅为5.98%。考验期占比呈现"纺锤形"特征（见图2）。

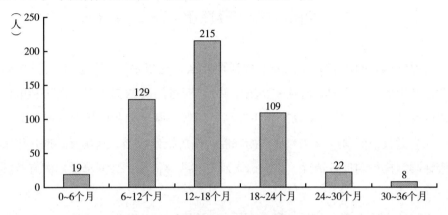

（人）

图2　四川监狱假释考验期分析

从假释罪犯的原判罪名①分析，作为可以法定从宽假释的过失类犯罪仅占4.8%，远远低于财产型犯罪的28%和暴力型犯罪的14.3%②。

从不得假释的比例③来看，2013~2017年不得假释比例呈现平稳态势，变化幅度甚微（见图3）。其原因在于，这期间国家刑事政策法规均没有对不得假释罪犯的限定作明显调整。

从假释罪犯的原判刑期来看，原判5年以下的短刑犯占比为55%，原判9年以上罪犯占比11%，其中，原判死缓无期的罪犯占比2%（见图4）。由此可知，短刑犯相较长刑犯更容易获得假释机会。究其原因：一是《刑法》第81条对罪犯不得假释的范围和种类作了明确规定，而在此规定范围

---

① 在假释罪名分类统计上：财产型罪名涵盖盗窃、抢夺抢劫、诈骗、非法经营、非法集资等静态财产型和暴力财产型，暴力型罪名包括故意伤害、聚众斗殴、故意杀人，过失型罪名包括过失致人死亡和交通肇事。

② 参见四川省监狱管理局课题组、黄辉灿《监狱依法扩大假释适用的问题及对策》，《中国司法》2019年第10期。

③ 不得假释比例：以当年《刑法》和司法解释规定为准，法定不得假释人数占当年押犯总数的比例。

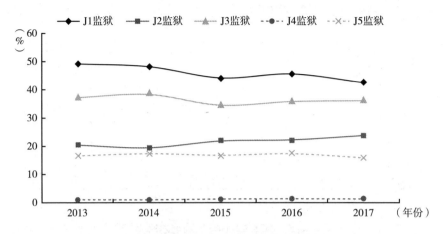

图3 抽样监狱 2013～2017 年不得假释比例

的罪犯看不到希望，消极影响较大；二是重长刑罪犯本身罪重刑长，假释后风险较高，同时，司法实践中其和再犯罪危险呈正比对应关系；三是办案人员在办理重长刑罪犯假释过程中承担的责任巨大且存在很高的风险。

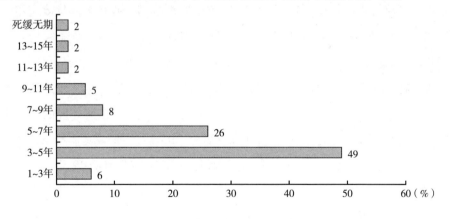

图4 假释罪犯的原判刑期对比

从假释考验期与原判刑期对比看，原判刑期与假释考验期正负相关性不明显，且存在相对固定的假释考验期（见图5）。这直接影响罪犯对获得假释的预期，尤其是重刑犯对假释的期望大大降低，假释的激励效果难以发挥。

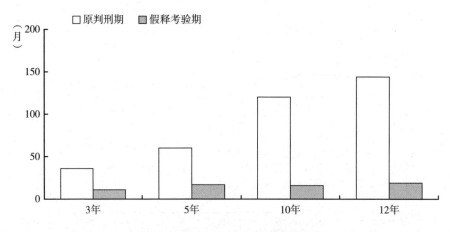

图5　假释考验期与原判刑期对比

从罪犯假释率变化趋势看，首先，2015～2017年三年，全国的假释趋势和四川假释趋势呈反向变化。全国假释率下降趋势明显，这与先后颁布和实施的《中共中央　政法委关于严格规范减刑、假释、暂予监外执行　切实防止司法腐败的意见》和《最高人民法院关于办理减刑、假释案件具体应用法律的规定》等假释政策法规和日益趋严的管理密切相关。四川虽呈缓慢上升趋势，但仍远低于全国平均假释率（见图6）。其次，2017年司法部提出依法扩大假释适用的要求，成为我国假释率提升的拐点。最后，2019年是四川平均假释率超过全国的新拐点，这与2018年四川省高级人民法院印发的《关于办理减刑、假释案件的实施细则》（以下简称"95号文"）放宽假释条件密切相关。该制度施行后，J监狱假释率居四川前列，2018年和2019年的假释率分别达到4.7%和5.45%，远高于同年度的四川和全国监狱罪犯平均假释率。

从法院假释裁定核准比例来看，监狱提请的假释案件，法院裁定核准率总体较高，但各地差异较大，各检察院、法院、监狱存在沟通协调机制不健全、不完善的情况，对假释政策的理解、把握和运用难以统一标准和尺度。

最高人民法院对有生效财产性判项罪犯的假释案件作出了明确规定，对那些确有履行能力而不履行或不全部履行的，不予假释。同时，四川省高级人民法院在2018年95号文中也对财产刑的履行作出了相关规定，原则上应

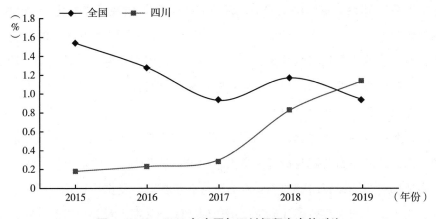

图6 2015～2019年全国与四川假释率走势对比

当全部履行生效裁判中的财产性判项。抽样调查发现，办理罪犯假释案件的具体实际中，是否全部履行财产刑是能否提请假释的前置条件。

抽样调查发现，假释案件实践中各单位在法定条件基础上，均结合自身实际，完善了"没有再犯罪危险"评价体系，增加了一些具体的评价办法和特别限制条件。以部分四川监狱为例，第一，监狱规定原则不予提请假释的范围包括涉毒犯和有吸毒历史的罪犯，原则上可以提请假释的范围包括有前科的罪犯、原家庭不健全的罪犯；第二，监狱规定提请假释与罪犯是否接受行政处罚和一般性处罚挂钩；第三，监狱对于假释案件要进行审查，根据罪犯入狱前和服刑中的人身危险性、心理矫治综合评价等指标开展综合审查。但是，截至目前四川尚未形成统一标准。

三 当前监狱罪犯假释率不高的原因分析

目前，造成中国监狱犯罪假释率不高的原因主要有以下三方面。

（一）认识因素

1. 假释的性质定位存在偏差

近年来学界呼吁假释应作为罪犯的一种权利，但是司法实践部门更偏向于"奖励"属性。在司法实践中，减刑的"奖励"属性日趋弱化，"权利"属性较为突出，绝大多数罪犯到期就可以减刑。假释作为附条件的提前释放，有助于罪犯顺利回归社会。然而为假释设定过多条件和上限比例，抬高了罪犯获得假释的门槛，制约了假释的预期功能发挥。

2. 报应刑思想的影响深刻

按照恢复性司法理念，国外在假释适用中特别注重兼顾受害人权益的保护，部分国家还为罪犯与被害人提供了协商对话机制①。这是因为，现实中社会情感对假释罪犯出狱的接受度有待进一步提升。受报应刑思想影响，公众认为犯了罪的人突破了社会伦理道德的底线，关押是对其应有的惩罚，是其行为应得的报应。假释虽然是附条件的提前释放，但公众将之等同于释放，从认知上难以接受，认可度不高，影响假释适用。

3. 刑罚执行机关适用假释风险较大

罪犯通过减刑获得释放意味着刑罚结束，释放后的罪犯从事各项社会活动与监狱或者社区矫正机关没有关联，不存在管理与被管理关系，因此刑罚执行机关执行减刑的执法风险和管理风险几乎没有。拟假释罪犯明确要求其"没有再犯罪危险"，由于"犯罪危险"难以界定和量化，监狱机关提请假释存在较大风险。另外，社区矫正机构要对结束监禁的假释罪犯进行监管，同样存在较大管理风险，要为其重新犯罪承担风险，抑制了刑罚执行机关开展假释工作的积极性。

4. 罪犯对假释的接受度较低

课题组在基层监狱座谈调研时发现，几乎很少有罪犯愿意假释。上海大学的一项调查也证明了这一点。究其原因在于，假释后的罪犯必须在户籍地进行社区矫正，完全无法自由安排生活，特别是外出打工、谋生受到影响，因此大部分罪犯对于假释的接受度较低。同时，假释考验期普遍较短，与罪犯原判刑期没有关联，导致罪犯特别是长刑犯不愿积极争取假释。

---

① 张婧：《国外减刑假释制度的发展现状及其对我国的启示》，《犯罪与改造研究》2014年第6期。

（二）制度因素

1. 不得假释的范围过大

课题组调查发现，四川监狱不得假释罪犯与可假释罪犯比为 2.3∶10。《刑法》和相关司法解释将不得假释罪犯划分为 3 类。一类是管制、拘役罪犯不得假释；二类是累犯以及因故意杀人、强奸、抢劫、绑架、放火、爆炸、投放危险物质或者有组织的暴力性犯罪被判处十年以上有期徒刑、无期徒刑的罪犯，不得假释；三类是终身监禁罪犯和财产性判项罪犯确有履行能力而不履行或不全部履行的罪犯不得假释。这样的归类方式造成不得假释罪犯的占比偏高。

2. 假释呈报条件严苛

与减刑制度对比发现，适用假释的条件高、考验期较短、不能累进（见表1），且存在越来越严格的趋势。

表1　假释减刑政策对比

	原判刑期	首次减刑服刑年限	首次减刑幅度	假释	假释
服刑期限（一般罪犯）	不满五年	一年以上	不超过九个月	执行原判刑期二分之一	剩余不超过一年六个月
	五年以上	一年半以上	不超过九个月		剩余不超过两年
	十年以上	二年以上	不超过九个月		剩余不超过两年六个月
	无期徒刑	二年以上	二十二年	十三年以上	
	死缓减为无期	三年以上	二十五年	十五年以上	
	限减死缓减为无期	五年以上	二十二年	不得假释	不得假释
	死缓减为无期	不得减刑			不得假释

资料来源：根据 2016 年颁布的《最高人民法院关于办理减刑、假释案件具体应用法律的规定》和 2018 年四川省高级人民法院《关于办理减刑、假释案件的实施细则》整理。

在 2016 年颁布的《最高人民法院关于办理减刑、假释案件具体应用法律的规定》（以下简称《减刑假释规定》）基础上，四川省高级人民法院出台的《关于依法推进假释适用的意见》对假释的规定进一步从严：一是对拟假释罪犯的剩余刑期要求从严，从执行原判刑期二分之一以上到剩余刑期不得超过 2 年 6 个月；二是对假释考验期严格控制，规定将假释罪犯考验期严格控制在 2 年 6 个月内。由此可见，部门规章在法律规定的基础上对假释的政策进一步从严，无疑进一步压缩了假释范围。

3. 不利于实践操作

假释的实质要件包含三个方面：一是认真遵守监规，接受教育改造；二是确有悔改表现；三是没有再犯罪危险。这意味着要对罪犯从三个层面进行评估。第一个层面是对罪犯在监狱内改造表现的评价（罪犯是否认真遵守监规，是否接受教育改造），监狱能够通过日常的管理记载进行较为客观的评价。第二个层面是对罪犯心理认知进行评估（罪犯是否确有悔改表现），由于人的心理认知具有阶段性和伪装性，很难进行评估判断，不易于操作。《减刑假释规定》对"确有悔改表现"从以下方面进行了明确规定：认罪悔罪；遵守法律法规及监规，接受教育改造；积极参加思想、文化、职业技术教育；积极参加劳动，努力完成劳动任务。这些规定均有较为成熟和科学的评价标准和评价模式。第三个层面是对罪犯的未来进行评估（拟假释罪犯是否有再犯罪危险），很多犯罪是多因素导致的结果，任何人不能保证假释罪犯无再犯罪危险。《减刑假释规定》第 22 条虽然对"没有再犯罪危险"进行了明确规定①，但是这一规定标准不明确，同样导致监狱民警没有办案标准，严重掣肘假释的适用。《最高人民法院关于办理减刑、假释案件具体应用法律的规定》第 27 条明确提出，罪犯财产性判项的执行情况是假释的前提条件，但是"确有履行能力而不偿还"的财产界定难以把握，一定程度上挫伤了罪犯的改造积极性。

4. 假释案件办理责任主体多

《刑法》明确假释案件的流程依照减刑的程序进行，非经法定程序不得假释。课题组通过对假释流程的梳理发现，假释案件的一些流程存在多责任

---

① 《减刑假释规定》第 22 条规定：根据犯罪的具体情节、原判刑罚情况，在刑罚执行中的一贯表现，罪犯的年龄、身体状况、性格特征，假释后生活来源以及监管条件等因素综合考虑。

主体现象（见表2）。这种机制易导致责任主体互相推诿、不愿担责的情况，一定程度上增加了假释适用的难度。

表2　假释办理流程责任主体分布情况

流程	申报	实质要件审核	复审	办理
责任主体	监区 刑罚执行科	司法局 社区（村）	假释委员会 检察院 监狱长办公会	法院
职责	资格初审	危险性评估	审查监督	裁定

（三）保障因素

1. 依法履职情形下的免责条款缺失

假释案件的办理终身追责，谁承办谁负责，谁主管谁负责，谁签字谁负责，必须严肃执法。假释罪犯的范围较窄，限制条件较多，加上配套制度欠缺，特别是办案民警依法履职情形下的免责条款缺失，刑罚执行机关承担风险较大。假释罪犯离开监狱后就存在一定违规违纪或者再犯罪的风险，一旦假释罪犯再犯罪，所有参与假释案件的执法者包括监狱机关、检察机关、法院工作人员均有被追责的可能，这难免给办理假释案件的工作人员带来心理负担和执法风险，能不办就不办难免成为办案机关趋利避害的无奈选择。

2. 各部门协作沟通机制不健全

假释案件办理需要多部门配合，对拟假释罪犯的条件、程序、审核均严于减刑，特别是对"财产性判项"的执行情况、"再犯罪危险"的评估等环节需要多部门配合协调。在司法实践中，监狱、检察院、法院三方工作人员缺少集中会审机制，导致假释案件办理难度较大。另外，假释属于裁定制，法院裁定刑事、民事、经济等案件耗费较多的资源，不能按照法律规定的时间准时审理假释案件，很多案件是每3个月受理一次，影响了罪犯假释的积极性。

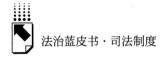

3. 假释罪犯的后续监管不到位

假释罪犯出狱后应到户籍地的社区矫正机构进行社区矫正，社区矫正机构依法对罪犯进行管理。由于各地经济发展水平不一，社区矫正机构的管理人员、管理制度不同程度地存在差异和不足。一是社区矫正管理人员不足。课题组对四川司法所的人员构成情况进行调查发现，司法所所均2.11人，其中政法专项编制所均仅有0.83人，无人所多达663个。司法所除了负责社区矫正外还有八项工作，较大的人员缺口和繁重的工作客观上为假释罪犯的管理增加了难度，实际中还缺乏进一步扩大假释的现实基础。二是社区矫正制度不健全。进行社区矫正的服刑人员依然是罪犯，对其进行管理应属于执法行为，执法管理的人员应具备执法的主体资格。在新颁布的《社区矫正法》中，社区矫正执法人员的主体定义为"社区矫正机构工作人员"，未明确其执法身份问题。三是矫正手段欠缺，社区矫正机构对假释罪犯的管理手段单一，往往是定期报道和参加学习等常规性手段，在对罪犯技能培训、恢复对社会的伤害、建立社会支持等方面的针对性不强，难以产生预期的威慑效果。

四 依法扩大假释适用的进路

（一）科学鉴别对象——明确依法扩大假释适用的范围

1. 科学完善假释罪犯危险性评估体系

综合考量罪犯的刑期、主观恶性、犯罪情节、服刑现实表现、生理心理状况、家庭支撑情况、前科次数、是否履行财产刑等因子，充分研判刑满释放罪犯重新犯罪的诱因和自身行为及心理特征，就罪犯再犯罪评定给出若干级别的危险度评定因子。这些评定因子可作为裁定假释与否、服刑地点选择、假释考验期长短等的决策参考。

2. 适当限制财产型罪犯假释适用条件

对假释的重要评判指标在于罪犯是否具有再犯罪危险。对再犯罪风险进行梳理，课题组发现，从重新犯罪与性别的关系来看，以四川为例，该省在押女性罪犯占押犯总数的9.83%，男性占90.17%。然而，女性"二进宫"罪犯占在押重新犯罪罪犯的比例仅为3.18%，男性却占到96.82%。从这组数据对比可以看出，相较于女性，男性的重新犯罪率显著较高。

从重新犯罪与犯罪类型的关系看，以四川为例，该省在押的"二进宫"及以上罪犯的主要犯罪类型为财产型、涉毒型和暴力型，这三类"二进宫"及以上占比超过90%。浙江省乔司监狱对近五年刑释人员重新犯罪情况的调查也显示，财产型犯罪以60%居绝对首位，且盗窃罪的前罪关联性高达53%，亦居首位[①]。由此可见，重新犯罪率最高的财产刑恰恰是假释占比最高的罪行，这不得不引起我们的深思。

因此，从降低再犯罪率视角审视，课题组认为，适当限制一定比例的财产型罪犯的假释适用，适当放宽女性罪犯的假释条件，有一定的实践依据和重要的探讨价值。

3. 适当放宽过失犯假释适用条件

从刑法学角度看，主观恶性是一种主观因素，决定犯罪主体实施社会危害行为时的心理状态，并支配犯罪行为的发生。主观恶性往往被作为裁定假释的重要因素，累犯等主观恶性较深的犯罪类型被划为不得假释人群，同样，主观恶性不深的犯罪人群则被划为可以从宽假释的范畴。

从主观恶性角度出发，防卫过当、中止犯、过失犯、应急避险过当、胁迫犯等均为典型的主观恶性不深。同时，未成年犯由于其判断能力不足，亦可认为是主观恶性不深的一类罪犯。对于这类主观恶性不深的罪犯，应该适当放宽假释的适用条件。

4. 适当放宽刑罚体验较深罪犯的假释适用条件

监禁制度的基本依据是人的"趋利避害"本性，长期的监禁生活可以

---

① 浙江省乔司监狱：《关于重新犯罪的调查研究——以浙江省乔司监狱近五年的数据为范本》，《中国监狱学刊》2018年第2期。

生成"心理强制"机制，即将罪犯投入监狱对其施加痛苦可以降低其再次犯罪的可能性[①]。这一理论与刑罚体验十分契合，也在一定程度上印证了刑罚体验与重新犯罪的关系。

成都市公安局对 2005～2010 年办理的大案要案进行梳理发现，刑满释放人员再犯罪比例达 60%。从初次被判处的刑期看，原判 10 年及以上有期徒刑、无期徒刑和死刑缓期二年执行的占 17.35%，3 年以下的占 49.67%。从四川在押的"二进宫"及以上罪犯数据看，最后一次犯罪原判刑期在 5 年以下的占比接近一半，远高于原判刑期在 10 年以上罪犯。这一组对比数据启示我们，造成这一结果的原因或许与短刑犯刑罚体验不深有较大的关联性。

短刑犯相较重长刑犯更易走上再犯罪的道路，却更容易获得假释的机会。以四川为例，原判 5 年以下的罪犯获得假释的比例是原判 10 年及以上罪犯的 5 倍。这样的结果，无疑与"没有再犯罪危险"的假释条件相悖。

故而，课题组认为，适当从严控制对短刑犯的假释，依法理性放宽符合条件的长刑犯的假释，也许对于防范重新犯罪具有更为积极的意义。

（二）及时修改制度——铺平扩大假释适用的法治道路

1. 修改"没有再犯罪危险"的规定

课题组在调研时发现，无法对"没有再犯罪危险"这一决定性指标进行量化和界定，这也是假释率低下的重要原因。监禁环境与社会环境具有极大的差异，从某种意义上说，监禁环境更为单纯，罪犯在监禁环境下容易表现出更为积极的改造状态。当其走向社会，面对更为复杂的环境和更多的诱惑，无法保证其绝对不会走上犯罪道路。"没有再犯罪危险"要求的是改造的确定性，不希望出现反复性，实际上缺乏必要的理性支撑。即使是假释制度更为盛行的西方世界，假释条件的设定更多考虑受刑人的努力和公众的接

---

① 乔成杰：《监狱哲学的现代构建》，《犯罪与改造研究》2015 年第 7 期。

受度，而未将"没有再犯罪危险"这一指标囊括其中。这一指标虽伴有良好的期待性，却由于难以形成科学的评判标准，反而在客观上造成自由裁量权的放大，有违假释制度的初衷。

因此，建议把"没有再犯罪危险"这一指标修改为"能够积极修复对社会造成的危害"，同时，将认罪悔罪良好、积极争取被害人谅解、积极参加劳动做出贡献、积极参与社会公益、积极缴纳罚金等作为衡量这一指标的重要评价标准。

在这一条款未作修订的情况下，建议由司法行政主管部门牵头，联合高校和相关科研机构，在对假释、再犯罪等大数据进行对比分析的基础上，构建拟假释罪犯综合风险评估机制，并配套建立长期监测机制，根据实际情况进行定期论证，以期对拟假释罪犯在假释后的再犯罪可能性作出较为科学合理的预测。

2. 修改"不得假释"的限制条件

《刑法》和相关司法解释将不得假释对象划分为 3 类，这 3 类罪犯最大的共同点是罪重刑长。在司法实践中，此类罪犯在长期的监禁生活中极易形成"监禁人格"，如果缺乏社会适应期的过渡，顺利回归社会的难度较大。课题组认为，对于此类罪犯的假释不宜采取"一刀切"政策，应根据主观恶性程度、罪行恶劣程度、现实表现情况加以区分，对思想极端的反党反社会的黑恶暴恐势力坚决贯彻不予假释规定，同时亦可对狱内改造表现较好的其他类罪犯适当扩大假释的适用条件。

3. 修改财产性判项相关规定

在假释条件中，履行财产性判项是一个重要指标，积极履行财产性判项被认为是受刑人认罪悔罪以及人身危险性降低的表现。在实际操作中，"是否完全履行财产性判项"甚至化身为评判假释的决定性因素，难免存疑。这种过于主观、不切实际的操作模式一定程度上会损害部分确无履行能力的罪犯依法获得假释权，对其积极心态产生负面影响，与法律精神相悖，亦不利于监狱执法工作的开展。

对于"履行财产性判项"的界定，应充分考虑罪犯认罪悔罪及补偿受害者的双重意义，结合罪犯主观履行意愿和客观履行能力这两个维度，避免"一刀切"。课题组建议，根据罪犯狱内消费情况、实际履行情况、劳动报酬用于偿还债务情况、自身家庭状况等，将不履行或不完全履行财产性判项的罪犯进行区分。对于没有主观意愿履行财产性判项的，不论其是否有能力偿还均严格控制其假释。反之，对于具有主观意愿并作出积极偿还举动的罪犯，在假释条件上予以一定程度的放宽。

4. 修改假释对象从宽从严的规定

《刑法》对假释对象进行了"不得假释"和"从宽假释"两种特殊分类。课题组立足宽严相济的刑事政策，在理性论证的基础上，认为除"不得假释"外，应从"从宽假释"和"从严假释"两个维度对假释对象适用的规定加以完善。

对于从宽假释的适用对象，课题组建议根据主观恶性、现实表现、再犯危险性等，对法定从宽假释的对象范围进行补充，对初犯的非数罪并罚的女性、年龄 75 周岁以上的罪犯、有不满 16 周岁未成年子女确需抚养的罪犯、服刑已满 10 年且改造表现良好的罪犯等酌情考虑从宽假释。

对于从严假释的适用对象，课题组建议根据犯罪趋势和重新犯罪指标等，结合现实表现，除法定不得假释对象外，对短刑犯、涉毒型罪犯、财产型罪犯等酌情考虑从严假释。

5. 对假释累进和撤销制度进行研判

按照党的监狱工作方针和我国刑罚制度对罪犯依法惩罚和改造的主要思想，假释是对罪犯的奖励，既然是奖励，表现好就可累进，反之，可予以撤销。这就要求我们改变以往的假释制度和方式，充分考虑罪犯的财产刑执行情况、现实表现情况、修复社会伤害程度、家庭支撑情况等，结合日常考核、行政奖励、服刑时长等因素，设定相对应的假释幅度，以累进制的方式得出最终的假释考验期。在做"加法"的同时，更要完善好做"减法"的假释撤销制度。罪犯如若在服刑改造期内发生重大违规违纪甚至违法行为，可相应撤销累积预定的假释考验期。同样，假释罪犯在社区矫正期间出现重大违规违纪甚至违法行为，可由社区矫正机关提起撤销假释建议。假释累进和撤销制度可以极大限度地激励罪犯积极改造，预防投机的"功利性"改造行为，亦可有效防止执行过程中的司法腐败发生。

（三）强化举措创新——确保依法扩大假释适用有序推进

1. 适时建立假释委员会制度

美国、英国、丹麦、日本、俄罗斯、澳大利亚等世界主要国家都将减刑假释权作为行刑权，不是由法院裁定，而是交由司法部统一执行。司法部一般以成立减刑假释委员会的方式，邀请社会人士和执法、监督机关一起行使减刑假释权，这一方式的有效性得到了充分印证。结合我国司法实践的具体情况，建议建立由司、法、检三方共同组成的假释委员会制度。这种方式不仅有利于社会监督，有效避免假释适用的泛滥和司法腐败，解决假释办理案件责任主体较多、程序繁杂、各部门对条文理解不一致等问题，还能更好地实现将罪犯改造成为守法公民的预期效果。

2. 成立一支假释矫正官队伍

随着依法扩大假释的适用，假释人员激增必然对社区矫正机构带来严峻挑战，在社区矫正人员中形成专门的假释矫正官队伍具有重要意义。假释的执行由社区矫正机关完成，《社区矫正法》第二章对社区矫正机构、人员和职责进行了专门规定：人员构成方面，明确社区矫正机构应当配备具有法律等专业知识的专门国家工作人员，履行监督管理、教育帮扶等执法职责；社会力量补充方面，明确社区矫正机构根据需要，组织具有法律、教育、心理、社会工作等专业知识或者实践经验的社会工作者开展社区矫正相关工作，这一规定为社区矫正官队伍的建立奠定了基础。假释矫正官队伍的建立应在遵循这一立法要求的基础上，有所扩展，考虑融入监狱执法者、公安机关民警等执法者元素，切实担负起执法者、教育者、管理者等多重角色，切实承担假释考验期的相关矫正职责。

3. 完善相关假释矫正制度

有观点认为，现代的社区刑罚执行，是在满足惩罚的前提下，尽可能对罪犯进行教育矫正和帮困扶助，需要将惩罚与人文关怀有机结合，但并不能

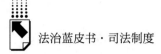

因此而否认其惩罚的本质属性①。目前，由于社区矫正工作人员紧缺、执法身份不明、执法手段单一等，对假释罪犯的惩罚与改造更多停留于日常管控，有较大的局限性。课题组建议，在成立专门的假释矫正官队伍的基础上，不断拓展教育改造手段，完善相应的假释管理制度。例如，可定期组织假释罪犯参与公益性和义务性劳动，培育社会责任感；对于不服管的假释罪犯，借助执法专门力量建立强制管理办法；同时，借鉴香港善导会、新加坡更生和保护局的形式，通过招募社会力量的方式，培育孵化各类型专业社区矫正类的社会组织，提升教育矫正质量的同时，更为假释罪犯提供了与社会良好互动的有益渠道。

---

① 刘强：《我国社区矫正立法的隐忧——对〈社区矫正法（征求意见稿）〉的若干修正建议》，《上海政法学院学报》（法治论丛）2017 年第 2 期。

B.10
"刑民一体化"思路下个人信息司法保护体系构建

——以四川省南充市为样本

周永刚 王自成 张晓波*

摘 要: 关于个人信息范围的认定,民事法律与刑事法律相关表述不完全一致,在司法实践中个人信息保护普遍存在"刑广民窄""刑易民难""刑前民后""刑重民轻"等"刑严民宽"问题。在办案中应坚持"刑民一体化"思路,对个人信息范围进行一体化认定,一体化解释"等外"类型的个人信息范围。建议适度调整刑事、民事司法保护手段,激活个人信息刑事保护与民事保护两大功能,从而构建"刑民一体化"个人信息司法保护体系,维护个人信息安全。

关键词: 个人信息保护 刑民冲突 刑严民宽 刑民一体化

在信息社会中,保护个人信息安全是司法工作的重要任务之一。如何准确认定个人信息范围,解决司法实践中个人信息司法保护刑民不协调问题,更好发挥刑事和民事保护两方面功能,成为推进个人信息司法保护的重要课题。

---

* 周永刚,南充市人民检察院党组书记、检察长;王自成,南充市人民检察院综合教育处处长;张晓波,西充县人民检察院党组成员、副检察长。

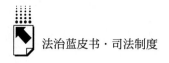

一　个人信息范围的认定："刑民冲突"辨析

随着社会发展和司法保护需求的增多，我国相关刑事与民事法律法规都对个人信息的范围作出了规定，但两者侧重点不同，相关定义存在差别。

（一）个人信息范围的刑事认定："广义的身份信息"+"隐私信息"

总体来看，基于全面保护个人信息的现实需要，个人信息的刑事保护范围经历了逐步扩大的过程。

1. 从横向来看，刑事范畴个人信息类别包括"身份信息""隐私信息"

《刑法修正案（七）》规定了侵犯公民个人信息犯罪，但没有直接规定个人信息范围。其中最高人民法院《刑事审判参考》2010 年公布的第 612 号——周某非法获取公民个人信息案认为，个人信息是指"专属于某自然人的一切能用于识别其特定身份的重要信息"。2011 年《刑事审判参考》第 741 号——谢某出售公民个人信息案明确，手机定位信息属于个人信息中的个人隐私信息，提出了隐私信息属于个人信息范围。

2013 年最高人民法院、最高人民检察院、公安部发布的《关于依法惩处侵害公民个人信息犯罪活动的通知》（以下简称《2013 年通知》）对刑事领域个人信息的范围首次作出了具体规定，明确个人信息类型包括"能够识别公民个人身份"和"涉及公民个人隐私"两个方面内容。此定义对《刑事审判参考》第 741 号案例确立的个人信息包括隐私信息的观点予以确认。随后 2015 年《刑事审判参考》第 1009 号——胡某等非法获取公民个人信息案，进一步明确公民日常行踪信息也属于"涉及公民个人隐私"类型的个人信息。2017 年发布的《最高人民法院、最高人民检察院关于办理侵犯公民个人信息刑事案件适用法律若干问题的解释》（以下简称《2017 年解释》）的"个人信息范围"增加了"反映特定自然人活动情况"类型，对隐私信息属于个人信息再次予以确认。

2. 从纵向看，刑事范畴"个人身份信息"包括"身份特征信息""影响财产安全信息"

《2013 年通知》及《2017 年解释》在对一些常见的"能够识别公民个人身份"的信息类型进行列举的同时，都预留了"等外"[①]解释空间。《2017 年解释》列举的个人信息主要类型增加了"账号密码""财产状况"等影响财产安全类个人信息，并对侵犯此类信息犯罪行为设置了较侵犯普通个人信息更严的刑事处罚标准。由此，"公民个人信息概念包括两类：个人身份认证信息和可能影响人身、财产安全的个人信息"[②]。

（二）个人信息范围的民事认定："可识别的身份特征信息" + "与隐私信息分开保护"

2016 年实施的《网络安全法》第 76 条第 5 项规定，强调个人信息是"单独识别"和"其他信息结合识别"自然人个人身份特征，其特点始终是"可识别性"。相较于刑事《2013 年通知》和《2017 年解释》对"个人信息"的定义，《网络安全法》中"个人信息"定义的主要不同点是不包括"隐私类个人信息"。

2020 年颁布的《民法典》对个人信息概念的表述与《网络安全法》基本保持一致。关于个人信息范围的认定与《2013 年通知》《网络安全法》《2017 年解释》相比，主要存在两个方面不同点。一是关于身份信息，没有将"账号密码""财产状况"两类财产性信息列举在内。二是关于存在交叉的"个人信息"和"隐私信息"，"隐私信息"保护优先适用隐私权保护相关规定。

值得注意的是，《民法典》第 1030 条、第 1226 条将个人征信信息、患者个人信息特别纳入个人信息保护范围，对《民法典》第 1034 条关于个人信息范围的规定进行了补充，此两类仍属于能够直接或间接"可识别特定自然人"的个人信息范畴。

---

① "等外"是表示列举未尽。例如：我们学习数学、语文等课程。在法律中的体现就是除了法条所列举的事项还有其他相关的法律规定。

② 于志刚：《"个人信息"的权利属性与刑法保护思路》，《浙江社会科学》2017 年第 10 期。

二 个人信息保护的司法实践："刑严民宽"问题

"法律的生命力在于实施。"① 通过分析一定时期一定区域关于个人信息的案件情况，可以发现个人信息保护的实际运行状况。本文梳理了中国裁判文书网已公开的四川省南充市的法律文书，该市 2017～2019 年公开涉个人信息犯罪的刑事案件涉及的个人信息情况见表1。

表1　侵犯个人信息罪案件情况统计*

单位：件

信息	类型	2017 年	2018 年	2019 年	合计
身份特征信息	身份证号码、电话号码、电子邮箱及密码、手机 ID 账号及密码、通话记录、车牌信息	14	7	10	31
影响财产安全信息	银行卡信息、网络支付账号和密码、游戏账号、储户信息、征信信息	2	3	2	7
隐私信息	轨迹信息、住宿信息、登机信息	2	0	1	3

＊一案涉及多种类型的均分别统计。
资料来源：中国裁判文书网。

梳理中国裁判文书网已公布的涉个人信息民事诉讼判决案件，四川省南充市 2017 年以来相关案例只有 1 件（某银行诉莫某追偿权纠纷案）。为准确统计分析相关案例特征，梳理四川省 2017 年以来已公开的涉个人信息保护民事判决情况见表2。

结合判决文书内容综合分析以上案件，关于个人信息的刑事保护与民事保护司法实践总体呈现以下特点。

---

① 《中共中央关于全面推进依法治国若干重大问题的决定》，2014 年 10 月 23 日中国共产党第十八届中央委员会第四次全体会议通过。

表 2   涉个人信息民事诉讼案件情况统计 *

序号	年份	当事人	案由	信息类型	判决情况
1	2017	邓某诉某公司	名誉权纠纷	身份证号码	赔礼道歉
2	2017	李某诉某村委会	人格权纠纷	身份证号码、家庭住址	无履行必要
3	2017	王某诉某银行	财产权纠纷	银行账户	驳回诉讼请求
4	2017	丁某诉汪某	隐私权纠纷	身份证号码、家庭住址	赔礼道歉
5	2018	某银行诉莫某	追偿权纠纷	银行账户	赔偿损失 58700 元
6	2020	丁某诉某银行	名誉权纠纷	征信信息	支付交通费 248 元
7	2020	胡某诉向某	网络侵权责任纠纷	身份证号码、家庭住址	停止侵害,赔偿损失 2000 元

﹡部分案件因涉及个人隐私未公布法律文书。
资料来源：中国裁判文书网。

（一）个人信息涉案类型"刑广民窄"

2017 年至 2019 年，公开的 33 件四川省南充市侵犯个人信息犯罪案件共涉及"个人身份特征信息""可能影响财产安全信息""个人隐私信息"三个大类个人信息。从个人信息类型看，共涉及身份证号码、电话号码、电子邮箱及密码、通话记录、征信信息、住宿信息、登机信息等 20 余种信息类型。从个人信息的被害人身份看，共涉及学生信息、公司员工信息、车主信息、法人信息、楼盘业主信息等群体个人信息。而在民事案件中，四川省近三年共有 7 件个人信息侵权纠纷案件，仅涉及身份证号码、家庭住址、征信信息、银行账户四种类型。对比发现，提起民事诉讼的案件数量和个人信息类型远少于被追究刑事责任的案件。出现此种情况，除刑事法律规定的个人信息范围比民事法律的规定更广外，主要原因是生活中大量侵犯个人信息的民事侵权行为，当事人不愿意提起民事诉讼。

（二）个人信息诉讼举证"刑易民难"

通常情况下，刑事案件比民事案件有更高的证明标准，其举证应是"刑难民易"。但侵犯个人信息行为一般以非接触方式实施，被侵权人一般很难取得侵权人的侵权行为各环节的完备证据。刑事案件的证据收集可由公安机关借助国家机关力量完成，而民事案件的证据收集由当事人自行承担，导致举证"刑易民难"。例如，李某诉某村委会侵犯个人信息案，李某等16名村民向村委会书面申请村务公开，并附有身份信息。村委会将16名村民的身份信息张贴在村委会公告栏，李某起诉村委会的行为侵犯了其个人信息权。庭审期间，村委会否认张贴了16名村民信息，李某不能举出原告实施了张贴行为的直接证据，后法院判决认为案涉张贴地域处于开放状态，无直接证据证明被告实施了张贴行为，不排除原告向其他人员泄露了其身份信息，原告主张被告实施了侵犯个人信息行为的证据不足而不予支持。

（三）个人信息保护"刑前民后"

刑事手段是维护公民合法权利的最后手段，普通侵犯公民权利的行为应以民事手段为主。而在上述统计的侵犯个人信息刑事案件中，所有案件均无被侵权人在侵权人被追究刑事责任前提出民事诉讼，在刑事案件提起公诉时检察机关及被害人也均未提出刑事附带民事诉讼。对个人信息的司法保护，刑事手段放在了最前面，发挥了绝对的主导作用。出现此种情形主要是由侵犯个人信息案件的特点决定的，此类案件一般被侵权人人数众多，作案手段隐蔽，被侵权人通常不能及时确定侵权人，导致无法提出民事诉讼。同时，司法机关对此类案件提出附带民事或公益诉讼的认识还存在争议。法院一般将侵犯个人信息刑事案件的民事赔偿参照普通侵财案件处理，对侵权人造成的财产损失通过在刑事判决中责令退赔解决，而无必要单独提出刑事附带民事诉讼。

（四）个人信息侵权责任"刑重民轻"

上述33件案件42名被告人中，40名被告人均被处以一年至七年有期徒刑，2人被单处罚金。在7件侵犯个人信息民事案件中，判决侵权不成立1件，判决侵权行为成立但诉讼请求无履行必要1件，判决停止侵害、赔礼道歉2件，判决赔偿损失3件。3件赔偿损失案件中，1件判令赔偿精神损失2000元，1件判令支付交通费248元，1件因侵权人利用窃取的银行账户盗刷客户资金，责令退赔损失58700元。总体而言，对个人信息侵权行为判处的民事责任偏轻。例如，丁某诉某银行侵犯其征信信息案，某银行因工作失误错误录入丁某不良征信信息，多次影响丁某正常民事活动，丁某诉请银行赔偿经济损失100000元、精神损害赔偿金80000元、交通费248元，最终法院认为侵权行为造成的经济损失和精神损害赔偿无证据证实，仅支持其赔偿交通费248元的诉求。在邓某诉某公司名誉权纠纷等另外3件案件中，原告方均提出了赔偿损失诉求，而法院在判决侵权行为成立的情况下，均以原告未能举出充分证据证明已造成实际损失或损失与侵权行为存在直接因果关系为由，未支持原告赔偿损失诉求。

三　协调个人信息刑民保护的途径："刑民一体化"思路

个人信息的范围，无论是法条规定还是在司法实践中，刑事和民事保护均存在不一致的问题。同时，个人信息民事司法保护中存在的部分短板，影响了司法保护效果，因此，有必要构建"刑民一体化"个人信息司法保护体系。

（一）"个人信息"概念一体化解释

刑事与民事法规相关法条对"个人信息范围"的概念表述不一致，根本原因是对个人信息权的性质认识不一致。在刑事范畴中，倾向于认为个人信息权是隐私权的一部分，"个人数据的保护主要是对数据主体隐私权的保护"[①]，对侵犯"个人信息"和"隐私信息"的犯罪行为进行一体化评价。而在民事范畴中，倾向于认为个人信息权是相对独立于隐私权的一种新型人格权，与隐私权分开保护。同时，部分学者认为隐私权不仅仅是一种人格

---

① 张新宝：《隐私权的法律保护》，群众出版社，2004，第139页。

权，"个人信息权是继股权、知识产权之后的又一新型民事权利"①。

从目前司法实践现状来看，认为个人信息权是相对独立于隐私权的一种权利，已基本形成共识。从长远来看，随着社会信息化程度不断提高，个人信息权越来越关系到公民个人生活的方方面面，个人信息的人身性和财产性二者合一属性将体现得更加明显。"在刑民一体化视野与法秩序统一原理下，刑法侵犯公民个人信息罪保护法益个人信息权不是隐私权或者人格权等传统权利，而是独立的新型权利。"② 综上，司法实践中对"个人信息范围"概念的认定，应坚持"刑民一体化"思路，在刑事上和民事上对个人信息范围作一致性解释。虽然民事与刑事法规关于个人信息的范围规定目前不太一致，但二者不应是非此即彼关系，而是互为补充。二者的范围规定均采用"列举"加"等外"方式，根据现有规定均存在扩展解释空间，可以作一体化解释，综合二者的规定予以认定，协调二者的不一致。

关于个人信息范围的概念要注意另一点，在表述个人信息的主体时不同法规分别使用了"公民"和"自然人"两种方式。目前，《2017 年解释》和《民法典》均采用了"自然人"表述方式，只有刑法条文仍表述为"公民个人信息"。"个人信息权"从权利性质上看不是一种政治性权利，不应以取得国籍具备公民身份为前提。将所有"自然人"个人信息纳入保护范围更能体现平等保护理念，对个人信息的理解和表述统一使用"自然人""个人信息"概念更加准确。

（二）对"侵犯个人信息"与"侵犯个人隐私"行为分开进行刑事评价

目前刑法条文对侵犯隐私信息并未单独规定罪名，在行为性质的定性上与侵犯个人信息进行一体评价，仅由司法解释规定了不同量刑标准。对侵犯

---

① 李伟民：《"个人信息权"性质之辨与立法模式研究——以互联网新型权利为视角》，《上海师范大学学报》（哲学社会科学版）2018 年第 3 期。

② 刘艳红：《民法编纂背景下侵犯个人信息罪的保护法益：信息自决权——以刑民一体化及〈民法总则〉第 111 条为视角》，《浙江工商大学学报》2019 年第 6 期。

隐私信息以外的其他侵犯隐私权行为，刑法条文也未规定独立罪名，而是根据其行为手段分别认定为强制猥亵罪、猥亵儿童罪、敲诈勒索罪等罪名。本文认为，此定罪模式虽然目前基本能够适应打击相关犯罪行为的需要，但从长远来看不能很好解决相关司法难题，有必要单独设立侵犯个人隐私罪。

从保护客体看，两者所侵害社会关系的性质不同。如前所述，"个人信息权"与"个人隐私权"是两种不同性质的权利，其社会危害性不同，量刑标准也不同，有必要分开确定罪名。在侵犯隐私信息的刑民交叉案件中，对同一事实提起刑事诉讼和民事诉讼可能导致诉讼案由不一，不利于证明案件事实和准确适用法律。

从司法实践来看，也有单独设立侵犯个人隐私罪必要。《民法典》第1033条规定了六种侵犯隐私权行为，除侵犯私密信息外，还有侵犯生活安宁、私密空间、私密活动、私密部位等侵犯个人隐私行为，这些行为的严重情形完全有必要以刑事手段予以规制。对这些侵犯隐私权的严重情形，现有刑法条文规定的强制猥亵罪、猥亵儿童罪、敲诈勒索罪并不能完全适用。例如，新闻报道的安徽省滁州市杜某某案，杜某某出于猎奇，在宾馆中安装针孔摄像头偷拍他人，700多天的时间拍下了500多个视频。按现有法律规定，因其行为不具备强制性特征，不能认定为强制猥亵行为。其偷拍后也没有以此勒索被害人钱财，不能认定为敲诈勒索罪。同时，被偷拍的他人身体，很难认定为个人信息，其偷拍行为也不宜按现有法律认定为侵犯公民个人信息罪。在此案例中，因杜某某对偷拍内容进行传播，司法机关据此认定为传播淫秽物品罪。但据此定罪并不能解决对所有此类行为的刑事打击难题，如果偷拍内容尚不属淫秽视频，或者偷拍者用于自己"欣赏"不予传播，则传播淫秽物品罪最终难以成立。在此情形下，此类情形将造成刑法打击的失衡。如果行为人仅非法获取当事人的宾馆住宿记录信息，可能涉嫌侵犯个人信息构成犯罪；但行为人如果在当事人住宿的宾馆房间进行偷拍反而不构成犯罪，明显有违常理。此类行为在现实社会中大量存在，社会危害性大，完全有必要追究刑事责任。

单独设立侵犯个人隐私罪，可一并解决侵犯个人信息罪与侵犯个人信息民事保护不协调和打击严重侵犯个人隐私行为刑法规范缺失两方面问题。对于具体法条修改，建议可在侵犯个人信息罪条文中增加侵犯个人隐私罪选择性罪名，罪名表述可采取空白罪状方式，具体行为特征根据《民法典》侵犯隐私权相关规定认定。据此，可在刑法相关条文增加"侵犯个人隐私"表述，《刑法》第253条之一建议修改为"违反国家有关规定，侵犯个人隐私，向他人出售或提供个人信息，情节严重的……"

（三）将"可能影响财产安全信息"纳入民事范畴"等外"个人信息范围

《民法典》关于个人信息保护的总体立法思路是："在现行有关法律规定的基础上，进一步强化对隐私权和个人信息的保护。"[①]《民法典》对个人信息范围的表述，虽然没有将"账号密码""财产状况"等可能影响财产安全信息予以列举，但条文中留有"等外"表述，为其他类型个人信息的适用留有空间。"两高"在关于公民个人信息司法解释的理解适用中认为，"当前账号密码往往绑定身份证号、手机号码等特定信息，即使未绑定，非法获取账号密码后往往也会引发侵犯财产甚至人身的违法犯罪"[②]。因此，《2017年解释》第1条明确将"账号密码"列为"个人信息"的范围。"两高"发布的相关解释虽然效力不及法律，但在个人信息范围认定中关于"账号密码""财产状况"的规定，其基本精神并不与上位法冲突，符合《民法典》强化个人信息保护的立法本意。司法人员在相关民事案件办理中，可主动适用"等外"情形，把侵犯当事人"账号密码""财产状况"的侵权行为纳入民事调整范畴，与侵犯个人信息罪的刑事调整范畴保持协调一致，最大限度保护当事人合法权益。

---

① 《关于〈中华人民共和国民法典（草案）〉的说明》，2020年5月22日在第十三届全国人民代表大会第三次会议上。

② 周加海、邹涛、喻海松：《〈关于办理侵犯个人信息刑事案件适用法律若干问题的解释〉的理解与适用》，《人民司法》2017年第19期。

（四）激活个人信息的民事保护功能

目前，在个人信息司法保护中，刑事打击作用发挥较好，而民事保护功能尚未完全发挥，主要原因是：对被害人而言，其民事诉讼成本较高，诉讼收益较低，缺乏主张民事权利的积极性。例如，在陈某侵犯个人信息案中，陈某非法获取多个楼盘业主信息，并将相关信息出售他人牟利。之后大部分业主收到了大量骚扰电话，也明知个人信息被泄露，但因主张民事权利取证不便，即使胜诉也很难主张赔偿损失，所有人都没有对侵权行为主动提出民事诉讼。

基于"民法要扩张刑法要谦抑"[1] 的理念，有必要在民事诉讼中作出一些有利于被侵权人参与诉讼的调整，激活个人信息的民事司法保护功能。在民事诉讼中实行部分举证责任倒置，适度增加个人信息侵权方的举证责任，减轻被侵权人的举证责任。被侵权人只需证明对方使用了其个人信息，且初步提出其未授权的证据，对个人信息合法来源的举证责任应由侵权人承担，为被侵权人积极主张民事权利创造有利条件。同时，需要进一步加大对个人信息侵权行为的民事赔偿责任追究力度。相关民事案件中，在支持被侵权人提出精神损害赔偿的基础上，可参照食品安全责任追究相关规定，支持被侵权人提出惩罚性赔偿。对所有侵权行为的民事赔偿责任追究可设定一个最低赔偿额度，以此鼓励个人信息被侵权人第一时间运用民事手段主张权利，激活个人信息的民事保护功能，降低社会治理成本。

四 余论：从检察角度看个人信息"刑民一体化"司法保护体系的构建

在个人信息司法保护中，检察机关承担着追诉相关犯罪、对相关诉讼进行法律监督等重要职能。构建"刑民一体化"个人信息司法保护体系，加强对个人信息的检察保护是重要内容。

---

[1] 王利明：《民法要扩张刑法要谦抑》，《中国大学教学》2019 年第 11 期。

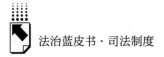

（一）"生物识别信息"等新类型个人信息的刑事保护问题

《民法典》首次将"生物识别信息"明确为个人信息类型之一。针对近年来出现的倒卖指纹、人脸数据等生物识别信息等新类型侵犯个人信息违法犯罪行为，检察机关在履行追诉犯罪职能时，应主动运用个人信息范围刑事司法解释中的"等外"规定，依照《民法典》关于公民个人信息范围的相关规定，对侵犯公民个人"生物识别信息"的相关犯罪行为，依法以侵犯公民个人信息罪予以刑事打击。

关于"生物识别信息"的量刑标准问题，现行司法解释对侵犯不同公民个人信息类型分别设置了"50条以上""500条以上""5000条以上"的入罪标准，但对"生物识别信息"的量刑标准暂时没有明确规定。在《2017年解释》中，其"50条以上"标准仅限于四种特定的类型，且没有"等外"规定，应严格把握适用范围，"生物识别信息"目前适用于此条款标准存在障碍。在现行规定下，"生物识别信息"的量刑标准建议可参照适用《2017年解释》规定"可能影响人身、财产安全的个人信息"的"500条以上"标准。虽然生物识别信息不属于该条列举的四种信息类型之一，但"生物识别信息"与公民财产安全高度相关，不同于"5000条以上"标准的普通个人信息，可根据《2017年解释》规定的"其他可能影响人身、财产安全的个人信息"情形，适用"500条以上"入罪标准。

（二）个人信息检察保护"刑严民宽"的再平衡

检察业务工作本身存在"刑重民轻"倾向，对个人信息司法保护中的"刑严民宽"问题，在检察工作范围内也同样存在。检察机关在加强对侵犯个人信息犯罪刑事打击的同时，有必要补齐对个人信息民事保护的短板。一方面，要强化涉及个人信息案件的民事和行政检察监督工作。在涉及个人信息的民事案件中，加强对侵犯个人信息案件中证据采信原则、损失计算、精神赔偿等问题法律研究，增强民事监督的精准性和引领性。注重在行政诉讼和行政活动中对个人信息的保护，督促行政机关依法行政，保护个人信息安全。同时，还应积极探索侵犯个人信息"等外"类公益诉讼。侵犯个人信息行为一般受害者人数众多，多数情况下被害人为不特定对象，且多数通过网络实施侵权行为，不易收集固定证据，被害人直接提起诉讼难度较大。检察机关具有代表公共利益提起公益诉讼职能，又具备必要的取证手段，能够较好担当对侵犯个人信息类行为提起诉讼的职能，应在侵犯个人信息领域加大公益诉讼力度。

（三）特殊群体个人信息的"刑民一体化"保护

近年来发生的涉未成年人个人信息及隐私侵权行为，引起公众高度关注，未成年人信息保护是个人信息保护的特殊组成部分。在未成年人个人信息司法体系中，检察机关未成年人检察部门统一办理涉未成年人个人信息的刑民案件，发挥着特殊作用。我们建议，应在办案中加强对未成年人、在校学生等特殊群体的个人信息保护，坚持从严惩处侵犯未成年人、在校学生信息的违法犯罪行为；要注意办案方式方法，防止未成年人个人信息的二次传播；对司法机关、行政机关涉未成年人个人信息保护的违法行为、不作为行为，加强诉讼监督和行政监督；结合法治进校园活动，把未成年人个人信息保护作为法治宣传的重要内容，提高未成年人个人信息自我保护意识，共同构筑未成年人个人信息的社会保护体系。

（四）个人信息司法保护的边界

检察机关作为法律监督机关，在坚持对侵犯个人信息违法犯罪行为依法打击的同时，应注意对合法利用个人信息的保护。《民法典》关于个人信息立法的一个基本原则是："合理平衡保护个人信息与维护公共利益之间的关系。"办理侵犯个人信息犯罪案件，应严格把握"违反国家有关规定"的构成要件，对《民法典》规定的"处理个人信息免责事由"的三种情形，以及对"经过加工无法识别特定个人且不能复原的信息"的合理利用，不能认定为侵犯个人信息犯罪。特别是办理涉企案件中，要防止把合法收集使用个人信息的行为或一般民事侵权作为刑事犯罪打击。在依法打击侵犯个人信息犯罪的同时，对企业的产品技术创新、商业模式创新中收集利用个人信息行为，保持必要的宽容度，支持大数据背景下新业态对个人信息的合理运用，为经济社会发展提供有力的法治保障。

B.11
侵犯公民个人信息案件调研报告

付想兵　刘杰　王向明*

摘　要： 科技和互联网的发展将我们带入了大数据时代，数据、资源、信息在"云端"不断流通、交互、共享，使人们的生活更加快捷和便利。与此同时，针对公民个人信息或者利用公民个人信息实施违法犯罪的行为增多。个人信息一旦遭受恶意收集或利用，既损害信息主体的人格尊严，影响其生活安宁，又会造成信息主体财产损失等严重后果。在此背景下，《刑法》及其司法解释不断对侵犯公民个人信息犯罪加以规范和完善。然而，实践中仍存在法律规范理解和适用上的分歧，造成案件审理困难。因此，应厘清公民个人信息的刑法概念，理顺概念之间的联系与区别，从法律规范和司法实务两个维度剖析侵犯公民个人信息案件审判中存在的难题，以"情节严重"的认定标准为视角，提出针对性意见建议。

关键词： 侵犯公民个人信息罪　情节严重　推定规则

一　实践检视：侵犯公民个人信息案件审理情况

（一）案件概况

经统计，2015 年至 2019 年，北京市朝阳区人民法院（以下简称"朝阳

---

* 付想兵，北京市朝阳区人民法院刑事审判庭一级法官；刘杰，北京市朝阳区人民法院刑事审判庭法官助理；王向明，北京市朝阳区人民法院刑事审判庭法官助理。

法院")共审理侵犯公民个人信息犯罪案件36件38人,其中,认定侵犯公民个人信息罪的有25件27人。具体情况如下。

1. 个人信息类型

朝阳法院审理的相关案件显示,公民个人信息的类型呈现复杂性,其中涉及行踪轨迹信息2件,征信信息1件,财产信息2件,通信信息3件,住宿信息3件,其他信息的案件30件。其他信息包括个人简历、企业信息、订单信息等。需要指出的是,其他信息存在与通信信息、行踪轨迹信息等重合的情况(见图1)。实践中,各种类型的信息或以打包组合形式,或以单独形式形成数量庞大的信息。

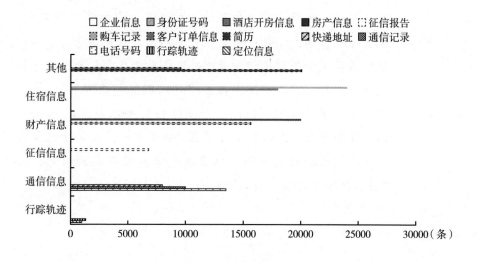

图1 信息类型情况

2. 侵犯手段类型

从获取信息的手段来看,互联网"私相贩卖型"的案件有17件,占案件总数的47.2%;员工利用职务便利"监守自盗型"的案件有12件,占案件总数的33.3%;线下"背信提供型"的案件有4件,占案件总数的11.1%;利用技术"秘密窃取型"的案件有3件,占案件总数的8.3%(见图2)。

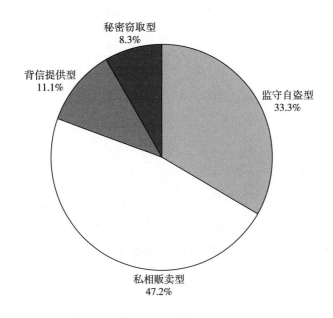

图2 侵犯手段类型情况

3. 主体身份类型

从行为主体看，无论是通过互联网进行网上交易还是通过线下个人交易，涉案被告人系利用职务便利的公司企业员工有 24 人，没有利用职权的有 14 人。

4. 定罪处罚情况

（1）定罪方面

2015 年 11 月 1 日，《刑法修正案（九）》把非法获取公民个人信息，出售、非法提供公民个人信息的行为规定了统一罪名为侵犯公民个人信息罪。在统计时间段内，非法获取公民个人信息罪 10 件，出售公民个人信息罪 1 件，侵犯公民个人信息罪 25 件（见图 3）。在客观上，侵犯公民个人信息的案件，根据获取信息的手段以及目的不同，可能会同时构成侵犯计算机信息系统罪、敲诈勒索罪等。调研样本中，无数罪并罚的情形。

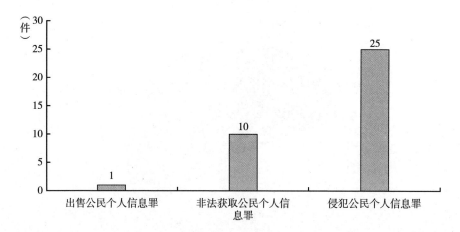

图3　罪名类型情况

（2）量刑方面

经统计，对侵犯公民个人信息案件的被告人判处实刑的有25人，判处缓刑的有13人；根据"情节严重""情节特别严重"的量刑档次标准，判处三年以上的有14人，判处三年以下的有24人。

（二）案件特征

1. 基本特点

（1）数量稳中有降

经统计，朝阳法院2015年至2019年每年审结的侵犯公民个人信息案件较其他犯罪类型的案件数量较小，除2018年案件量突升外，其他年份审结的案件量基本平稳（见图4）。

（2）信息类型量多面广

从审理的侵犯公民个人信息案件的涉案信息来看，部分案件的涉案信息动辄数十万条，有些案件能达到数百万条。信息涉及面广，涉及全国多个城市，涵盖线上和线下信息。信息种类较多，涉及财产信息、身份信息、个人征信、行踪信息、交易信息、通信信息、教育工作信息等，有时一个案件中往往涉及多个种类的信息。

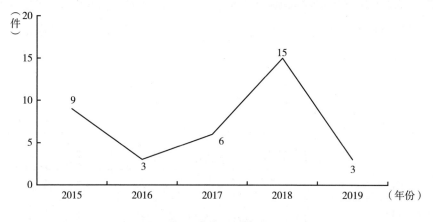

图4 案件数量情况

（3）行为手段科技化、隐蔽化

互联网成为侵犯公民个人信息违法犯罪的平台。人们在网络平台上进行浏览信息、购物支付、休闲娱乐等活动，在下载、安装、注册、使用客户端的过程中需要实名认证，这轻易暴露了公民个人信息，部分具有数据信息管理职责的犯罪分子将其服务器上收到的公民个人信息进行整理和打包，再通过网络进行销售。犯罪分子利用信息网络的虚拟性，隐藏身份跨区域进行"一对一"服务，具有极强的犯罪隐蔽性，给调查取证工作带来极大的困难。

（4）犯罪后果影响大、危害大

侵犯公民个人信息犯罪涉及地域覆盖面极大。一方面，犯罪行为实施地与危害后果发生地可能相距甚远，加大了侦查的难度；另一方面，个人信息成为犯罪分子实施其他犯罪的工具，造成更为严重的法益侵害后果。侵犯公民个人信息的犯罪团伙分工明确，从公民个人信息的获得、出售以及利用，形成完整的犯罪链条，伴随产生巨大的经济利益。犯罪团伙利用获取的个人信息实施其他下游违法犯罪活动，引发其他可能危及人身、财产安全的犯罪和公共安全的犯罪。

2. 定罪标准"双轨制"

根据罪状及司法解释，侵犯公民个人信息案件"情节严重"的认定采

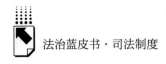

用"数量+数额"双重标准。以数量维度 50 条以上不满 500 条、500 条以上不满 5000 条、5000 条以上的区间进行统计，发现侵犯公民个人信息的信息数量庞大（见表 1）。

表1 "数量"定罪人数统计

单位：人

数量	人数				
	2015 年	2016 年	2017 年	2018 年	2019 年
50 条以上不满 500 条	0	0	0	0	0
500 条以上不满 5000 条	7	0	2	2	0
5000 条以上	4	3	6	11	3

就数额情节而言，根据侵犯公民个人信息罪相关法律规定的数额标准划定统计区间，违法所得数额 5000 元以上不满 1 万元为"情节严重"，5 万元以上为"情节特别严重"，故将统计区间划分为三个（见表 2）。

表2 "数额"定罪人数统计

单位：人

数额	人数				
	2015 年	2016 年	2017 年	2018 年	2019 年
5000 元以上不满 1 万元	8	0	3	0	0
1 万元以上不满 5 万元	1	0	1	4	0
5 万元以上	0	0	0	5	0

综上，仅凭数量或数额情节不能单独评价社会危害性，需要坚持"数量+数额"双轨认定标准。

二 问题分析：侵犯公民个人信息案件的审理困境

（一）"情节严重"认定标准不统一

侵犯公民个人信息罪以"情节严重"作为构成要件，对于"情节严重"

的理解和适用司法实践不统一，需要在立法层面作出更具体明确的规定。《最高人民法院、最高人民检察院关于办理侵犯公民个人信息刑事案件适用法律若干问题的解释》（以下简称《2017 年解释》）第 5 条第 1 款规定了九种"情节严重"的适用情形，并以"其他情节严重的情形"进行兜底规定。

对"情节严重"的判断标准，从信息"类型 + 数量"、违法所得的数额、获取信息的目的和用途、行为主体行为时所具有的身份、前科情况五个方面来衡量。相比之前的模糊规定，根据个人信息种类不同，分别设定入罪数量标准，对定罪量刑具有指导意义。但是如何准确把握个人信息的种类范围以及适用标准，如何认定构成个人信息的数量有待明确，对"情节严重"的认定缺乏整体的评价机制和认定标准，上述问题的存在导致司法实践中出现同案不同判的情形。

（二）"情节严重"构成要素认定过程中的问题

1. 忽视信息类型因素对"情节严重"认定的影响

根据《2017 年解释》关于"公民个人信息"的定义，法条用"定义 + 列举"方式，既明确了公民个人信息的身份可识别性，又列举了姓名、身份证号等公民个人信息具体类型。从《2017 年解释》的界定来看，刑法所保护的公民个人信息既包括体现特定信息主体一定自然属性和社会属性的信息，也包括体现特定信息主体一定生活状态和生活轨迹的信息，且其具有对信息主体的高辨识性、高指向性，能够直接或间接指向和影响特定自然人，具有刑法法益保护价值和保护必要。然而，公民个人信息涵盖的内容繁芜丛杂，采取此种方式显然无法穷尽，由于信息种类不同，所需要的刑法保护力度也有所差异。刑法是社会治理的最后手段，对法益保护要坚持谦抑性原则，故而对公民个人信息的保护程度和范围自然需进行必要的限制。

准确认定个人信息类型是定罪量刑必须解决的首要问题。但目前刑法、司法解释及其他规范性文件对公民个人信息类型尚缺乏统一和明确的界定，司法实践缺乏明确指导规范。"情节严重"作为入罪的条件要素，如果不区分信息类型，把不同种类的信息杂糅在一起认定为情节严重，有违司法裁判公正。

2. 以信息数量和违法所得数额为主，标准单一且不统一

（1）可识别的公民个人信息认定标准模糊

依照《2017年解释》第1条，公民个人信息具有可识别性，能够单独或与其他信息结合识别特定自然人身份或者反映特定自然人的活动情况。实务中，有的个人信息单独就可识别特定自然人，如身份证号码、护照号码等；有的则需要多种信息组合才能识别特定自然人。虽然《2017年解释》已经明确，用于识别特定自然人的公民个人信息可以是单独的信息或者与其他信息结合的信息，但存在争议的是，多种信息组合时如何判定各个信息之间的关联程度能够达到识别特定自然人的属性。例如，快递包裹单常以"姓名+电话+地址"的形式暴露在公众场合，在合租的室友共用一个收件地址的情况下，是否能够确定特定的自然人，这在实践中存在争议。

（2）涉案公民个人信息条数计算困难

由于可识别特定自然人的信息既可以单独形成也可以组合形成，那么个人信息的数量是以"条"还是以"组"为单位计算，实践中尚不统一。个人信息从被非法获取到交易利用，在信息流转的过程中历经同一行为人，如何计算信息的条数？数量达到多少可认定为批量信息？此类问题成为实践中的难点和重点。经济活动中，一些个人或企业会主动公布一些信息，公布的信息类型往往是企业信息与个人信息混杂在一起。例如，工商信息网上公布的信息，既有企业的工商信息，也有股东、法定代表人的个人信息。如何认定自愿主动公开的信息性质？是否需要在批量信息中剔除？自愿主动公开的信息是否受法律保护？这些问题在实务中的认定标准和裁判尺度尚未统一。

（3）信息真实性核查规范空白

批量信息中公民个人信息的真实性是否需要核实以及核实真实性的方法，一直是司法实践中的一个难题。根据《2017年解释》第11条第3款之规定，对批量公民个人信息的条数，根据查获的数量直接认定，但是有证据证明信息不真实或者重复的除外。如何理解批量？如何认定不真实、重复？实践尚不统一。批量信息的内涵和外延尚无明确的定义，控方是否需要承担信息真实性的逐一举证责任，如何有效、高效核查信息真实性，由于缺乏明

确规范指引，司法对上述问题的处理存在差异。

一方面，对于敏感公民个人信息真实性的核查相对简单。敏感公民个人信息的获取渠道较为狭窄，绝大多数是行为人利用自己的职务便利和特殊身份能够较为精准地获取敏感信息。正因如此，核查该类信息的真伪相对容易，核查结果相对准确。比如，学校的教师掌握学生的学籍信息，能够较为准确和真实地掌握到学生及家长的信息。凭借职务便利获得的信息一般较为真实。

另一方面，非敏感公民个人信息查证案例较少。实践中，法院在审理案件时不主动核查信息的真伪以及数量上是否重复，而是将在案的司法鉴定意见等电子书证作为认定案件事实的依据。如果辩方对信息真伪以及数量重复提出异议，但不能提供确凿的证据，法官会根据经验法则作出判断。在实践中，将信息真伪以及是否重复的举证责任移转到辩方的做法是否合适，这仍然需要讨论。

（4）违法所得的认定不明确

侵犯公民个人信息罪采用"数量＋数额"双轨定罪模式。实务中，对个人信息的种类以及条数认定不清时，可以通过判断违法所得数额是否达到"情节严重"的标准来认定是否入罪。关于违法所得数额如何计算，学界有销售数额说和获利数额说两种观点。持销售数额说的学者认为，违法所得数额以行为人的全部犯罪所得为计算标准，包括犯罪成本；持获利所得说的学者认为，违法所得即违法获利，应当将犯罪成本在犯罪所得中予以扣除，以利润作为违法所得数额。对此，实务中并没有形成统一的认识。

三　司法重塑：完善侵犯个人信息罪"情节严重"认定体系之构想

（一）厘清信息类型认定标准

根据不同的个人信息类型与信息所有者的人身、财产安全的关联程度以及影响程度，在立法层面，将公民个人信息区分为高度敏感信息、相对敏感信息及普通公民个人信息三类①，并分别设定了 50 条以上不满 500 条、500 条以上不满 5000 条、5000 条以上不同的入罪数量标准。司法工作者在实践中面对的是庞大的信息数量和复杂的信息类型，对于信息构成要素的准确把握，是划定信息类型的关键。当前，仍然需要从理论上对信息要素依据重要程度、辨识程度、公开程度以及信息所属主体身份等层面进行分析和判断，以便解决实践中如何区分个人信息类型的难题。

1. 依据个人信息的重要程度

《2017 年解释》依据不同类型公民个人信息的重要程度，将公民个人信息分为三类并设定了不同的起刑点。敏感信息（包括高度敏感和相对敏感的信息）是指那些一旦遭到恶意泄露或者篡改，会对信息主体的人身和财产安全造成相对直接的威胁，强烈影响信息主体生活安全感的信息。普通信息遭到侵害，对公民人身和财产安全的破坏力度相对较小。对不同性质的信息进行不同力度的刑法保护是刑法谦抑性的题中应有之义。一般而言，隐私程度越高的信息及与公民人身财产安全密切相关的个人信息受保护程度越高。

2. 依据信息的辨识度

以信息能否直接辨识特定自然人为标准，可以划分为直接个人信息和间接个人信息。类似身份证号、护照号、房产登记信息等能够单独直接认定特定人的信息可以认定为直接信息。间接个人信息则是通过与其他信息相结合，才能指向特定人的信息。如果一个单独的信息不能指向特定的人，而是需要与多种信息结合，那么单独的个人信息受保护程度较低。

3. 依据信息的公开度

司法机关在判断行为入罪与否时，应当注意个人信息是否已经公开的状态以及信息主体对于个人信息保护程度的主观意愿。依据个人信息的公开

---

① 参见肖友广、张争辉、孙娟《侵犯公民个人信息刑事案件司法认定疑难问题研究》，《上海法学研究》2019 年第 7 卷。

度，可以分为公开个人信息和非公开个人信息。前者是指除信息主体外的社会公众可以通过特定、合法的渠道知悉的个人信息。如果信息是公开的，处于一般民众可以轻易获知的状态，如在裁判文书网、企业信息网、新闻报道中获知的个人信息、信息主体自己主动公开在网络上的信息等。非公开个人信息则是指尚未被信息主体个人或者社会其他主体主动、合法公布以至他人可获得的信息。个人信息的公开范围及程度，也是司法审判需要考量的一个重要因素。

4. 依据信息主体的身份

信息主体身份不同决定了个人信息保护程度不同。职业和身份的特殊性导致某类群体的个人信息公开度较高，也更容易被公众获取。例如，明星等公众人物部分信息被公众所追逐在一定程度上符合其职业预期，其本人也从中获得了可期待的利益。基于职业和身份的特殊性，部分个人信息被获取或者散播并不违背其主观意愿。对于此类群体，其个人信息的保护程度应当低于普通公众。

（二）统一"情节严重"中信息数量的认定标准

1. "一条公民个人信息"以个人信息的可识别性为基准

公民个人信息的可识别性是刑法保护的依据。单独就可以识别特定自然人信息的数量计算，在实践中不存在争议。对于具有间接指向性的信息，即能够识别特定自然人的组合型信息，司法实务要把相互结合才具有身份可识别性特征的多项信息认定为一条。一方面，个人信息在各部门法中的定义不尽相同，保护范围和力度也有所区别，刑法对个人信息保护力度更高，认定标准更高，适用也更为严格，那么在刑法的保护范围内对于个人信息的范畴应作限缩解释。另一方面，从认定该罪的现实情况看，组合型信息对于识别特定自然人更具有效性，因此，以组为单位认定一条信息具有现实的合理性和可能性。

2. 去重和累计信息数量的计算标准

（1）被主动公开的信息分情况作去重和累计处理

对公民个人信息的刑法保护是否包括权利主体已经公开后被他人利用的

信息？已公开的信息仍然在刑法保护的范围之内，这在刑法理论和刑事实务中争议不大。理论和实务中存在争议的是，对于权利人自愿、主动公开的信息的利用是否具有排他性？被其他主体二次利用、出售或者向他人提供的行为，是否可推定权利人存在概括的同意？目前我国立法上尚无明文规定。实践中，一是要核查二次利用的行为是否违反国家法律法规的禁止性规定，如果明显违反了相关规定，应当入罪，对信息条数进行累加计算；二是要审查相关权利主体是否对再利用行为进行二次授权，除相关权利人明确要求或者确定要求二次授权外，不宜对收集后出售或者提供的行为要求二次授权，则不宜入罪①。因此，对于已经公开的信息在没有明确二次授权的情况下，应推定权利人对个人信息的二次出售或者提供行为是概括的同意，在数量的计算上应作去重处理②。

（2）适用推定规则计算批量信息数量

批量信息该如何定义及条数如何计算是困扰司法实务界的难题。此外，根据《2017 年解释》第 11 条第 3 款规定，对批量公民个人信息的条数，根据查获的数量直接认定，但是有证据证明信息不真实或者重复的除外。批量信息的数量计算必须解决一个前置问题，即个人信息真实性是否有必要逐一核实。我们认为，根据信息类型不同，真实性核实和条数计算方法应有所区别。对敏感信息，由于入罪起刑点低，获取方式单一，真伪易辨识，条数易计算；对其他信息，由于涉案信息数量庞大，在实践中缺乏逐一核实真实性的条件，故应当允许适用推定规则核实真实性，以抽样方法计算条数。

刑事推定规则基于经验法则或者论理法则，司法人员在刑事诉讼活动中用已查明的事实推定待证明的事实。已查明的事实通常称为基础事实，基础事实与待证事实之间一般具有合理性，具有高度的盖然性，但不具有确定性，因此刑事推定允许反驳。

---

① 李喆人：《关于办理侵犯公民个人信息刑事案件的调研报告》，《法制与经济》2019 年第 4 期。
② 喻海松：《侵犯公民个人信息罪司法疑难之案解》，《人民司法》2018 年第 32 期。

第一，设定标准：推定的前提。适用推定规则，并不意味着免除或降低控方证明责任或证明标准，"控诉方仍要承担基础事实的证明责任，对基础事实的证明应当达到法定最高标准"①，要做到事实清楚，证据确实、充分。根据《2017 年解释》对公民个人信息的三种分类，对高度敏感公民个人信息的入罪起刑点定为 50 条以上、相对敏感公民个人信息的入罪起刑点定为 500 条以上，针对该类信息的甄别和去重难度不大，而对于普通个人信息入罪起刑点为 5000 条以上，在案件审理过程中逐一甄别不具有现实可能性，因此本文建议批量信息的数量标准设置为 5000 条以上。

第二，抽样取证：推定的步骤。侵犯公民个人信息案件通常涉案信息数量大、种类杂，因此，在对信息真伪进行核实时，需确保抽取样本随机、等比例分布，将信息来源进行分类，将每一类信息中按照比例进行抽样后分组，在已经分组的信息中随机抽取等比例的样本量。

第三，责任分配：赋权与赋义务。在证明责任的分配上，可以赋予被告人和辩护人针对信息的数量和真实性提出辩解的权利，但同时应当承担举证责任。

综上，本文认为，根据案件的具体情况，可从在案的证据链条相互印证的程度，运用推定规则来认定信息真实与否，无须逐一甄别。但应当允许辩方提出反驳意见，并承担证明责任。

3. 违法所得数额以获利说为依据

如前所述，违法所得是侵犯公民个人信息罪构成要件之一，对违法所得数额的认定，理论界和实务界尚无统一的认识。本文赞同获利所得说。根据体系解释的解释原则，刑法中多个条款出现违法所得的表述，都明确规定了违法所得系获利数额。而在司法实务中，本罪的犯罪活动环环相扣，越往后进行交易，个人信息的价格往往会越高，犯罪分子通过出售等方式获得的财产数额则会越大。如果按照违法所得说，行为人实施犯罪越处于前面的交易

---

① 龙宗智：《推定的界限及适用》，《法学研究》2008 年第 1 期。

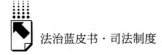

环节，违法所得越低，处罚就越轻，反之亦然。因此，该观点在实践中有失偏颇，不能体现罪责刑相适应的刑法原则，是不可取的①。

结　语

综上所述，随着计算机网络技术的发展，云支付、云交往、云购物等新一代信息技术深刻影响和改变了人们的生活方式，数据逐渐成为推动社会发展和经济提升的核心要素，随之产生更为复杂的数字经济格局。对侵犯公民个人信息犯罪的精准有力打击，不仅加强了对个人权益的刑法保护，更是对网络空间秩序的有效治理，因此，司法从业人员要进一步转变思路、统一认识、精准裁判，真正提升刑事法治的法益保护和社会预防水平。

---

① 张乐嘉：《侵犯公民个人信息犯罪中情节严重的认定》，《法治与社会》2019 年第 14 （中）期。

执行制度建设

Enforcement System Construction

B.12
规范执行机制建设的沈阳实践

沈阳中院规范执行机制建设课题组*

摘 要： 从源头上切实解决执行难并建立长效机制，是一项社会系统
工程。这需要人民法院规范及整合各种参与主体的权利、义
务及行为，使执行权规范化长效运行，以期达到标本兼治目
的。沈阳两级法院以建立健全规范执行权运行机制为切入点，
立足司法实践，坚持制度创新，根据执行案件重点环节和关
键节点，制定工作规范和管控准则及考核办法。实践中，人
民法院应始终坚持"确保程序正义、积极兑现权利、规范执
行行为"理念，深化执行改革，扎实推进规范执行机制建设，
保障执行权的强制性，促进执行权运行的规范化、信息化，

* 课题组负责人：白云良，沈阳中院执行局局长。课题组成员：许海秋，沈阳中院执行三庭庭
长。执笔人：姜元科，沈阳中院执行三庭员额法官；张涛，沈阳中院执行三庭党支部书记，
二级调研员；喻婷，沈阳中院执行三庭法官助理。

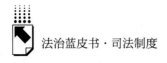

为建立解决执行难工作长效机制打下坚实基础。

关键词: 切实解决执行难 制度体系建设 执行规范化

健全解决执行难长效机制是社会法治发展对法院执行工作提出的必然要求。其前提和基础是建立和完善规范的执行机制,并通过强力有效运行,规范执行行为,积极兑现权利,化解执行风险。近年来,沈阳两级法院以深化执行机制改革为抓手,以实现执行工作规范、公开、有序、廉洁、智慧、强力、高效为目标,在确保程序正义的前提下,制订具体工作准则,保障执行权良性运行,力促解决执行难长效机制的确立及常态化运行。

一 规范执行机制建设的实践探索

(一)加强总体规划与协调统筹

1. 制定总体规划

为落实最高人民法院"用两到三年时间基本解决执行难问题"的庄严承诺,沈阳市中级人民法院(以下简称"沈阳中院")根据执行工作的难点和重点,制定并出台《沈阳市中级人民法院关于"基本解决执行难"实施办法》,提出153条具体举措,从加强组织领导、依法突出执行强制性、外部执行联动、法院内部联动、执行信息化建设、执行规范化建设、执行公开、执行款物管理、执行监督、执行考评、执行救助、执行宣传等方面,全面规范执行行为。沈阳中院在实践中总结经验和发现问题,及时制定下发《沈阳市中级人民法院关于强力推进"基本解决执行难"工作的实施意见》。该意见以科学梳理问题为导向,围绕执行核心指标,切实解决执行难。

2. 加强协调统筹

沈阳中院强化内部协同,规范法院各部门的职责。具体为:民庭和审监二庭快速审理执行异议之诉和执行异议、复议案件；清算与破产庭加大执行不能转破产案件审理力度；立案一庭、刑庭加强拒执罪案件的立案、审理和对下指导；法警支队提供重大执行案件的警力支持保障，形成了各部门合力解决"执行难"的总体工作局面。

（二）力促执行规范化

1. 规范和监督执行权力运行

一是规范强制措施运用。规范精准运用强制措施是执行工作的有力保障，但强制措施适用不当亦可造成不必要的执行风险。沈阳中院制定一系列规定，规范执行强制措施，包括规范执行中的司法拘留行为，规范了限制消费和纳入失信名单强制措施以及规范拒执犯罪的认定标准，统一执行强制措施的适用程序、条件和标准及违规责任。二是规范上下级监督。因执行工作的高度强制性和风险性，必须强化上下级执行法院之间的程序内监督，防范执行风险。沈阳中院制定了规范，统一指定执行、提级执行、协同执行适用标准和程序，规范对下级法院执行工作的监督。三是鼓励和规范社会主体广泛参与执行工作。执行工作需要社会主体广泛参与并形成合力，以期切实解决执行难。沈阳中院大力推进社会主体参与执行，制定了一系列规范，拓宽了律师在执行程序中的调查权，实施悬赏执行制度，鼓励社会公众提供执行财产线索。四是强化内部监督。沈阳中院实现审执分离，由审监二庭通过执行异议审查，对执行实施行为进行有效监督，同时强化执行局内部监督制约机制。

2. 规范执行装备使用

为保障执行工作顺利进行，及时有效地采取执行强制措施，确保执行人员、司法警察人身安全，沈阳中院制定了《沈阳市中级人民法院执行装备管理使用规定》。本规定明确执行警务车辆、警用装备、移动办公工具包及移动终端等执行装备的使用管理规则，为执行工作提供强有力的物质保障，并强化了执行装备的保管、更新和维护，健全了执行工作装备保障机制。

（三）实现执行程序公开

1. 执行程序公开透明

坚持"公开为原则、不公开为例外"理念，沈阳中院制定了公开执行相关规范，将依法应当公开的执行事项向社会公布，并接受各界监督。同时还充分利用信息化手段公开执行信息，保障当事人对执行工作的知情权和表达权。让申请人看到人民法院穷尽财产查控措施、加大强制执行力度所做出的努力，充分了解知悉其权利、义务事项，依法保障终本案件申请执行人发表意见的权利，提升执行工作公信力。

2. 依法主动接受监督

沈阳中院坚持定期向人大、政协汇报执行工作，积极争取支持，认真听取和办理代表委员提出的意见和建议。同时还积极开展见证执行活动，主动邀请全国、省、市、区各级人大代表、政协委员见证执行。

3. 畅通人民群众监督渠道

沈阳中院完善执行信访机制，制定了执行信访及其考评和监督管理的相关规定，对各基层法院采用周报、月报和季报的形式进行常态化考核管理，不断加强和改进涉执行信访工作；同时还坚持院长、局长接访制度，落实派员到市信访大厅固定接访日制度，充分保障人民群众的监督权，并以发现和解决实际问题为信访工作的着力点，有效化解执行信访。近年来，两级法院执行信访案件办结率100%，信访化解率100%。

（四）执行案件繁简分流

案件繁简分流，简案快执，繁案精执。为推动沈阳两级法院建设分层递进、繁简结合、衔接配套的一站式多元解纷机制，切实维护当事人的合法权益，沈阳中院印发了《沈阳市中级人民法院关于办理简易执行案件的暂行办法》，通过繁简分流办案工作机制，实现简案快办、提高执行效率的工作目标。该办法对执行繁简分流的意义、简易执行案件的类型、简易执行案件的执行时限、简易执行案件的执行方式、简易执行案件的监督管理、简易执行案件的宣传工作等作了详尽规范，实现全部案件快速反应、简易案件快执快结，以此全面提升执行质效。

（五）实现廉洁执行

1. 制定廉洁执行规范

为加强对执行工作的监督管理，强化廉政建设，促进廉洁执行，沈阳中院制定了《沈阳市中级人民法院关于加强廉洁执行的规定》，确立廉政风险责任制，并通过日常教育和严格规范相结合、组织监督和个人自律相结合、及时提醒和批评惩戒相结合，全面提升执行工作廉政建设的整体水平。

2. 关键节点管控

根据执行工作规律，执行廉洁风险往往发生在几个关键的程序性节点，有必要建立制度有效管控执行关键节点。沈阳中院研究制定了《沈阳市中级人民法院关于防范执行案件重点环节和关键节点风险的措施》，明确了执行程序中的案件分配、财产调查、查封、扣押、冻结、评估、拍卖、案款分配、款物保管支付、执行异议、复议、暂缓执行、中止执行、终结执行等重点环节和关键节点的权力运行规范和违规处理原则。沈阳中院将执行权是否规范廉洁运行，作为执行人员业绩考核和廉政奖惩的依据，筑牢执行案件重点环节和关键节点的权力底线。

（六）实现执行联动信息化

本着"制度保障、规范先行"的理念，提升执行联动信息化水平，沈阳中院以规范网络查控为依托，率先与相关联动执行部门会签文件，明确执行网络查控的权利义务和条件程序，提升执行信息化水平。实践中，法院加快执行指挥中心升级改造，形成上下一体、内外联动、规范高效、反应快捷的执行指挥体系；实现与联网单位信息共享，与驻沈33家银行联网，全部开通网络查询业务，与国家知识产权局、省知识产权局、辽宁省公安厅机场公安局、沈阳公积金管理中心、市不动产登记中

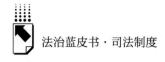

心、工商局、公安局等 48 家联动单位实现网上信息交换，查询被执行人财产、出行等信息。

（七）实现网格化联动执行

1. 完善法院同其他协助单位的横向联动

一是坚持制度创新、顶层设计原则。从源头上切实解决执行难，并建立长效机制，作为一项社会系统工程。这需要整合及规范各种社会资源广泛参与和协助。因此，必须坚持问题导向，源头治理。沈阳市委对此高度重视，沈阳市委全面依法治市委员会印发《关于加强综合治理 从源头切实解决执行难问题的实施办法》，从明确源头治理管理责任、推进执行联动机制建设、强化人民法院主体责任、落实综合治理监督机制、着力加强组织领导和工作保障等方面，进一步健全完善执行联动机制建设，并强化执行难源头治理，扎实推进沈阳市综合治理执行难工作。

二是规范联动惩戒机制。为建立健全解决执行难问题长效机制，确保生效法律文书得到有效执行，沈阳中院制定了《关于协助人民法院执行及推进失信被执行人信用监督、警示和惩戒机制建设的意见》，并组织市属 33 家协助执行单位会签印发。该意见明确协助执行单位对法院执行工作的协助义务，并将该项工作列入协助单位的考核，同时建立协助执行定期联合通报机制，对工作中发现的问题及协助执行不力的情况予以通报和问责。

2. 强化上下级法院的纵向联动

一是加大执行力度。对被执行人为党政机关的特殊主体案件，由沈阳中院执行局统一管辖执行。二是方便执行。对查询发现被执行人在两级法院和多个基层法院存在同时被执行的案件，由沈阳中院统一协调并指定实际控制被执行人财产的法院一并处理，协同执行，或提级由沈阳中院集中执行。三是提高执行效率。对涉及被执行人众多、执行难度大等案件，由沈阳中院统一调度，强力推进。

（八）强力规范执行

1. 强化对失信被执行人惩戒

沈阳中院严格按照法定的条件和程序对失信的被执行人进行惩戒，并通过惩戒工作的积极有效实施，逐步实现常态化。失信被执行人除纳入最高人民法院失信名单库外，通过在信用沈阳网予以曝光、加强信息化联动惩戒，通过联动网络抄送各金融机构和其他有关部门，使其因失信而处处受限，敦促被执行人履行义务。同时，依法对失信被执行人采取拘传、拘留、罚款等强制措施，迫使其主动履行生效法律判决，并强化涉嫌拒执罪移送，加大对拒执犯罪的打击力度。

2. 强化涉民生案件执行

加大对劳动争议、拖欠农民工劳动报酬、赡养费、抚养费、医疗费等涉及人民群众切身利益的案件及其他涉及民生的群体性案件的执行力度，沈阳中院按照简易执行程序，由专门执行团队优先执行，优先兑现执行款。保障涉民生案件畅通无阻，同时加大司法救助力度。

（九）推进执行工作高效运行

1. 简化财产处置程序

确立处置财产公开、规范、高效、快捷原则。沈阳中院加快推进网络询价工作，建立科学合理、切实有效、标准统一的网络询价工作机制。率先建立网络司法拍卖系统，严格落实网拍优先原则，明确了网拍参与人的权利义务，缩短了执行周期，提高了办案效率。

2. 规范处理执行不能案件

一是规范终本案件管理。认真落实最高人民法院《关于严格规范终结本次执行程序的规定（试行）》，严格标准条件。该司法解释实施以来，针对已结终本案件存在不合格问题进行全面整改，对终本案件总对总查控、限制消费措施、纳入失信、终本约谈等信息进行补录。

二是扎实推进执行转破产工作。沈阳中院出台授权辖区基层法院开展执

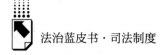

转破工作的意见,专门召开会议进行安排部署,印发会议纪要,成立执行转破产工作领导小组,推进全市法院集中办理"执转破"案件。

(十)规范管理执行队伍

1.实现执行人员管理规范化

执行是由具体的人来实施的,加强激励和管理是工作成败的关键。所以应当以人为本,制度先行,进行科学规范和管理。沈阳中院根据最高人民法院对执行工作的要求,结合执行工作特点,先后制定一系列规范,实现管理规范化、考核科学化。制定规范明确各类执行人员的职责并分类管理,根据执行工作的核心指标和执行人员在职责权限内完成工作的情况科学考核。同时,强化对执行信访、纪律作风和队伍建设进行监督和指导,坚持季度通报,督促整改,并将考评结果作为"评先评优"和人员调整的重要依据。

2.实行团队协作办案模式

全市法院在执行裁决权与实施权分离的基础上,进一步完善执行改革,落实员额法官责任制,实行以法官为主导并负责的"员额法官(执行长)+法官助理(执行员)+法警+书记员"团队办案模式。员额法官负责团队管理和决策并承担责任,法官助理执行事务性、辅助性工作,法警提供警务协助及安全保障,书记员负责卷宗管理和后勤保障。基本建立了"人员分类、事务集约、权责清晰、配合顺畅"的执行权科学运行模式①。

3.调整充实执行力量

沈阳中院执行局成立12个执行组,落实执行长负责制,并设立法警支队驻执行局大队,充实警力32人,先后抽调46人充实执行力量。沈阳中院执行局达到128人。其中中央政法编76人,占全院中央政法编的15.05%;

---

① 《最高人民法院关于深化执行改革 健全解决执行难长效机制的意见——人民法院执行工作纲要(2019~2023)》。

员额法官 45 人，占执行局行政编的 59.21%。共投入 30 余万元资金购置执法装备，配备警用车辆 23 台，切实保证执行工作需要。基层法院比照市中院加强人财物保障，先后抽调 112 人充实执行力量。截至目前，基层法院执行局人员达到 780 人，其中，中央政法编 336 人，占基层法院中央政法编的 20.29%，驻执行局司法警察 33 人，辅警 163 人。沈阳中院正全力推进执行队伍的职业化、正规化、专业化。

二　规范执行机制建设面临的瓶颈

（一）执行规范化建设需持续深入

我们发现有些法院规范执行意识和风险防范意识有待加强；存在执行告知不规范、财产处置拖延迟误，对拒不申报或虚假申报财产的违法行为采取强制措施不果断，执行款物管理不规范等问题；"执转破"制度在落实中存在衔接不畅、程序烦琐等问题；执行措施运用不当，个别执行干警对适用强制措施的相关规定不明确、适用标准不统一。

（二）执行信息化程度有待进一步提高

在实践中，执行信息化系统建设仍有深度拓展空间；依托信息化系统，约束执行权、规范执行行为还有待加强；需要通过完善执行信息化，进一步提升管理能力和水平；执行指挥中心实体化运行职能需要加强；网络执行查控系统需要深层次完善；网络失信惩戒系统也应当加强。

（三）执行联动工作机制有待完善

因缺乏对相关执行联动义务部门的规范和监督，某些单位对与法院共享信息资源的配合不够，与信息查控平台网络对接的积极性不高。实践中，还存在"联而不动，动而不畅"等问题，没有形成有效执行工作合力。个别部门对法院的协助执行设置不必要的条件和壁垒。个别银行办理冻结扣划业

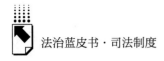

务时无故拖沓。公安、检察、法院对拒执犯罪的认定标准不统一，打击、制裁力度有待提高。

（四）执行理念不完全适应工作需要

在实践中，善意文明执行理念不强，简单粗暴、情绪化执法依然存在；执行队伍专业化程度不高，个别执行干警能力素质不高，创新意识不强，对运用信息化技术手段开展执行工作还不适应；少数执行干警作风不实，规范意识缺失，消极执行、选择性执行、乱执行等不规范执行行为未从根本上杜绝。

（五）案多人少矛盾仍然比较突出

新收执行案件增速快，未结案件存量大；地区发展不平衡，执行人员严重不足；执行人员素质有待进一步提高。尽管沈阳两级法院普遍调整和加强了执行力量，但案多人少矛盾依然存在。各区县法院执行力量发展不平衡，在经济欠发达的郊区县法院，一线办案人员执行工作长期处于超限状态，高素质人才流失严重。执行人员的数量绝对不足及素质相对不高等问题在很大程度上影响了执行工作的质效。

三 规范执行机制建设的完善思路

（一）确立规范执行的长效制度体系

1. 制定并完善解决执行难长效机制实施办法

在目前尚无统一的强制执行法情况下，沈阳市两级法院应率先以执行规范化建设为切入点，在现有的制度体系框架下，对已有的规范文件进行全面梳理，汇总沈阳市两级法院执行工作机制的经验做法，发现执行工作中的重点难点问题、薄弱风险环节、制度发展瓶颈等，深入分析，研究解决方案，有针对性地完善制度，着力规范执行程序重点关键环节的操作规范及监督管理办法。在认真分析两级法院执行工作存在问题的基础上，沈阳中院研究和制定《沈阳市中级人民法院健全解决执行难长效机制实施办法》，全面细致规范执行行为，分解细化执行程序，针对执行工作中的每个环节制定实施规范和原则及相应的管控办法，使规范执行常态化，完善执行长效机制，夯实制度基础。

2. 推进执行程序与破产程序的有效衔接

应将执行转破产简易程序中行之有效的经验制度化。将符合破产条件被执行人公司股权结构简单、资产总价值不大，债权人人数较少，事实清楚、债权债务关系明确的案件纳入简易破产程序，从根本上减少执行案件存量。我们认为，对"执转破"案件可最大限度地简化破产流程，缩短法定时限，对立案、听证、破产告知、债权人会议、债权申报、财产查控、法律文书的公告与送达、财产分配等流程进行简化，以期实现快速立案、快速审理、快速结案①。

3. 建立健全科学管理和考核激励机制

一是严格落实责权利明确的员额法官责任制。整个团队的执行案件应由员额法官负责，团队所有案件均在员额法官名下，团队其他人员的工作均由员额法官管理和指派，各司其职，案件质量和责任均由员额法官承担。

二是完善团队整体考核机制。应增强执行关键环节和重要节点的执行规范化和风险管控，把相关执行措施是否用好用足作为重要的考核指标。我们认为，应探索建立员额法官（执行团队长）主持的团队内部人员分类考核机制，即在明确团队内部人员职责的前提下，各司其职，并由员额法官对团队内部人员的工作业绩、业务能力、工作质效进行评判，作为人事部门考核的依据。

（二）加大执行工作的强制性

1. 及时、规范、强力适用强制措施

依法强化运用强制措施对被执行人的震慑力度，对不履行或者不如

---

① 《陕西省高级人民法院关于"执转破"案件简化审理若干规定（试行）》。

实履行财产申报义务的被执行人，要依法果断采取搜查、罚款、拘留等强制措施；对持有护照的失信被执行人，必须依法采取限制出境、护照作废等强制手段。规范惩戒拒执违法犯罪行为，法院、检察、公安等部门应当通过会签文件、典型案例发布等形式，统一拒执犯罪的认定标准。

2. 优化强制执行措施综合应用

对规避执行、抗拒执行、干预执行等违法行为建立台账，并将行为人违法及惩戒情况通过媒体向社会公开，实现高效、精准打击。联合惩戒失信行为，运用信息化联动手段将失信被执行人信用监督、警示和惩戒信息同步列入司法及政务公开事项，并接受社会监督，让失信被执行人"一处失信、处处受限"。同时，还应逐步建立和完善信用修复机制，即通过有条件的信用修复，正向激励失信被执行人自动履行义务。

（三）推进执行工作信息化

1. 加强执行指挥中心制度建设

我们建议，抓紧制定相关规范，明确执行指挥中心职能定位，为执行指挥中心建设及运行提供明确依据。可在执行信息化系统的支撑下，以执行办案流程为基础，以执行工作其他职能为外延，打破传统僵化的执行工作模式，将执行工作拆分成微观的、独立的、具有实质内容的职能模块，形成适应执行工作发展需要、独具自身特点、开放式的执行指挥中心实体化运作模式。

2. 完善执行信息化系统

通过信息化手段建立执行实施和综合管理工作的决策中心、智能分析中心、集控调度中心、监督管理中心、分类指导中心、事务集约中心和协调联动中心。依托执行指挥信息化管理平台，可对执行数据进行监测分析，对执行案件的查控措施、失信限消、评估拍卖、款物管理、终本管理等流程节点进行监督管理，对申诉信访和舆情热点进行办理跟踪，对上级法院下发的执行督办案件进行落实反馈，对下级法院报告的工作和问题进行审查处理，对执行事项委托进行办理反馈，以及承担协同执行、远程会商、指挥调度、队伍管理、业务培训、拓展完善执行联动机制等职能。

3. 完善执行办案平台

快速推进执行信息化办案系统升级，完善"1 + 2 + N"执行信息化系统，即以执行指挥中心综合管理平台为核心，以网络查控、评估拍卖、信用惩戒、执行委托等 N 个执行办案辅助系统为子系统的执行信息化系统建设。这可实现文书发送、财产查控、询价评估、拍卖变卖、案款发放等案件节点的可视化、标准化监管，并深化以现代信息技术为支撑的执行模式变革，以信息化促实体化①。

4. 完善失信惩戒系统

由沈阳中院牵头与同级公安、民政、人力资源社会保障、自然资源、住房城乡建设、交通运输、文化和旅游、财政、金融监管、税务、市场监管、科技等有关单位，明确职责并会签文件，建立信息化联动网络，实现失信被执行人信息与公共信用信息共享。我们建议，尽快完成将失信被执行人名单信息嵌入各联合惩戒单位"互联网＋监管"系统，实现对失信被执行人的联合惩戒②。

（四）加强执行工作规范化

1. 整治不规范执行行为

应针对消极执行、拖延执行、违法执行等不规范执行行为进行精准整治。一是建立监督预警机制。拓宽监督和反映问题的途径，及时发现问题并启动约谈程序，将矛盾化解在萌芽状态。二是建立调查及问责机制。完善相关问题线索移交、联合调查、督办问责等工作机制，建立负面执行行为调查追责清单，将违纪违法问题查处结果纳入综治考核③。

---

① 《最高人民法院关于深化执行改革　健全解决执行难长效机制的意见——人民法院执行工作纲要（2019～2023）》。
② 《最高人民法院关于深化执行改革　健全解决执行难长效机制的意见——人民法院执行工作纲要（2019～2023）》。
③ 《最高人民法院关于深化执行改革　健全解决执行难长效机制的意见——人民法院执行工作纲要（2019～2023）》。

2. 加大执行风险管控力度

执行工作是法律实施、兑现权利的最后一道屏障，具有高度的强制性。在执行权运行中的所有环节均存在高度的风险责任及巨大的利益诱惑，有必要根据执行工作的特点，总结经验教训，对执行工作的风险进行全面排查和有效管控。以实现规范、廉洁、高效执行为目标，坚持不发生执行责任风险的底线。沈阳中院制定和完善相关规范管控执行风险，对不规范执行风险、保全实施风险、执行人员安全风险、执行装备管理使用风险、财产查控处置风险、强制处罚措施运用风险、涉及群体性执行风险、执行搜查风险、执行信访风险、执行案款管理发放风险、国家赔偿风险、网络舆情风险进行全面梳理，以强化执行规范操作、加强风险教育提示、建立案件风险评估、健全执行监督评查、完善执行后勤保障、关注引导舆情舆论为原则，制定具体的管控办法，以期规范有效管控执行风险。

3. 强化财产调查措施

我们建议，一是加大对不报告、报告不实等行为的处罚力度。对被执行人存在违反财产报告制度，或者有隐匿财产、财产凭证、会计账簿等行为的，依法及时采取搜查措施，并根据情节依法适用拘留、罚款等强制措施。二是拓宽社会调查途径，拓展律师调查被执行人财产广度和深度，积极开展公证取证、委托审计调查等制度。

4. 加强执行案款管理

一是确保案款发放及时。在建立"一案一账号"工作机制和信息化系统的基础上，完成案款管理系统与案件流程信息管理系统对接，简化案款发放程序，做到全程留痕，使案款发放快捷、便利、有序。二是案款发放与协同执行有效衔接。发放案款前，应当对发放对象进行审查和信息比对，若发现发放对象存在被执行中尚未履行或者协助履行债务，应当及时联系有关执行机构协同处理。

（五）推进执行联动机制建设

1. 加强对执行联动单位的监督

一是强化综治考核监督。应加强对各单位联动执行情况的检查、监督、考核。特别是要把党政机关为被执行主体履行义务的情况，政府相关职能部门协助法院执行情况，对搞地方和部门保护主义、非法干预执行的协调、查处工作情况，纳入考核范围，进行重点考核。二是强化法院司法监督。法院对执行联动工作开展不利的有关单位，依职权可发出司法建议，有关单位应当及时答复，提出相应的整改措施，并由法院会同营商部门予以监督；法院可以根据实际情况，发布典型案例，通过召开联席会议、开展法律培训等形式，增强联动单位的主动协助意识。

2. 强化联动规范化

虽然大部分执行协助联动单位与法院签订了联动协议，但需要进一步细化和规范，以解决"联而不动、动而不畅"问题。建议法院与联动单位进一步明确办理具体协助执行事项的程序及规则。沈阳地区有关协助执行单位的具体协助事项办理规则制定过程中，应当事先征求沈阳中院的意见，按照合法、规范、高效原则共同制定具体流程和规范，明确执行法院和协助单位双方的权利义务及违规责任，并向社会公开，接受监督。待规范明确后，任何协助单位不得以内部规定无故妨碍执行和设置程序障碍。同时，也应当简化程序，提高办事效率。

3. 加强联动信息化

我们建议，以执行指挥中心综合管理平台大数据为核心和载体，加大联动信息化建设，并提供信息技术支撑，形成联动执行区块链的"中心区"。有关协助单位也应针对协助执行的不同事项和职能，建立相应的协助执行系统，形成联动执行区块链的"职能块"，"中心区"与"职能块"多点链接，有效联动，全程留痕、运行高效，形成执行联动区块链，实现信息化智慧联动。

（六）推进执行队伍的正规化、专业化、职业化

1. 加强执行队伍正规化

建议根据两级法院执行工作发展的实际情况，准确定位执行工作职能，区分管理、办案等工作比重，向基层尤其是经济欠发达的郊县法院倾斜，合理确定两级法院执行人员配备；建立上下级执行局之间执行实施工作上领导

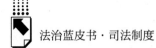

监督、执行裁决业务上指导协调关系；加强一线办案的员额法官、法官助理、司法警察和书记员配备，在基层执行一线树立先进典型，切实提升一线办案人员的待遇和职业保障；优化执行人员的年龄结构和业务能力。

2. 加强执行队伍专业化

应加强专业培训。即定期以互动方式在两级法院开展教育培训，对执行工作的法律法规、司法解释、典型案例进行交流和讨论，鼓励执行人员钻研业务，不断提高执行人员法律适用、信息化应用、规范执行等各方面的能力。同时应提高专业化水平。可探索实行两级法院执行人员交流和双向挂职制度，推进执行部门与审判部门法官的双向交流。将是否有执行工作经验作为干部提拔任用的考核要件。为落实《最高人民法院关于深化执行改革健全解决执行难长效机制的意见——人民法院执行工作纲要（2019～2023）》中关于"任命为员额法官前原则上要有一年的执行实施工作经验"的要求，建议新招录的法官助理和遴选法官若无执行实施工作经验的，应当先行在执行实施部门任职一年以上。

3. 加强执行队伍职业化

在打造专业化的执行团队基础上，应建立健全执行实施人员、司法警察、执行工作辅助人员的分类管理和工作协作机制。我们建议，加强执行团队内部协作，各类人员合理配比，各司其职，优化执行队伍构成，提升执行队伍素质；以深化司法体制综合配套改革和全面落实司法责任制为契机，明确各类执行人员的身份定位和职权范围，推进执行人员单独职务序列管理；创新激励机制，建立执行工作容错纠错机制，完善执行干警依法履职保护机制①。

①《最高人民法院关于深化执行改革 健全解决执行难长效机制的意见——人民法院执行工作纲要（2019～2023）》。

B.13
执行案件中财产报告制度
运行空转问题分析及治理路径

卢日久*

摘　要： 财产报告制度是执行工作实践中的客观需要。本文通过对江西省 2018 年督导巡查抽检的 20722 件执行案件财产报告制度运用情况的调研，发现现有制度存在三大问题：一是财产报告制度滥用，二是对拒不如实申报财产制裁乏力，三是财产报告制度功能异化。借鉴公共管理学理论，本文从立法—执法—守法等层面发现财产报告制度运行空转的原因。建议通过健全财产报告制度的程序性规定、建立执行专项调查工作机制、强化拒不报告和虚假报告的法律责任以及构建多渠道全方位的配套措施等路径治理，构建财产报告机制。

关键词： 财产报告　制度空转　治理路径

被执行人财产报告制度是指被执行人在未主动履行法律文书确定的财产给付义务时，必须按照人民法院的通知真实全面地报告自己的财产状况，否则应当承担法律后果的制度。1998 年，最高人民法院出台的《关于人民法院执行工作若干问题的规定（试行）》第 28 条第 1 款明确规定："申请执行人应当向人民法院提供其所了解的被执行人的财产状况或线索。被执行人必

---

* 卢日久，江西省高级人民法院执行局二级法官助理。

须如实向人民法院报告其财产状况。"该规定首次明确了被执行人应履行报告财产的义务。2012 年 8 月修订颁布的《民事诉讼法》对被执行人财产报告制度进行了明确规定，2017 年 5 月 1 日实施的《最高人民法院关于民事执行中财产调查若干问题的规定》（以下简称《执行调查若干规定》）对财产报告制度作了具体说明。至此，被执行人应当承担证明其履行能力的主要责任从法律上予以明确，一定程度上缓解了财产调查的现实压力。

一 运行现状：财产报告制度的实证考察

本文以江西省 2018 年督导巡查抽检的 20722 件执行案件为考察对象①，统计了江西省 2018 年度财产报告制度运用相关数据。

（一）全景鸟瞰：财产报告制度运用常态化

从案件执行结果抽检情况来看，抽取的 10734 件未执结案件中，发出财产报告令 10619 份，占比 98.93%；抽取终本案件 2932 件，发出财产报告令 2930 份，占比 99.93%；抽取终结案件 1236 件，发出财产报告令 1223 份，占比 98.95%；抽取执行完毕案件 5820 件，发出财产报告令 5354 份，占比 91.99%（见图 1）。在案件执行程序启动后，98.09% 的执行案件会发出财产报告令，其中金钱债权执行案件 100% 发出报告财产令（见图 2）。

（二）机制运用：主动报告财产严重不足

从被执行人主动申报财产情况来看，未执结案件发出财产报告令 10619 份，收到被执行人财产申报表 354 份，反馈占比 3.33%；终本案件发出财产报告令 2930 份，收到被执行人财产申报表 123 份，反馈占比 4.20%；终

---

① 2018 年 8 月，江西高院对辖区 12 家中院及 50 家基层法院组织开展"基本解决执行难"工作督导巡查，其中选取未执结案件、终本案件、终结案件、执行完毕案件共计 20722 件，且对每一起执行案件财产报告制度运用情况进行专项检查并统计了相关数据。本文实证考察数据均来源于此。

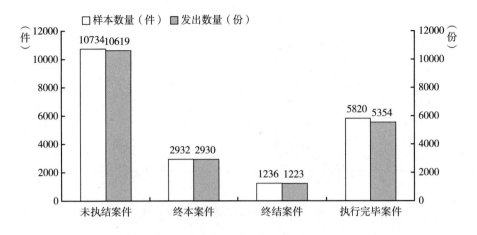

图1 抽取样本及财产报告令发出情况统计

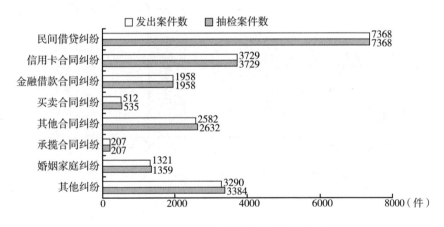

图2 发出财产报告令涉案纠纷类型

结执行案件发出财产报告令 1223 份, 收到被执行人财产申报表 89 份, 反馈占比 7.28%; 执行完毕案件发出财产报告令 5354 份, 收到被执行人财产申报表 321 份, 反馈占比 6.00%。 调研发现, 人民法院发出财产报告令后, 仅 4.41% 的案件被执行人按照财产报告令的要求主动向执行法院申报财产 (见图3、图4)。

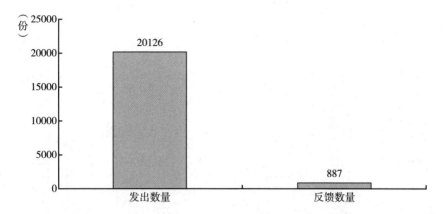

图3　财产报告令发出及反馈情况统计

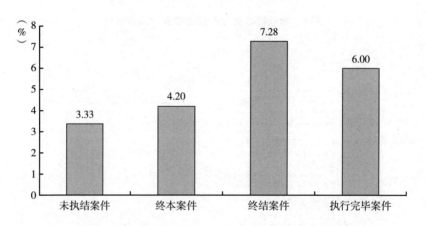

图4　四类执行案件发出财产报告令反馈情况占比

（三）功能检验：财产报告对执行的促进作用

财产报告对于案件执行的促进作用主要包括两个方面：一是被执行人主动申报财产对案件执行的促进作用；二是制裁拒不申报财产、虚假申报财产行为，对案件执行有（隐性）促进作用。

1.被执行人主动申报财产对案件执行的促进作用

本文进一步分析887件执行案件财产申报结果，统计结果见图5。

从分析情况来看，6%的案件因被执行人申报有足额财产，通过采取处

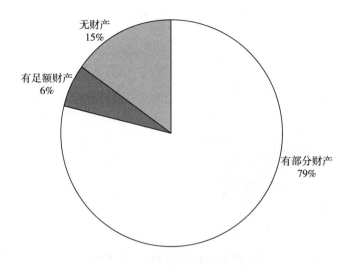

图5 申报财产总体情况分析

置性执行措施能执行完毕；79%的案件被执行人申报有部分财产，需要执行法院进一步调查核实，且通过采取处置性措施能部分执行到位；另有15%的案件，被执行人主动申报但财产申报表中均填写"无"，此类财产申报属于"配合式"申报，需要执行法院在案件执行过程中对被执行人财产开展全方位的财产调查。毋庸置疑，被执行人主动申报财产对于提高案件的执行到位率、执行完毕率有一定促进作用，为降低债权人权利落空风险、实现胜诉当事人的合法权益提供了一定保障。

2. 制裁拒不申报、虚假申报财产行为对案件执行的影响

本文对抽检已发出财产报告令但被执行人未如实申报财产的案件采取强制措施情况进行分析，统计结果见图6。

从对被执行人采取制裁措施情况来看，有26%的案件被执行人因违反财产报告制度被纳入失信被执行人名单；有19%的案件被执行人因拒不申报财产被执行法院予以罚款、司法拘留；仅一例被执行人因拒不申报财产、恶意转移财产规避执行被移送公安机关立案侦查。对未主动申报财产的被执行人采取制裁措施率不足50%。执行法官对被执行人财产报告的跟踪不够、制裁不足是该项制度在执行工作中变相弱化的原因之一。

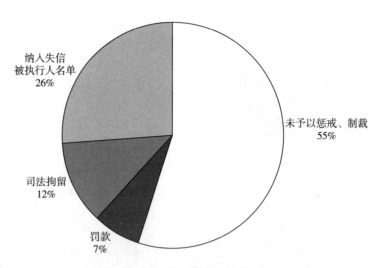

图6 对拒不申报、虚假申报财产行为制裁情况分析

数据显示，95%以上的案件被执行人未按照财产报告令要求如实向执行法院申报财产，直接根据被执行人财产申报结果而执行完毕的案例不足1%，对未主动申报财产的被执行人采取制裁措施率不足50%。更有甚者，有些被执行人采取多种方式恶意转移名下财产，规避执行法院的财产调查，导致财产查明工作举步维艰。

二 实践困局：财产报告制度运行困境厘析

在案件执行过程中，责令被执行人申报财产虽然已经成为当前执行案件的必用措施之一，但通过该措施的运用而实际执结的案件比例极低。在2018年江西省督导巡查座谈会上，N市X区法院执行局局长坦言："我在基层法院从事一线执行工作13年，所发出的财产报告令不计其数，但是通过被执行人申报财产而达到结案的案例几乎不存在。"由此可见，财产报告制度在案件办理过程中多数沦为一项纸面上的义务[①]，难以发挥其应

---

① 黄成刚：《论我国被执行人财产申报制度的构建》，中国法院网，2018年4月7日，https：//www.chinacourt.org/article/detail/2005/05/id/161722.shtml。

有的制度价值，通过被执行人申报财产而实现财产查明、执行结案的功能未能显现。

（一）制度空转：财产报告令发出流于形式

《执行调查若干规定》第 3 条明确规定，"人民法院依申请执行人的申请或依职权责令被执行人报告财产情况的，应当向其发出报告财产令。金钱债权执行中，报告财产令应当与执行通知同时发出"。当前，责令被执行人申报财产已经成为执行程序启动的必然程序，一般情况下报告财产令与执行通知书同时向被执行人发出，无论是文书制作，还是领导审批，都已经形成格式化、流水式作业，财产报告令程序启动审查不严，作为一种补充性强制措施，并未针对具体案件是否适用作出明确规定。

与此同时，财产报告令也存在送达不畅的难题①。财产报告令原则上通过邮寄方式送达判决书载明的地址或者被执行人在案件审理过程中确认的送达地址。财产报告令发出后，常常因为"查无此人""拒不签收"而被退回。实践表明，此种送达方式的送达率很低，被执行人被法院拘传后经常以未收到财产报告令为由予以抗辩。从主观上看，被执行人不主动履行成为执行过程中的一种常态，普遍具有逃避执行、规避执行的侥幸心理②，往往能拖就拖、能逃则逃。有履行能力的被执行人经常采取变更住址的方式逃避执行，无履行能力的被执行人离开原居住地外出务工，由于信息掌握不全面、不对称，执行法官很难查找到被执行人住所，更难以掌握被执行人的具体行踪信息。从客观上看，随着经济环境的变化，各市场主体之间关系错综复杂，自然人跨区域流动加剧，公司企业等市场主体新增、变更、注销频繁，被执行人规避执行、逃避执行形式多样，这种与法院"躲猫猫"式规避执行成本小却能达到逃避执行的目的。

---

① 白月涛、白雪梅：《将执行通知和财产报告程序前置的思考》，《人民法院报》2018 年 6 月 13 日，第 8 版。

② 高春红：《民事执行中被执行人财产报告制度的现状与完善》，《法治与社会》2013 年第 11 期（上）。

（二）制裁乏力：拒不如实申报屡禁不止

被执行人收到执行通知书后不履行法律规定的义务且未在规定时间向人民法院报告财产的情况普遍存在。有的被执行人收到财产报告令后拒不理睬，思想上不重视财产申报义务，行动上拒不配合申报或者故意为执行设置障碍，虚假申报财产，以规避生效法律文书确定的义务，实际上架空了该制度的功能。执行工作实践中经常遇到三种拒不如实申报财产的情形。一是拒不申报，即使收到执行法院申报财产的通知也拒不说明财产状况①。例如，安徽省六安市叶集区人民法院在执行罗某申请张某一案中，发现张某对叶集区人民法院发出的财产报告令置若罔闻，对其名下上千平方米的房产及超市、宾馆等经营项目拒不申报，对张某以无正当理由拒绝向法院申报财产为由处以 15 日拘留并处罚款 5000 元。二是选择性申报，只申报价值较小的财产或者仅申报已被法院查封的财产抑或是申报难以处置的相关债权等资产，对便于执行的资产不予申报的选择性申报行为。三是虚假申报，被执行人报告财产时，一般只按照规定格式填写财产报告表，往往以找不到或丢失为由拒不提交相关合同、发票或收据，不利于法院下一步工作的开展。更有甚者，通过虚构债权债务关系延误执行时机，通过变更财产所有权登记造成无财产可供执行的假象。

对于执行法官而言，案件进入执行程序以后，更多的精力用于通过各类查控手段查询被执行人资产，以及对相关资产进行处置，却忽视了被执行人是否如实申报财产的问题。有的被执行人因未履行法律文书确定的义务，被人民法院依法拘传到庭后，被迫无奈按照财产报告令的要求申报财产，多数申报的财产信息经过执行法官的调查核实，发现是虚假信息。然而对于这些表面配合法院执行工作但实质上却是规避执行的被执行人，由于线索搜集难度大，查找被执行人存在困难，执行法官对该制度运用的后续跟踪基本处于零监管状态。

---

① 高春红：《民事执行中被执行人财产报告制度的现状与完善》，《法治与社会》2013 年第 11 期（上）。

（三）功能异化：财产报告制度价值流失

案件进入执行阶段后，由于被执行人的财产情况、经营状况、经营机制等不断发生变化，被执行人的履行能力以及履行可能性也随即发生变化。财产报告制度设计的初衷，是由被执行人主动向人民法院申报名下所有财产以及人民法院指定期间的财产变动情况，从而快速、高效地全面掌握被执行人的实际履行能力。在制度实施过程中遇到的尴尬是被执行人对财产报告制度的"冷处理"日益加剧以及执行法官对财产线索调查核实的难度日益加大。为实现查明被执行人财产状况这一目标，执行法官退而求其次转向过度依赖申请执行人提供被执行人财产线索和人民法院依职权调查财产制度。客观上将过重的举证负担强加于申请人，实践中申请人并不能全面提供被执行人的财产情况。如此一来，除了依靠目前已经建成的"总对总""点对点"司法网络查控系统查明被执行人财产外，大量的现场调查工作仍需执行人员来完成，为查明财产而费心费力、疲惫不堪。

实际上，财产报告制度游离在应然价值轨道之外，从而转向另一价值。《执行调查若干规定》明确规定人民法院可以根据情节轻重对拒不履行财产申报义务的被执行人或者相关责任人员采取罚款、拘留等惩戒措施，并将违反财产报告制度作为将被执行人纳入失信被执行人黑名单的一个法定情形。基于此，发出报告财产令正在逐步演变为对被执行人采取纳入失信黑名单、罚款甚至拘留的前置程序。财产报告制度运用的价值偏离使得其难以发挥查明被执行人财产状况的应有功效。

三 成因探究：财产报告制度空转的理论分析

以上实践困局表明，财产报告制度运行空转。所谓"空转"，是指财产报告制度游离于执行实践之外，大多没有发生实际效力[1]。那么，究竟是何

---

① 梁治平：《法辨——中国法的过去、现在与未来》，贵州人民出版社，1992，第72页。

原因导致财产报告制度运行空转？本文借助公共管理学理论予以分析，导致财产报告制度发生"空转"的原因主要包括制度规定可操作性不强、"违法过剩"现象突出、执法者行动逻辑偏差以及当事人法律认知偏差等方面。

（一）适用规定可操作性不强

亚里士多德认为，法治实乃良法之治。何为良法之治？从制度设计的层面来讲，必须要求立法机关制定的法律是良法；从法律适用的层面来讲，制定的法律在实施过程中能得到普遍的服从①。良法应该具有明确性，避免含糊不清，要具有实际上的可操作性，且应得到社会的普遍服从。从财产报告制度涉及的法律条文来看，"被执行人未按执行通知履行法律文书确定的义务，应当报告当前以及收到执行通知书之日前一年的财产情况"，只要人民法院依债权人申请启动了执行程序，被执行人就应当如实申报财产，但未对该制度的落实予以明确和细化，导致财产报告制度适用过于宽泛。

执行实践中有些法院在案件一进入执行程序就要求被执行人向执行法院报告财产，也有一些法院先行依职权对被执行人财产予以查控，在经"总对总""点对点"财产查控系统调查财产不足以执结案件时，才有针对性地对被执行人发出财产报告令。如此一来，财产报告制度在法律适用上就存在双重标准，存在法律适用上的不统一。此外，目前，还缺乏接受财产申报的平台，对于被执行人应当申报的财产形式、内容以及申报方式虽有规定予以明确，但对于如何申报、财产申报的登记平台没有涉及，对于被执行人申报财产正确与否缺少信息化手段予以核实，被执行人对拒不如实申报财产的法律后果承担缺乏明确的法律依据，上述问题导致财产报告制度可操作性不强。

（二）"违法过剩"现象普遍存在

"违法过剩，是在由法律规则组成的法律体系中，被违反的法律规则占

---

① 〔古希腊〕亚里士多德：《政治学》，吴寿彭译，商务印书馆，1965，第199页。

的比例过大，以及在适法主体上，违法的人数占适法总人数的比例过大。违法过剩只是一种表象，其反映的实质问题是法律对社会调控的乏力和无效。"①

财产报告制度在具体案件适用中，容易陷入一种尴尬境地，被执行人对财产报告令置之不理，即以不作为的方式拒不申报财产，且被执行人认为"法不责众"，而执行法官则由于执行资源的限制和单次处罚此类违法行为成本过高，对被执行人违反财产报告制度的行为处罚不到位，客观上放纵了对财产报告制度运用的监管，这种选择性忽视间接性导致被执行人愈加不按照财产报告令要求如实申报财产，这就是所谓的"违法过剩"。《民事诉讼法》规定对拒不报告或虚假报告财产的可采取罚款、拘留措施，但对于"下落不明"被执行人查找并实施拘留的执行成本过高，对账户暂无存款可供执行的被执行人采取罚款措施也无济于事，从而导致财产报告制度大多数时候处于"空转"状态。"违法过剩"现象导致执行法官和被执行人对拒不如实申报财产的行为司空见惯，另外，这还将大大影响执行法官的工作积极性，尤其是正确适用财产报告制度实现案件执结的工作积极性，因为与其耗费大量成本责令被执行人主动申报财产，不如选择尽快完成查、冻、扣等常规执行内容。

（三）执行法官行动逻辑偏差

"把执法者视为理性人，通过理性选择完成执法任务。这一基本假定和研究套路固然精到，但他所坚持的现实主义路径是抽象化的现实。它基本不考虑立法瑕疵，不考虑当事人配合程度的差异，不考虑执法者利益诉求的多元化以及执法对象的分化等现实，而真实社会远比这些抽象和假定复杂。"②正因为如此，财产报告制度创设源于执行实践的迫切需要，却由于执行主体

---

① 王波：《执法过程的性质——法律在一个城市工商所的现实运转》，法律出版社，2011，第57页。

② 王波：《执法过程的性质——法律在一个城市工商所的现实运转》，法律出版社，2011，第76页。

的个人差异导致制度落实存在偏差。

执行法官能否正确认识被执行人申报财产的行为，受到其自身经历、个人素养、个体利益以及其他因素的影响，既包括集体意志、执行思路等主观方面，也包括案多人少、被执行人难找等客观情况的影响。可以说，执行法官面对纷繁复杂的执行环境，针对不同的案件情况势必作出最有利于自己开展执行工作的选择，这样才能取得最佳的执行效果。在这个行为博弈过程中，趋利避害的心理最终影响着执行法官的行为选择。面对被执行人拒不申报财产或虚假申报财产之行为，制裁的执行成本太高而益处太少。执行法官在具体案件办理中的行动偏差，也会导致财产报告制度发生"空转"现象。

（四）当事人法律信仰缺失

伯尔曼提出："法律必须被信仰，否则它将形同虚设。"[①] 人们对法律的认知既依赖于法律自身的内涵，依存于法律的运用过程；人们对法律的信仰既体现在法律内在的意志和理性，也体现在法律的适用过程。博登海默也认为："一个合理的和令人满意的法律制度之所以会得到社会大多数成员的遵守，乃是因为他们服务于他们的利益，为他们所尊重，或至少不会在他们心中产生敌视或仇恨的情感。"[②] 任何一项法律制度有效落实的前提，是制度适用对象具备普遍的法律信仰，换言之，法律信仰具备与否直接关系到制度的实施。现实情况是，当事人法律信仰缺失问题普遍存在：一是部分当事人对法律制度了解不多、理解不透，二是法律从业者素质良莠不齐，三是法律得不到普遍遵守。当事人尤其是被执行人对财产报告制度知之甚少，对该违反该制度应承担的责任不清晰。当事人缺失法律信仰，直击导致其远离司法救济途径，不遵守法律规定，对于违反法律的后果也没有清醒的认识，财产报告制度得不到尊重和遵守，自然就无法发挥其原有的功效，制度运用将发生"空转"现象。

---

① 〔美〕伯尔曼：《法律与宗教》，梁治平译，中国政法大学出版社，2003，第38页。
② 〔美〕博登海默：《法理学——法哲学及其方法》，邓正来译，中国政法大学出版社，2001，第124页。

四　治理路径：构建完备的财产报告及责任追究制度

最高人民法院发布的《人民法院执行工作纲要（2019~2023）》中指出："要落实财产报告制度，加大对不报告、报告不实等行为的处罚力度，增强制度威慑力。对被执行人存在违反财产报告制度的，或者有隐匿财产、财产凭证、会计账簿等行为的，坚决采取搜查措施。在信息系统未覆盖领域采取传统调查措施，加强对被执行人所在社区、营业场所的调查力度。探索建立律师调查被执行人财产等制度，加快推进委托审计调查、公证取证、悬赏举报等制度，最大限度丰富调查手段，拓宽财产发现渠道。"鉴于此，本文提出如下治理建议。

（一）健全财产报告制度的程序设计

完善启动程序。将财产申报作为未履行生效法律文书确定义务的一种附加义务，在案件审理阶段启动财产报告程序。现有执行程序在执行立案后发出执行通知和财产报告令的做法虽然保障了被执行人的知情权，却造成财产申报制度形同虚设。鉴于此类弊端，建议将相关告知性内容融入裁判文书的主文中，在裁判文书中明确履行义务内容以及履行期限，强调逾期未履行应当向人民法院主动申报财产，释明逾期未履行以及逾期未主动申报财产应当承担的法律后果。具体而言，一是在裁判文书主文中明确履行义务内容以及履行期限，实现执行通知书与裁判文书同时送达之功能；二是强调逾期未履行的当事人一方应当主动向人民法院如实申报财产，同时实现财产报告令与判决书同时送达之效果；三是释明逾期未履行以及逾期未主动申报财产应当承担的法律后果，根据申请执行人的申请立案执行后，即可直接对未履行义务且未申报财产的当事人采取强制执行措施。

完善报告内容。现行财产报告制度未对财产报告的内容予以细化，粗放式的申报要求导致实践中各地法院对于是申报所有财产还是仅申报足够清偿债权的财产做法不一。为避免被执行人虚报财产价值或"化整为零"损害申请执行人利益，可以借鉴德国的"完全报告"规定，无论价值大小、在域内还是域外都要如实报告。同时可建立全国法院被执行人财产报告平台，嵌入全国法院执行信息公开网，且与人民法院执行案件业务管理系统互联互通，债务人在生效法律文书确定的义务履行期限内无法自动履行完毕的，强制要求在全国法院被执行人财产报告平台填报其名下所有的财产，供执行法官核实并执行。

（二）建立执行专项调查工作机制

在财产调查手段上，当被执行人拒不如实申报财产时，重点对被执行人的社会背景、家庭关系、生活轨迹、关联交易、资金流向等深层次问题进行执行专项调查，充分运用联动单位的各项资源，实现对被执行人的精准画像。执行专项调查是细查、深查、精查、广查相结合，既查实被执行人的财产情况，又固定被执行人拒执罪的证据，在认真分析前期案件执行情况基础上，详细制订个案执行调查方案，找准案件突破口。在实践中，应有针对性地运用各种执行措施和调查方法，用好财产审计、突击搜查、拘传拘留、悬赏执行、悬赏保险等措施查实财产和固定证据；在实施过程中注重先浅后深、由远到近、由外围调查到短兵相接的思路，步步为营、层层推进，重点在于固定并逐步形成有效证据链。

对法人和其他组织的调查重点：一是确保四类人员到庭接受调查。案件受理以后，及时通知法人和其他组织的法定代表人、负责人、实际控制人、直接责任人到庭接受询问，责令其向法院报告法人和其他组织名下的具体财产，对于涉案债权债务形成时的法定代表人、实际控制人，需要重点询问。对于拒不申报法人和其他组织名下财产的行为，依据《民事诉讼法》的有关规定，依法采取强制执行措施。二是组织人员前往实地开展调查。对法人和其他组织实际住所地、经营所在地进行现场调查，既要对现场工作人员进行调查，也要对涉案法人和其他组织的总经理室、财务室、档案室、库房等场所采取搜查措施。对工作人员分别谈话，询问了解企业生产经营状况、重点了解公司规模、实际控制人等情况；对搜查出的涉案档案资料、财务账册等资料予以封存。三是委托相关部门予以重点审计。将有关资料交由具有审计资质的专业公司予以审计，确定涉案企业的商业模式、资金周转方式、实际经营账户、资金流向、到期债权及其他隐匿债权、公司股东虚假出资、抽逃出资、财产混同等情况。四是依据专业审计报告，执行法院依法采取冻结账户、执行到期债权、追加有关人员为被执行人等措施，固定证据，追究相关人员拒不执行判决、裁定罪的刑事责任。

对自然人的调查重点：一是从外围对被执行人的各种社会关系、家庭关系进行调查，确定被执行人的亲密关系人、财产混同者、可能转移财产的接受者；二是对被执行人的资金账户进行深查，不能仅仅查询该账户的余额，应对账户的子账户、资金流水、交易关联账户进行详细查询，如果相关银行拒绝协助，依法采取强制措施；三是对被执行人的财产变化进行调查，如对车辆、房产、股权等资产的转让进行详细分析，以确定存在的规避执行行为；四是调查被执行人及共同生活人是否存在违反限制高消费情形；五是可在法律范围内追加当事人，再按规定程序审查，案件审查期间不影响执行调查工作的开展。

（三）强化拒不报告和虚假报告的法律责任

在处罚措施上，《民事诉讼法》规定，对拒不报告或虚假报告财产的可采取罚款、拘留措施，且将违反财产报告制度作为将被执行人纳入失信被执行人黑名单的一个法定情形。从以上处罚性措施结果来看，违反财产报告制度可能遭受最严厉的处罚措施是拘留 15 日，该惩戒措施不足以对被执行人形成威慑。域外成功的财产报告制度无不配以严厉的惩罚措施，如德国规定违反代宣誓制度的债务人可面临长达 6 个月的监禁，我国台湾地区也规定了 3 个月的管收期间[1]。我国应尽快从立法上适当延长被执行人拒不报告或虚假报告财产的拘留期间。笔者建议将司法拘留的最长期限扩展至 1 个月，在适用情形上，对于经采取司法拘留措施仍拒不申报的行为，可以连续适用，

---

① 宋宗宇：《德国财产开示制度及对我国的启示》，《法学杂志》2005 年第 5 期。

直至被执行人如实向人民法院申报财产为止。

在处罚力度上，可将拒不如实申报财产并入拒不执行判决、裁定罪处罚的法定情形。实践中公安机关对法院移送的拒不执行判决、裁定案件重视不够，追究被执行人刑事责任的案件与执行案件总量相比比例太小。因此，可效仿美国的做法，赋予人民法院对此类案件的管辖权，将拒不报告和虚假报告并入拒不执行判决、裁定罪（自诉）处理，加大对此类案件的打击力度。法院可与当地公安部门建立执行联动工作机制，实现快速反应和信息共享，推进公安机关驻人民法院执行联动警务室建设和运用，有效解决失信被执行人难找的问题，深化打击拒执犯罪工作，有效预防和处置暴力抗拒执行事件。同时将打击拒执犯罪情况列入各自系统工作考核，建立办理拒执罪案件常态化协作机制。

（四）构建多渠道全方位的配套措施

在执行联动方面，一是健全网络执行查控系统，拓展"总对总"和"点对点"查控范围，逐步实现被执行人财产信息查询、核实全覆盖。通过国家统一的电子政务网络实现人民法院执行查控网络与公安、民政、人力资源社会保障、交通运输、市场监管、金融监管等部门以及各金融机构、互联网企业等单位的网络连接，建成覆盖全国及土地、房产、证券、股权、车辆、存款、金融理财产品等主要财产形式的网络化、自动化执行查控体系，实现全国四级法院互联互通、全面应用①。二是畅通执行联动网络，建立与公安机关查找被执行人协作联动机制，协作查找被执行人下落、协作查扣被执行人车辆、限制被执行人出境，建立网络化查人、扣车、限制出境协作新机制。三是建立执行案件信息推送机制，将案件被执行人信息向被执行人所在的乡镇（街道办）、网格员、民政部门集中推送，压实相关部门和基层组织责任，发动一切社会力量查找被执行人下落、提供被执行人财产线索。

在社会信用体系建设方面，为全面准确了解被执行人财产状况，推进财

---

① 中央全面依法治国委员会关于印发《关于加强综合治理　从源头切实解决执行难问题的意见》的通知。

产报告制度的落实提供有效保障，需要构建包括社会财产公示体系和征信记录体系的社会诚信体系。社会财产公示体系是指公民、法人、其他组织的动产、不动产和其他财产依法登记或以其他合法方式（如占有）公示，以使财产权属关系明确并对国家有关机关和利害关系人定向透明的制度体系。社会征信记录体系是指国家通过征信机构全面记录个人、企业和其他组织的信用信息，并对失信者在融资、投资、经营、置产、任职、就业等方面依法予以限制，以督促市场主体诚信经营、遵纪守法的制度体系①。

结　语

财产报告制度运用空转问题由来已久，但并未引起足够的重视。制度的生命在于落实，随着依法治国战略的稳步推进和实施，在一代又一代执行人的不懈追求下，希望通过本文的研究，在切实解决执行难背景下重构财产报告新机制，推动财产报告制度运行空转这一问题得以解决。

---

① 胡志超：《执行威慑机制研究》，人民法院出版社，2008，第49页。

B.14
失信被执行人信用修复
激励机制运行情况调研报告

宁波市江北区人民法院课题组*

摘　要： 为有效发挥失信措施威慑惩戒与激励改正的双重功能，构建综合解决执行难的长效机制，自2018年起，宁波市江北法院开始探索建立失信被执行人信用修复激励制度，经过两年来的实践摸索和发展完善，制度效果逐渐显现。现将制度理论探索和现实运行成果予以总结，推动构建综合治理执行难大格局、健全完善社会诚信体系。

关键词： 信用修复　信用评价　自动履行　联合激励

一　理论支撑：被执行人信用修复激励制度的价值探究

（一）转变执行理念，兼顾各方权益的"善意文明"之实践

近年来，上级法院积极倡导在执行过程中强化公正善意文明的执行理念，实现法律效果与社会效果有机统一。2020年1月出台的《最高人民法

---

* 课题组成员：王松来，宁波市江北区人民法院党组书记、院长；吕晓峰，宁波市江北区人民法院党组成员、执行局局长；吴姗，宁波市江北区人民法院综合办公室副主任；赵人杰，宁波市江北区人民法院执行局员额法官；高金业，宁波市江北区人民法院执行局法官助理。执笔人：吴姗、赵人杰。

院关于在执行工作中进一步强化善意文明执行理念的意见》明确要求，各级法院充分认识善意文明执行的重要性，把握其精神实质，在执行过程中统筹兼顾申请执行人合法权益和被执行人基本生活、生产权益，坚持比例原则，找准双方利益平衡点，避免过度执行。2019年7月，中央全面依法治国委员会下发《关于加强综合治理 从源头切实解决执行难问题的意见》，最高人民法院在相关贯彻落实意见中明确要求，各级法院要强化善意执行理念，探索建立信用修复机制。可见，有条件地暂停信用惩戒，既能兼顾被执行人的合法权益，也能有效激发其履行潜能，避免社会人力资源浪费，推动化解个案执行僵局。2020年5月，最高人民法院发布《关于依法妥善办理涉新冠肺炎疫情执行案件若干问题的指导意见》，对人民法院办理涉新冠疫情执行案件提出了指导意见，强调特殊时期"精准适用信用惩戒和限制消费措施""健全完善信用修复"的执行工作要求，进一步坚持和发展了善意执行和文明执行的理念，也进一步印证了信用修复对法院落实善意文明执行理念的重要制度价值和实践价值。

（二）重塑信用边界，弥补信用惩戒"重进轻退"之缺陷

随着我国信用体系逐步完善，借助互联网、大数据、云计算等技术手段，基本上已经构建起跨地区、跨行业、跨领域的失信联合惩戒机制。在这一机制的作用下，守信与失信的边界清晰，社会对守信者与失信者的评价也泾渭分明。社会活动主体一旦因失信行为被采取信用惩戒措施，征信系统就会对该主体作出负面记录和评价，进而在后续的社会活动中使该主体遭受资格限制、程序延长、义务加重等方面的约束和惩戒。从当前信用体系建设和发展的整体语境来看，对于主体信用的认定、应用和监管，仍在一定程度上呈现阶段性、条块式、碎片化管理的状态，更注重强调对失信的惩戒，而对失信的整改和信用的重塑，没有作出系统的制度和机制安排。2019年7月发布的《国务院办公厅关于加快推进社会信用体系建设 构建以信用为基础的新型监管机制的指导意见》强调，以加强信用监管为着力点，建立健全贯穿市场主体全生命周期，衔接事前、事中、事后全监

管环节的新型监管机制，指出要探索建立信用修复机制，为失信市场主体提供高效便捷的信用修复服务。可见，信用修复的"容缺性"，可以有效弥补信用惩戒"重进轻退"之缺陷，通过"放水养鱼"解决失信者"欲而不能"的困境，避免惩戒陷入"一刀切"的境地，具有积极的正面引导效用，是对当前以"限制"为主要价值导向的信用惩戒机制的有益补充。

（三）激活信用要素，满足市场主体"造血再生"之需求

市场经济是信用经济、法治经济，社会诚信体系是市场经济体制中的重要制度安排。随着我国市场经济体系的发展健全，信用也日益成为一种生产要素。可以说，主体的信用指数越高，社会对其综合评价就越高，其在融资、招投标等市场活动中面临的准入门槛就越低，可能获益的概率也就越大。因此，对信用资源和要素进行科学全面的统筹管理和评价，能够充分调动信用要素在激发主体潜能、优化资源配置中的巨大作用。当前，联合惩戒措施在强化失信震慑的同时，也剥夺或限制了失信者以信用为要素参与市场竞争的资格与能力。以宁波市为例，从 2016 年底开始，信用平台已在政府采购、招标投标、行政审批、政府扶持等有关项目中全面嵌入失信黑名单，意味着一部分陷入困境的失信企业或个人将在这些领域"寸步难行"。通过信用修复，可以有条件地向这部分主体发放"信用额度"，帮助其获得信用融资，进而实现"造血再生"，重新焕发竞争力。同时，市场主体修复信用的过程也是引导其认识信用价值、认知守信意义的过程，有助于市场主体树立信用和规则意识，规范市场行为，进一步促进形成以诚信竞争和守法经营为核心的法治化营商环境。

（四）规范执行行为，实现执行工作"精细管理"之路径

执行规范化建设是全面提升执行工作质效和司法公信力的有效手段，也是推动法院从"基本解决执行难"到"根本解决执行难"的重要保障。实践中，部分失信被执行人基于客观生活、生产需求，通常会向法院提出屏蔽失信或者解除限制消费的申请，但因缺乏明确的评价规则，法官对其是否具

备解除限制条件的判断较为主观，对于情况的核实调查随意性较强，且难以防范人情、关系等因素干扰。引入被执行人信用修复的专门概念，以制度化的形式设定评判标准，通过量化评分、法官合议评查等审查机制的约束，可以进一步规范个案失信屏蔽的条件和程序，同时强化后续惩戒保障，避免"随意屏蔽"带来的执行风险和廉政隐患，是推进执行流程精细化管理、执行机制规范化建设的有效路径。

二　实践求证：失信被执行人信用修复激励制度的构建与运行

（一）概念的提出

2018 年 2 月，浙江省宁波市江北区人民法院（以下简称"江北法院"）制定出台《失信被执行人信用修复激励办法》（以下简称《办法》），提出失信被执行人信用修复激励的概念，明确指出已被纳入失信被执行人名单的被执行人，为提高履行生效法律文书的能力，可基于正当事由向法院申请修复信用，法院经审查认为符合条件的，可暂停对其信用惩戒，包括但不限于屏蔽失信信息、缩短失信期限、解除出入境限制、解除与提高履行能力相关的限制高消费项目等。同时，《办法》详细规定了信用修复激励的原则、条件、程序等内容，引导和鼓励有履行意愿的当事人主动纠正失信行为，积极申请信用修复。此外，法院积极倡导相关部门在信用征信上给予一定的正向激励。

（二）基本制度框架

1. 严格标准，细化评分

法院受理被执行人信用修复申请后，严格依照《办法》第 6 条规定的五项内容进行综合审查。该五项内容为：被执行人是否积极配合传唤及执行、是否严格申报财产、是否遵守限制消费令、是否配合处置现有财产、是否制定履行计划。审查时采取 100 分评分制,其中,前四项为"必备要件项",违反其中任何一项则对修复资格予以"一票否决",该四项同时满足时,被执行人得基本分 60 分。第五项为"赋分评查项",可按照不同子条目分别进行信用赋分,总得分最高为 40 分,进而得出对被执行人信用状况的综合评分。此外,《办法》还明确规定,对以虚假诉讼、虚假仲裁或以隐匿、转移财产等方式规避执行、以暴力威胁等方式妨碍抗拒执行的被执行人,不得申请信用修复。

2. 规范程序,滚动考核

信用修复坚持合法合规、公平公正、程序正当的原则,由执行局组成合议庭,在 3 个工作日内作出是否同意修复信用的书面决定并送达当事人。合议庭认为不符合信用修复条件的,被执行人在 6 个月内不得再次申请。执行法官、合议庭等发表的意见及评分情况均须记录在案,防止审查工作的随意性。对已经适用信用修复暂停失信惩戒的被执行人实行"滚动考核",在后续考核中发现其当前信用状况、执行行为等不能满足信用修复条件的,立即取消修复资格,恢复惩戒措施,并可视情形延长失信发布期,从严给予拘留、罚款等惩戒。

3. 分类适用,符合比例

《办法》最初仅规定对符合条件的被执行人可予以信用修复,暂停信用惩戒。但实践中发现,将限制高消费所对应的 9 项内容全部取消,可能会导致被执行人不受限制,进而损害申请人的利益。鉴于此,2019 年,江北法院通过修订《办法》,明确在对被执行人适用信用修复的同时,对诸如"购买不动产或者新建、扩建高档装修房屋、旅游、度假、支付高额保费购买保险理财产品"等与被执行人再次创业创新无关的消费行为可视情形继续限制,同时,如违反该几类限制要求的,加大处罚力度直至追究刑事责任,使信用修复的适用更加符合比例原则。

4. 联合激励、释放红利

为有效帮扶已经修复信用的被执行人进一步提高履行能力,促进释放正向激励的制度红利,江北法院与江北区发展改革局、财政局等五部门联合下发《关于鼓励失信被执行人积极修复信用　完善社会信用体系建设的意见》，通过建立帮扶名单库，封存失信不良记录等 6 项举措，帮扶已经获得信用修复资格的被执行人再次创业创新，确保其在政府采购、市场准入、信用融资等方面获得平等参与资格。同时，对暂无收入来源的被执行人给予就业指导和帮扶，对需要通过诉讼主张债权的，积极提供司法便利，并视情形准予缓交诉讼费。

（三）实践运行分析

从 2018 年 3 月至 2020 年 5 月，江北法院合计对 210 余名自然人，70 余家企业进行信用修复，涉及标的金额 2.11 亿元①。

1. 修复样本分析

第一，从申请主体分析，自 2018 年 3 月至 2020 年 5 月的 258 件信用修复案件中，自然人申请修复的有 199 件，占比 77%，法人或非法人企业申请修复的有 59 件，占比 23%（见图 1）。从数据可以看出，自然人申请数占比较高，一定程度上表明，"一处失信，处处受限"的联合信用惩戒对于自然人生活、生产方面的影响更为直接和明显。而企业在面对资金困难履行不能时，法定代表人则可能通过个人举债等其他方式为企业经营融资，故一部分此类案件从申请主体上也会表现为自然人申请案件。

第二，从申请动因分析，自然人提出修复申请的案件中，解除交通出行方面的限制是最为常见的原因，比例达到 61%，其次为融资便利，比例达到 20%，其他原因占比 19%。企业提出修复申请的案件中，最为迫切的动因则为融资贷款，比例高达 79%，其次是为了解除招投标的信用限制，比例为 12%，其他原因占比 9%。

第三，从赋分要素分析，被执行人与申请人达成和解协议后申请修复的情况最为普遍，比例达到 92%，未达成和解协议但有合理履行计划的占比 6%，按要求提供担保或相关单位建议暂停信用惩戒的占比 2%（见图 2）。

---

① 为确保调研数据的确定和统一，本文引用数据均截至 2020 年 5 月。

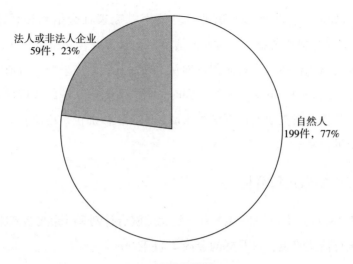

图1　申请主体情况

由此表明，执行信用修复往往能激发被执行人债务履行的意愿和潜能，在此情况下，申请人也更容易接受"放水养鱼"的思想，共同促成案件和解率和履行率的提高。

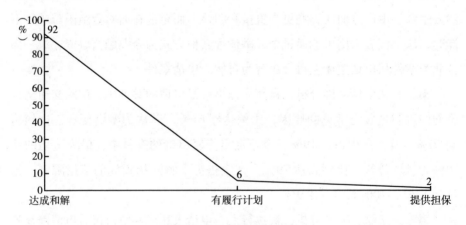

图2　赋分要素情况分析

第四，从履行情况分析，通过系统数据提取和承办人后期跟踪回访，上述258件信用修复案件中，仅有18件案件恢复执行，占比仅为7%，有126件案件最终以履行完毕结案，履行完毕率达到49%，其余44%的案件目前仍处于履行过程中（见图3）。信用修复后申请人要求恢复执行的案件占比不足10%，一定程度上表明适用信用修复的案件履行情况整体较好。

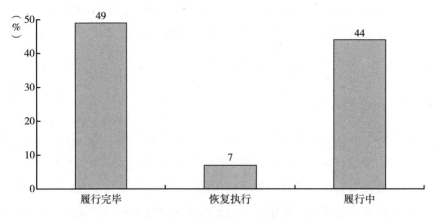

图3　信用修复申请后履行情况

2. 执行效果评定

（1）执行质效稳中向好

从探索试行到全面适用阶段，江北法院执行质效数据持续提升向好。从跨年度纵向比较看，自2017年至2019年，江北法院实际执结率、执行标的清偿率、执行标的到位率、终本率等体现执行效果的核心指标呈现稳中向好态势，平均执行天数从64.11天下降至60.5天（见图4）。

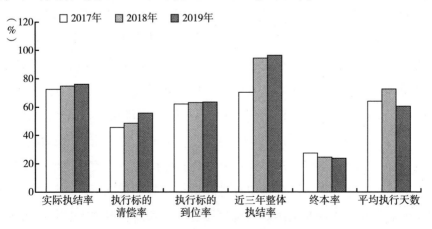

图4　江北法院2017～2019年执行质效情况

从法院间横向比较看，质量指标方面，江北法院 2019 年共有 7 项指标位列全市第一，3 项指标位列全市第二。其中，执行标的清偿率较 2018 年提升 7.24 个百分点，位列全市第一，执行标的到位率连续两年位列全市第一，近三年整体执结率从 2018 年的全市第四跃升至全市第一。效率指标方面，2019 年，除人均结案数以外，各项效率指标均位居全市前四，其中，3 项指标位列全省前十。

（2）当事人配合度提高

法院执行过程中，被执行人不配合传唤、到庭率低一直是困扰执行法官的难题，也是导致执行难的一大症结所在。信用修复激励制度将配合法院执行和积极处置现有财产等列为修复信用前评分的必备要件和基础评查项，并且明确在修复后的滚动考核中，一旦出现不配合法院执行的情况，暂获修复的信用红利将会"得而复失"，这些都有助于提高被执行人在执行案件全过程的参与度和配合度，有效缓解实践中"查人找物难"的问题。从江北法院案件样本看，适用信用修复的案件，被执行人在后期履行中大都愿意配合法院执行工作，经传唤到庭率从 35% 上升到 84%，履行的意愿和协商也较为积极，沟通效率效果明显提升。

（3）涉执信访情况减少

当前，执行案件申请人的胜诉权益无法兑现，加之双方矛盾激化或信息不对称，申请人容易对法院产生"执行不力"的主观判定，进而引发涉执信访。通过信用修复制度，引导当事人之间达成执行和解，有助于缓和双方的矛盾和对立情绪，同时，通过严格的量化评分对被执行人的综合信用情况和各项履行行为进行客观评判，进一步提高执行工作的透明度，增强申请人对法院执行工作的信任感和信服感，进而降低涉执信访比例。从数据上看，自 2018 年 3 月至 2020 年 5 月，江北法院适用信用修复的执行案件，无一件案件当事人进行信访。从执行实际看，即使在申请人不同意解除失信惩戒措施而由法院依职权进行信用修复的情况下，基于法院的信息透明和被执行人修复信用后的诚信履行，也未发生申请人进行投诉或信访的情况。

三 现实困境：被执行人信用修复激励制度
运行中存在的问题

（一）执行博弈视角下法院修复行为正当性之争

人类社会的经济活动具有策略依存性，导致社会活动经常存在策略选择问题，而策略选择过程往往是各方利益的博弈过程。案件执行过程中，申请人、被执行人和承办法官之间，始终存在为争取各自利益最大化和风险最小化的心理互动和博弈①。信用修复激励制度运行两年来，取得了较好的社会反响，但争议也一直存在。信用修复是被执行人整改信用状况、提高社会活动能力的有效途径，从自身利益出发，被执行人会选择积极应用。而推进执行进程、提高履行率则是执行法官博弈的动力源泉，因此即使在双方未达成和解的情况下，法官基于办案效果考量，大多倾向于依职权进行信用修复。但站在申请人的角度，往往认为在未全部履行债务之前就解除失信限制，会给被执行人转移财产提供时间和空间，一旦解除消费限制，无法有效监管被执行人的高消费行为，反而不利于案件执行。此外，给予继续贷款融资的机会，也在一定程度上提高了被执行人的负债率，在申请执行人的债权无其他担保的情况下会增加执行不能的风险。

（二）评价体系不够精准引发潜在信用错配风险

现阶段，失信被执行人信用修复仍属于一个新兴概念。在立法层面，各类指导性文件虽然提及信用修复问题，但在具体操作方面缺乏法律上的明确界定，未统一建立能够促使其良性运行的制度框架。在实务层面，各地各法院虽有所探索，但关于信用修复的评价方法和标准存在差异，对应

---

① 顾孟奎：《博弈与平衡：民事执行的心理学分析及其制度构建》，载万湘鄂主编《探索社会主义司法规律与完善民商事法律制度研究——全国法院第 23 届学术讨论会获奖论文集》，人民法院出版社，2011，第 720 页。

的评分办法通常依照执行经验制定，缺乏必要的实践论证。例如，许多法院在进行信用修复评定时，结合参考的因素是被执行人是否接受传唤、是否按期申报财产等对执行工作的配合情况，而未系统引入信用体系的评价标准，导致法院评定的信用情况与失信主体的客观信用水平并不完全相符。此外，部分被执行人在申请信用修复时会隐瞒一些不利信息，对不具备履行能力的内容作出虚假承诺和计划，或者存在其他不诚信行为，在信息不对称的情况下容易导致信用错配，致使法院对不具备条件的被执行人给予信用修复。

（三）修复结果未嵌入信用平台导致外部低认可度

在失信联合惩戒方面，国家发展和改革委员会联合最高人民法院等多家单位，以备忘录的形式固化限制举措，同时规定了协助查询和失信公示的措施，并通过全国信用信息共享平台实现信息共享，进而达到"一处失信，处处受限"的效果。但在信用修复层面，信用修复结果并未数据化，也未嵌入和应用于统一征信平台，法院外部对于被执行人失信修复结果的获取，往往依靠被执行人提供信用修复决定书或者法院向特定机构间的定向通报机制，而当前部分金融机构或招投标单位并不认可被执行人信用修复结果，仍因其曾被列入失信名单或作为执行案件当事人而进行授信或准入限制，自然人主体也反映信用修复后仍存在不能正常出行等情况。这说明，信用修复结果在社会层面获得有效认可和应用的水平有待进一步提升。

（四）制度红利尚未充分兑现影响联合激励成效

实践中，对于信用修复以后的被执行人，能否给予其额外的帮扶红利，以及给予何种帮扶红利存在争议，致使信用修复后的"激励成效"不显著。以江北法院为例，法院联合多部门下发了联合激励文件，对申请修复信用的被执行人，除在执行阶段采取屏蔽失信名单、解除限制高消费等修复措施外，仅限于在部分案件中，执行情况不作为银行授信时的负面评价因素。从联合激励层面看，尚不能有效发挥和借助市场监督、发展改革委等其他部门的职能作用，不能为已获信用修复的被执行人争取政策扶持、信用融资等方面的更多红利，制度的正向激励作用尚未完全显现。

四 路径完善：健全和深化被执行人信用修复激励制度的建议

（一）细化分级分类，提高法院信用修复行为客观评估与精准适用能力

细化信用惩戒措施分级，对失信行为情节轻微、对执行结果影响较小，且已经主动纠正的被执行人，审慎适用信用惩戒措施。梳理完善信用修复评估条件，科学设定评估内容，在条件成熟的情况下，也可以考虑让具有资质的第三方评定机构介入，从专业角度出具信用评定报告，提升信用修复评估结果的精准度。细化信用修复应用场景，完善修复需求、评估结果与修复措施的对应规则，对非必要解除的信用限制领域，继续采取限制措施。细化信用"不可修复"情形，除虚假诉讼、转移财产等行为外，对有证据表明被执行人在其他领域存在拒不履行法定义务，或者有恶意欠薪、虚假陈述等破坏社会正常秩序和市场公平竞争秩序等情形的，明确规定不可进行信用修复。强化信用修复考核，将信用修复被执行人履行情况纳入执行法官绩效考核体系，提升法官精准适用能力，通过量体裁衣式的精细化评估和执行，实现申请人、被执行人和法院办案效果的多方共赢。

（二）规范应用管理，打造贯穿执行全周期的信用评价和动态监管体系

在迈进"根本解决执行难"的进程中，持续加大执行力度依然是执行工作的主线，适用信用修复并不意味着法院降低了对失信行为的惩戒。信用修复是有前提、有程序、有限度的失信整改过程，必须严格遵照程序、把握标准、满足条件。要加强立法层面的研判，明确适用前提，统一应用规则。

强化立审执一体化的履行评价，在案件审判阶段，对各方当事人的履行能力进行准确评估，评估记录作为执行阶段信用评价的重要依据。规范执行管理，审慎开展信用情况调查，严格要求被执行人申报财产，并向其所在单位、社区等核实情况，在信用修复的同时加大财产线索核查和保全力度，坚决避免信用修复沦为被执行人逃避法院执行的工具。健全信用修复全周期管理，尤其注重信用修复后被执行人外部信用数据和履行行为的动态监管，一旦被执行人违反承诺或出现不符合信用修复条件的其他情形，立即触发惩处机制，取消信用修复资格和激励红利，恢复信用惩戒措施，并视情形给予延长失信发布期等处罚，构成犯罪的，严格追究其刑事责任。

（三）强化外部协同，构建党委政府领导下的信用履行联合激励大格局

在国家和省市信用红黑名单制度的基础上，探索实行信用修复"灰名单"制度，根据执行阶段的信用评价及履行情况，对已获得信用修复资格的被执行人实行灰名单管理，在行政审批、政策获取等方面开辟绿色通道，实施容缺受理。强化协同激励，在党委政府的领导和统筹下，进一步发挥发展改革委、财政、市场监管等部门的职能作用，梳理论证可给予正向激励的政策和服务，编制信用履行联合激励措施清单，明确激励项目内容和获取条件。在金融、招投标等领域推行信用修复结果认证，鼓励金融机构提高对信用修复结果的认可度和适用率。目前，宁波地区在市中院牵头下已联合40余家银行共同给予金融激励，明确在修复信用后，被执行人授信贷款时执行情况不作为负面评价因素。广泛开展信用修复和激励的典型案例宣传推广，普及信用修复制度的概念和内涵，提高社会对信用修复被执行人的认可度和接受度。

（四）打破机制壁垒，推动信用评价及修复结果在全社会共建共享共治

以信用为核心的社会治理，不应是单主体、单渠道的信用监管，而应是

在政府主导下由职能部门、行业组织、第三方机构乃至信用主体本身共同参与的社会共建和共治。信用监管体系建设必须从顶层设计全盘统筹，打破现有征信模块间的条块分割，杜绝信用评价系统各自为政，通过对现有信用监管平台的统筹整合，实现各模块和系统间的接口融通与数据共享。要进一步加强信用信息的互换共享，实现法院被执行人信息查询系统与财政、银行、招投标等征信管理系统跨部门、跨领域互联互通。在现有征信管理系统中嵌入信用修复应用模块，实现修复信息的实时定向推送，使其作为被执行人社会信用的组成部分，成为其信用现状认定的重要依据，推动信用评价及修复结果在全社会范围内信息共建、数据共享、信用共治。

B.15
关于区块链＋网络赋强公证
执行路径的调研报告

熊志钢　汪倩*

摘　要： 目前赋强公证执行已有明确法律规定，也逐步走向与互联网相结合的新时代，但在实践过程中仍然存在债权文书内容缺失、送达不到位等诸多问题，公证债权文书进入执行难。本文从赋强公证执行现状、痛点归因、区块链合理嵌入进行分析，明确赋强公证执行的必要性及现实困境，以期构建区块链＋网络赋强公证执行路径的完整闭环。通过构建区块链赋强公证执行的架构，促进征信授权自动审核的合同主体审查、设置必要填写内容和范围限制的智能合约布置、异步信息审核的债权文书公证确认、按约定方式自动执行核实步骤赋予强制执行效力、一键执行进入强制执行阶段、通过执行信息回转，形成征信闭环。

关键词： 区块链＋网络　赋强公证执行　执行难

《公证法》明确规定，公证机关可依法以法定程序对追偿债款、物品等具有给付内容并载明债务人愿意接受强制执行承诺的债权文书进行审查①。在事实清楚、双方无争议的情况下，经当事人申请，制作证明该文书具有强

＊　熊志钢，北京互联网法院执行局法官；汪倩，北京互联网法院执行局法官助理。
①　《公证法》第 37 条。

制执行力的法律文书①。此时因公证是双方当事人的自愿行为，且债权文书具体内容经公证机关进行了严格审查，意味着签发执行文书时，实际就双方当事人的实体纠纷问题进行了裁判，一方当事人不履行债务时，对方当事人无须再经过诉讼程序确认即可直接向有管辖权的法院申请强制执行。作为一种法定的非诉纠纷解决机制，赋予公证强制执行的诉前预防作用，有助于构建多元民事纠纷解决机制、推动社会信用体系建设，发挥公证规范民事经济活动、调整民事经济关系作用，维护法律秩序和当事人的合法权益。

目前，赋强公证执行已有明确法律规定，也逐步走向与互联网相结合的新时代，但在实践过程中仍然存在诸多问题尚待解决，公证债权文书进入执行难。金融机构、公证机构与法院利用区块链技术构建全流程可追溯、不可篡改的区块链＋网络赋强公证执行路径，可以针对性解决相应痛点。

一 赋强公证执行现状及现实需求

（一）赋强公证执行现状

从表 1、2 可见，除个别年份外，2010 年以来具有强制执行力的公证债权文书整体呈上升趋势，但个别年份存在数据波动。2013 年至 2015 年，全国各级人民法院执结案件中非诉讼类执行案件共计 121.9 万件，同比上升12.23%，其中，行政非诉审查类案件 49.27 万件，同比下降 5.45%；仲裁执行案件 46.68 万件，同比上升 43.76%；公证债权文书执行案件 8.27 万件，同比上升 60.89%，司法协助与其他执行案件 17.67 万件，同比下降6.45%。②

① 《最高人民法院、司法部关于公证机关赋予强制执行效力的债权文书执行有关问题的联合通知》第 5 条。
② 《人民法院执行工作报告》（白皮书），最高人民法院官网，http：//www.court.gov.cn/zixun－xiangqing－17862.html，最后访问日期：2020 年 6 月 17 日。

表1 具有强制执行力的公证债权文书执行情况 （2017～2018 年）

单位：件

	首次执行收案数	首次执行结案数	不予执行	驳回申请	执行完毕	终结执行	终结本次执行程序	未结
2018 年	24935	26242	487	194	6359	10049	8542	8055
2017 年	40951	43798	450	209	12221	9107	21155	11814

数据来源：《中华人民共和国最高人民法院公报》，最高人民法院官网，http：// gongbao. court. gov. cn/ArticleList. html？ serial_ no = sftj，最后访问日期：2020 年 6 月 17 日。

表2 具有强制执行力的公证债权文书执行情况 （2010～2016 年）

单位：件，%

	公证债权文书执行案件收案数	全国非诉执行案件收案数	公证债权文书执行收案占比	公证债权文书执行案件结案数	全国非诉执行案件结案数	公证债权文书执行结案占比
2016 年	31165	868676	3. 59	14617	777214	1. 88
2015 年	46516	500604	9. 29	40686	466574	8. 72
2014 年	25620	384121	6. 67	22206	370610	5. 99
2013 年	20382	394150	5. 17	19847	381766	5. 20
2012 年	18449	376036	4. 91	17770	373797	4. 75
2011 年	15106	348006	4. 34	15593	202447	7. 70
2010 年	17017	346891	4. 91	18064	356852	5. 06

数据来源：《中华人民共和国最高人民法院公报》，2010～2016 年公报仅统计具有强制执行力的公证债权文书执行收结案数，2017 年、2018 年度起以首执案件为统计主体，最高人民法院官网，http：//gongbao. court. gov. cn/ArticleList. html？ serial_ no = sftj，最后访问日期：2020 年 6 月 17 日。

由上述数据可见，在全部执行案件中非诉讼类执行案件占比呈上升趋势，其中，具有强制执行力的公证债权文书执行案件在四类主要非诉执行案件中占比最低，但其数量整体呈上升趋势。赋强公证执行整体发展态势较好，在非诉纠纷解决机制中的作用愈加得到认可，但仍有潜力亟待开发。

（二）赋强公证执行现实需求

1. 构建多元民事纠纷解决机制，减轻司法压力

当前，法院案多人少，压力巨大，"诉讼爆炸"已成为普遍的司法现象。最高人民法院工作报告显示，"2013 年至 2017 年，地方各级人民法院

受理案件8896.7万件，审结、执结案件8598.4万件，结案标的额20.2万亿元，同比分别上升58.6%、55.6%和144.6%"[①]。"2018年地方各级人民法院受理案件2800万件，审结、执结案件2516.8万件，结案标的额5.5万亿元，同比分别上升8.8%、10.6%和7.6%。"[②] 法院受理案件数量持续增长、高居不下，法院解纷的承载能力与法官办案的承压能力，已成为当前司法体制改革的一大困境。将纠纷解决功能分流至法院外，向社会转移是必然选择。

2.顺应经济社会发展要求，助力金融风险防控

签订、履行行为均在网上完成的金融借款合同纠纷、小额借款合同纠纷，具有办理程序方便、借贷范围广、融资渠道广、资金流动便捷等优势，对资本流通、活跃经济市场具有多方面意义。但同时，互联网金融借贷多为无抵押、无担保的小额信用贷款，且借款主体多为个人，地域分散，导致互联网金融借贷违约率高，出现大量的不良信贷。其全程网络操作的特征，带来催收成本高、催收难，极易产生暴力催收等情况，蕴含着大量的金融和社会风险。

互联网金融借款、小额借款中的不良借贷在催收手段无效后，大批量走入诉讼程序。以北京互联网法院为例，截至2019年5月，互联网金融借款合同纠纷、小额借款合同纠纷案件收案已逾500件。截至2019年7月，杭州互联网法院共受理互联网金融纠纷案件5080件，其中2018年全年受理互联网金融借款合同纠纷3304件，小额借款合同纠纷139件，占全院同期收案总数的32.8%；2019年1~7月受理互联网金融借款合同纠纷861件，小额借款合同纠纷516件，占全院同期收案总数的22%[③]。

这些案件通过诉讼程序确认权利义务后就会再进入执行程序。完整的诉

[①] 《第十三届全国人民代表大会第一次会议关于最高人民法院工作报告的决议》，http://gongbao.court.gov.cn/Details/69d3772d9e94aae3ea2af3165322a1.html，最后访问日期：2020年6月17日。

[②] 《第十三届全国人民代表大会第二次会议关于最高人民法院工作报告的决议》，http://gongbao.court.gov.cn/Details/a5a0efa5a6041f6dfec0863c84d538.html，最后访问日期：2020年6月17日。

[③] 赵春艳：《杭州互联网法院公布金融审判大数据》，《民主与法制时报》2019年8月20日。

讼程序造成金融机构及小额贷款公司为诉讼维权付出高额的时间及经济成本。特别是互联网小额贷款的借贷循环十分重要，维权程序延长，不良款项存续，借贷循环周期延长，不利于互联网金融借贷行业的健康发展。此类案件数量激增，给法院也带来了巨大的立案和审判压力。

（三）双重压力下的应然抉择

互联网金融借贷纠纷中，当事人及权利义务较为清晰，符合赋予强制执行的公证文书要求。强制执行公证债权文书，一是可以预防纠纷，公证制度作为预防司法的重要一环，以法律赋予的强制执行效力作为后盾，通过进入执行程序的威慑或执行强制措施对当事人形成心理威慑和信用威慑，督促债务人履约践诺，减少不良贷款率，同时还可以推进社会信用体系建设，节约司法成本。二是赋强公证即具有强制执行效力，无须经由审判程序即可进入强制执行，在督促债务人履行债务过程中具有相对较高的时间效率。可以助力简化债权实现程序、节约债权实现成本，推动社会解决纠纷资源的合理配置和高效利用，避免因诉讼程序导致的债务迟延履行风险及行业通过提高借款利率、暴力催收等恶性途径弥补借贷不还的损失风险，保障当事人合法权益。三是具有强制执行效力的公证债权文书具有不可诉性①。当事人、利害关系人对具有强制执行效力的公证债权文书规定的民事权利义务有争议直接向人民法院提起诉讼的，人民法院依法不予受理②。这一免诉性利于法院疏减诉源，实现民事案件的繁简分流，降低司法成本、缓解法院案多人少的压力，发挥公证法律服务的司法辅助价值。

可见，在迫切需要构建多元纠纷解决机制的司法改革背景下，推进公证债权文书强制执行制度适用具有很强的现实意义。

---

① 2008 年最高人民法院发布的《最高人民法院关于当事人对具有强制执行效力的公证债权文书的内容有争议提起诉讼人民法院是否受理问题的批复》，以及 2014 年发布的《最高人民法院关于审理涉及公证活动相关民事案件的若干规定》，明确了具有强制执行效力公证债权文书的不可诉性。

② 《最高人民法院关于审理涉及公证活动相关民事案件的若干规定》第 3 条。

二 区块链在强制执行公证中的合理嵌入

（一）强制执行公证的痛点归因

强制执行公证的核心是证明效力和强制执行效力的结合。当事人选择强制执行公证，是希望通过更便捷有效的途径达到实现债权的结果。本文通过调研发现，赋强公证执行的痛点，集中于其证明效力和强制执行效力的缺失，致使债权无法顺利进入执行程序，即法院裁定不予执行的理由。

强制执行公证证明效力不足主要表现在以下几个方面。①公证债权文书给付内容约定不明确不具体。例如，对借款金额、借款利息计算方法、还款期限、逾期还款违约金约定等不明确不具体，致使债权文书无法确认实际范围，法院执行内容不具有唯一指向性，而裁定不予执行。②公证债权文书本身涉及多种法律关系，债权债务关系复杂，超出法律赋予公证债权文书执行的简单债权债务关系范围。③公证债权文书当事人意思表示不真实。公证债权文书存在当事人并非完全行为能力人、当事人虚假陈述或提供虚假材料、双方当事人签订阴阳合同，就同一事项进行公证的内容与实际双方履行和认可的内容完全不相同等问题。④公证债权文书违反法律强制性规定。例如，债权文书内容违法，约定的利息、违约金过高，超出法定最高限额；公证债权文书的程序违法，一方未亲自且未委托代理人到场的，属于严重违反法律规定的公证程序①。这种情况多体现为冒名顶替他人、伪造委托手续进行公证办理程序。线下公证时，冒名人持有或伪造被冒名人的身份证明材料，以被冒名人的身份签订合同，合同并未履行进入申请执行程序时，被冒名人作为被执行人。除此之外，公证书送达瑕疵也是公证债权文书程序违法的一大

---

① 《北京市法院执行局局长座谈会（第七次会议）纪要——关于公证债权文书执行与不予执行若干问题的意见》第13条，http：//bj1zy. chinacourt. gov. cn/article/detail/2018/09/id/3490886. shtml。

情形。公证书作出应经历送达程序，由当事人或其代理人前往公证机构领取，或由公证机构发送，未经送达或无送达记录的公证债权文书存在因程序违法被裁定不予执行的情形①。

强制执行公证强制执行效力不足主要表现如下。①执行证书认定内容与公证债权文书不一致。执行证书出现与公证债权文书约定不一致的情形，对当事人的权利义务进行了未经认可的变更，则会被裁定不予执行。②执行证书认定内容与事实不符。③执行证书作出的程序违法。公证机构违反法定程序作出执行证书的情形，一是对执行证书内容未核实或未按照当事人约定的方式进行核实。公证债权文书中当事人会对合同履行情况的核实方式进行约定，公证机构在签发执行证书前，应按照当事人指定方式进行核实，否则义务人无法及时有效地获取信息以及及时行使答辩权利。实践中则存在未按照约定程序进行核实、核实过程并未记录等公证处未依法履行核实义务，直接出具执行证书造成的程序违法情形。二是执行证书的送达效果。执行证书是否需要送达仍然存在争议，通常观点认为公证债权文书已明确载明当事人合意，执行证书经过完善的核实程序后，已经实现了送达效果，因此不需要再就执行证书进行专门送达。但也有部分法院认为，需要经过对债务人送达执行证书的程序。

强制执行作为非诉纠纷解决机制，具有免诉性质，相较于传统诉讼模式更具时间和效率优势。但诉讼具有公正严谨的程序要求，可以确保其实现结果最大程度地维护公平和正义。一方面，由于上述原因，公证文书的执行效果大打折扣；另一方面，公证机构与法院部门衔接不畅。公证机构仍未能与法院执行部门实现完全有效的对接，双方还是存在对司法裁判执行标准认识不统一、程序认识不统一等情况，强制执行公证在保障债权实现上仍存在风险，实践中仍存在双方认知不一致造成的裁定不予执行情形，且实际执行过程中也存在调取公证案件造成事件拖延等情况。

---

① 《公证程序规则》第46条。

（二）区块链 + 网络赋强公证执行与公证执行痛点解决的内在契合

区块链智能合约是一套以数字形式定义的承诺，包括合约参与方于其上执行这些承诺的协议，其以数字化形式存在，合约条款可编码，基于预设条件及触发机制自动履行，一旦履行，不可撤销[①]。从本质上讲，智能合约是一个程序，且具有数据透明、不可篡改、永久运行等特性[②]。自动履行执行是区块链智能合约的重要特点，有利于减少人类语言模糊性、解释歧义性困扰，对公证机构的事实和法律判断能力进行补充，一定程度上消除司法机关作为纠纷解决中心的作用[③]。智能合约中涉及的权利义务及法律关系逻辑越复杂，其中需要的代码逻辑越多，牵涉的数据状态越多、越复杂的代码设计，意味着错误发生的概率更高。赋予强制执行力的公证债权文书特性则与当前技术水平下的区块链执行合约利用现状不谋而合。前者要求的简单的债权债务给付关系，使得合同整体代码表达难度不断压缩。而本文所针对的互联网金融借款和小额借款合同纠纷，更是将法律关系限制在金钱交付中，便于将这一合约的代码逻辑体系压缩至现今技术可以保证实现、错误发生率近乎零。

1. 区块链智能合约的预先设置对债权文书、执行证书完备度的影响

公证债权文书执行的一大问题是双方达成的合约存在信息缺失，导致预设的条件条款或执行条款难以落实。而区块链智能合约以计算机程序 if - than 语句为基本执行，合约成立需要有完善、有充分可执行逻辑、有唯一指向性的预设条件，合约成立必然是提供了交易双方均认可的完备的信息和逻辑关系。这在一定程度上解决了自然语言存在的模糊性或弹性问题，避免传统合同因信息缺失、混乱造成的无法履行。这一固定程序需要罗列条件、结果的必要信息及所有的可能。在现有技术条件下，智能合约应用的范围——可罗列的简单法律关系受到限制，法院与公证机构针对固定法律关系进行调

---

① 郭少飞：《区块链智能合约的合同法分析》，《东方法学》2019 年第 3 期。
② 陈吉栋：《智能合约的法律构造》，《东方法学》2019 年第 3 期。
③ 郭少飞：《区块链智能合约的合同法分析》，《东方法学》2019 年第 3 期。

研后即可达成合意，在智能合约签署前列明必要条件及范围，最大程度地利用区块链智能合约部署过程保障债权文书、执行证书完备度。

2. 区块链智能合约的自动执行对债权文书、执行证书执行的影响

智能合约订立的前提是固定了交易主体能够预测到的、有意愿列出的所有交易内容和预约的处理方案。在实际运行过程中，根据遇到的不同情形，可以自动执行相应的预设条款，避免人为因素对契约执行与否、执行时间、执行完成度的干扰。这意味着，在约定的时间段，一旦约定的条件触发，则自动按双方合意设定的标准进行处理。在交易执行环节，智能合约的自足性和自我执行特性，强制各方严格遵守原始合同，避免了当事人一方监督另一方的资源投入和高额诉讼费用①。预设处理方案，意味着送达程序、债权债务核实程序可通过预先设定自动执行的条件及方式，在公证债权文书执行过程中保证按约定达成，避免错漏必要程序导致的程序违法。

3. 区块链时间戳、可追溯特征对公证执行的信任背书

金融机构、公证处、法院内部的信息化均处于较高水平，但其信息系统、管理系统多限于本机构内部使用。在区块链中，采用分布式共享账本技术、点对点价值传输技术，基于 P2P 网络，网络各节点的计算机拥有相同的网络权利，可共享软件、资源或信息，不存在中心服务器，且数据存储于区块之中，不同区块连接形成链式结构，并盖有时间戳，各节点均存储一致的全网交易账本，保证数据不可伪造篡改，各节点均可参与数据区块的验证追溯②。区块链的上述特征十分符合公证执行司法监督、执行审查的需求。区块链的去信任化使其可以依靠非对称加密和可靠数据库为各主体信任度背书，以彼此信任的算法建立互信，实现信任传递。时间戳的应用保证了交易信息的安全，减少了信息欺诈、虚假交易等情况，有效构建安全、高效的共享协作模式，实现对公证执行的全流程溯源、互信快速通关、办理手续大大简化。

---

① 许可：《决策十字阵中的智能合约》，《东方法学》2019 年第 3 期。
② 郭少飞：《区块链智能合约的合同法分析》，《东方法学》2019 年第 3 期。

三　区块链＋网络赋强公证执行的路径

从上述裁定不予执行的理由分类以及"大部分为一裁终结的案件"情况看，许多强制执行公证异议并非危及制度设计基础的影响因素，而多是操作性因素导致的。一方面是公证债权文书制作过程中的操作规范问题，另一方面是法院与公证机关协调配合、数据联通的问题。这些因素完全可以通过技术性规则或程序设计予以减少甚至消除。随着法律规则的进一步细化完善、业务办理水平的提升、法院与公证机构协调配合的联动机制构建，执行异议的数量将越来越少。

以此为出发点，构建区块链赋强公证执行的路径（见图1）。

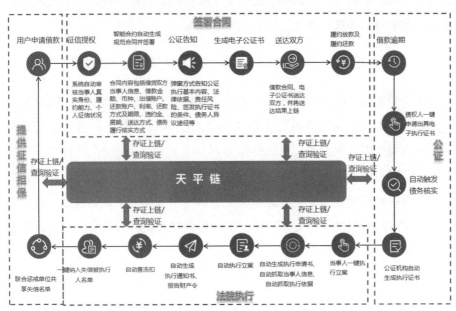

图1　区块链赋强公证执行的路径

（一）合同主体审查：征信授权自动审核

在要约发出前，从当事人的身份识别、行为能力、履约能力开始进行审核筛查，避免无效合同、效力待定合同、无履行能力造成的不良借贷。

区块链的匿名性是其重要特征。区块链的设计中，身份识别验证与交易层是相互独立的，无须当事人提供个人信息致使当事人的身份难以进行识别。但是这样的匿名性设计是可以变化的，基于公证执行的债权文书及其进入执行的实际需求，对监管和审查的硬性要求，可以要求智能合约在金融交易过程前即完成用户信息披露。

智能身份应用在注册时或在即时交易的基础上，将确保对人、组织和机器人进行自动身份识别与认证，以确保合约主体的行为能力①。区块链＋网络赋强公证体系，在用户准入审核和合约签署时，即开始上链监管。一是在准入环节核实当事人的真实身份、行为能力，有效避免冒名顶替、无授权、无行为能力造成的合约无效或效力待定。二是通过人脸识别后，自动调取审核当事人履约能力、个人信用状况等个人征信信息，在合同订立前提示交易风险、有效排除无履约能力、恶意骗贷等情况。

（二）智能合约的布置：设置必要填写内容和范围限制

在合同主体合法的情况下，智能合约成立的标准在于当事人之间是否存在一致的意思表示。区块链智能合约当事人法律关系的外在表示形式有两种，一是当事人之间存在与智能合约并列的口头、书面或电子的传统合同，二是仅存在合同型区块链智能合约。前者两份合同可以相互印证相辅相成，但一旦存在差异冲突，则在公证债权文书认定中多加一层认定程序，更需要进一步规定其认定规则。文本程序设置以互联网金融借款和小额借款合同为主体，其中的债权债务关系十分明确，需要通过智能合约确认的必要内容少，智能合约代码的编写者完全可以穷尽表述，用代码明确当事人意思。此时缺少以自然语言表述的合约，并不会造成当事人意思表示的争议。

通过代码编写、代码逻辑体系构建，法院和公证机构可以在构建逻辑库时即设定必要填写内容，包括：借贷当事人信息，借款金额、币种、出借账户、还款账户、借款利率计算方式，还款期限，违约金计算方式、借款展

---

① 郭少飞：《区块链智能合约的合同法分析》，《东方法学》2019 年第 3 期。

期、电子公证书的送达方式、债务履行的核实方式。限定填写内容的法定范围，包括：设定利息、违约金计算公式，限定计算总金额≤本金年利率24％。由于网络借贷与强制执行公证是捆绑式的，需设定必选项，在合约订立中通过弹窗告知当事人强制执行公证的基本内容、法律依据、债务人所承担的责任风险、签发执行证书的条件以及债务人的异议途径等事项，当事人需强制固定时间阅读上述内容后，选择同意强制公证执行。

通过必要填写内容的布置和范围限制，以技术手段在前段规范当事人借款合同具体内容，避免合同内容缺失、合同内容违法造成的不予执行及当事人权益受损。在合同确认前，通过人脸识别系统再次进行当事人身份确认，确认合同后进行当事人电子签章，合同成立。

（三）债权文书经公证确认：异步信息审核

公证是公证机构审查为真实后的权威确认。线下办理时，要求当事人本人或者受托人当面申办，公证员和申请人之间的面签过程，可以确认当事人的真实身份，有效防止"假人假证"，确保当事人意思表达的真实性。但区块链智能合约在合约签订前已经设定完整的身份认证和意思表示的确认过程，且这一过程完整上链。此时公证机构可直接对前述已上链当事人的电子签名、人脸识别、提交的身份证明材料进行在线核验，防篡改不可逆的链上核查效果，使得公证员与当事人之间的核实从直接的实时信息交互转变为异步的信息审核。但要注意，在这一审核过程中要保持绝对的审慎态度。

在公证文书制作完成后设定必要送达流程。设定电子平台送达、电子邮箱送达、线下邮件送达途径，由当事人事先选择自动生成地址送达确认书进行电子签章，经由选定程序送达后，送达流程及送达结果自动上链。确认送达成功后方可进行后续步骤。

（四）赋予强制执行效力：按约定方式自动执行核实步骤

公证债权文书生成并送达后，债权人以事前约定的放款账户将案款转入债务人收款账户，转入具体金额与合约约定金额自动核对，金额核

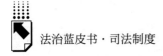

对结果、双方账户金钱流转过程、转账结果全程上链。实际履行与约定金额的一致,一定程度上规避了合约与事实不符、虚假合约、阴阳合同的问题。

债务人通过约定账户进行还款操作,还款具体金额、还款时间同样按合约中约定的具体金额、约定方式自动计算得出的利息,逾期未履行时自动计算得出的法定范围内的利息与违约金金额自动核对,核对结果、双方账户金额流转过程、转账过程全程上链。

在设定期限内,提示当事人核对合约履行情况,当事人选择未履约时,则自动触发公证机构债务核实程序。如果当事人事先选择核实方式——电话、短信、平台、电子邮箱、线下邮寄、公告等方式,则设定选择范围内的核实程序完成作为出具执行证书的前置步骤,自动触发并完成这一步骤、上传证明材料、经过法定期限后才可认定核实程序确实合法有效。

(五)进入强制执行阶段:一键执行

前文已列举传统执行证书出具过程中容易产生的问题:执行证书与公证债权文书不符、执行证书内容与事实不符、执行证书作出的程序违法。区块链赋强公证执行过程中,执行证书需要载明的合同约定事项、借款借贷事实、履约事实情况已通过当事人、公证人双重校核,证明材料及核验过程已全程上链,全流程可查,执行证书生成时自动抓取经公证核验的原债权文书代码、电子公证书送达记录,抓取当事人履行情况校核记录,向被执行人核验履约情况记录。有效避免因文书不符、程序违法造成的执行证书效力问题,公证机构通过链上合约及记录进行最后核验,核验无误后出具电子执行证书,自动送达当事人。

当事人可一键申请执行立案,自动生成执行申请书、自动抓取当事人信息、自动抓取执行依据。法院立案庭对电子执行证书中涉及的链上合约订立、履行情况及当事人身份证明材料进行审核后即可执行立案。立案后,自动生成执行通知书、报告财产令,自动执行财产查、冻、扣措施,当事人未履行的则一键纳入失信被执行人名单。

（六）执行过程中的信息回转：征信闭环

公证行业与外界的信息交换属于绝对的"逆差"，长期的数据单向流入让公证行业积累了大量有价值的数据信息。在强制执行公证中，公证机构同样掌握完整的合同链条和信息，但这些数据信息经过"加工"最终却仅以纸质化公证书的方式对外提供，信息交换在质和量的方面均较为滞后。即使是现阶段网络赋强公证不断发展，也只是将公证过程中的单个步骤或者单项证明材料上网，即使是将公证债权文书上区块链，这仍然只是整个公证债权文书执行过程中单项数据的单向流通。

区块链在数字化转型中的作用之一便是打破数字"孤岛"，实现各部门、各单位、各企业等数字平台的兼容、相通。区块链分布式、防篡改、不可逆等技术特性与公证债权文书执行的问题解决方向高度契合，通过区块链智能合约使用户、金融机构、小额借贷公司、公证系统、法院业务系统作为数据节点形成数据链。

突破现阶段信息流转的桎梏，本文架构的赋强公证执行路径中，从当事人身份审核起即实现全流程上链，当事人身份审核、合约设置、文书送达、债权债务核验等信息全链可查。金融机构及公证机构的信息共享，为公证债权文书强制执行效力提供了有效保障，为执行过程提供极大便利。同样，在执行过程中将被执行人纳入失信被执行人名单及限制高消费后，与联合惩戒单位共享失信名单，也为金融借款合同、小额借贷合同签署提供了征信担保。就此，区块链 + 网络赋强公证执行路径，打破了信息"孤岛"，形成了信息共享的闭环。

智慧司法进展

Progress of Smart Justice

B.16
浙江法院"四类案件"智能监管
平台建设调研报告

浙江法院智能化建设课题组*

摘　要： 加强并规范院庭长监督管理是全面落实司法责任制、深化司法体制综合配套改革的重要内容。近年来，浙江法院致力于以信息化助推司法改革，坚持制度建设和科技创新双管齐下，积极研究"四类案件"监督管理实施的规则文件，并创新研发"四类案件"智能监管平台，实现对"四类案件"的智能监管，旨在规范院庭长的审判监督管理权，完善案件监督管理方式，保障和促进员额法官依法独立、公正、高效行使审

＊ 课题组负责人：朱新力，浙江省高级人民法院副院长。课题组成员：王中毅、陈增宝、翟寅生、陈薇、李金铭、曹敏兵、杨甜甜、连伟丹、应一豪、孟寅。执笔人：杨甜甜，浙江省台州市中级人民法院审判管理处法官助理；连伟丹，浙江省台州市中级人民法院研究室法官助理；应一豪，浙江省玉环市人民法院办公室副主任。

判权，最终促进审判质效有效提升。

关键词： 司法体制改革　院庭长监督　"四类案件"　智能监管　浙江

司法改革和信息化建设是人民法院发展的"车之两轮、鸟之两翼"，随着司法改革不断向纵深推进，以数字化、网络化、智能化为特征的信息化改革风起云涌并与司法改革深度融合。司法责任制改革以后，如何正确处理放权与监督的关系，在确保法官独立办案权的同时，建立健全审判权运行监督机制，逐渐成为实践中的热门课题，其中，院庭长审判监督管理权如何规范行使以保障法官依法独立、公正、高效行使审判权，是审判权运行监督机制中亟须破解的关键环节。浙江省高级人民法院审时度势、攻坚克难，从制度完善和技术创新两方面着手，积极研发了"四类案件"① 智能监管平台，力推改革举措落地生根，提升司法改革成效和科学管理水平。对于涉及群体性纠纷等"四类案件"，该平台实行将案件各个节点直接嵌入浙江法院办案办公平台的措施，实现了从立案到执行全流程智能识别管理。平台最初由浙江省高级人民法院指定在浙江省台州市中级人民法院试点运行，自 2019 年初推行至今运行良好，成效已初步显现。

一　平台建设的现实考量及制度基础

（一）现实考量

1. 确保审判权规范运行的本质要求

任何国家机关及其权力都有异化的倾向，审判权同所有的权力一样具有

---

① "四类案件"系指涉及群体性纠纷，可能影响社会稳定的案件；疑难、复杂且在社会上有重大影响的案件；与本院或者上级法院的类案裁判可能发生冲突的案件；有关单位或者个人反映法官有违法审判行为的案件。

扩张性，容易被行使权力的人滥用。与行政权相比，审判权具有中立性、独立性、程序性和自由裁量性等特点。审判权的独立行使，与行政权"上令下从"的依附性形成了鲜明的对比，行政权的权力主要集中在行政领导手中，而法院立案、分案、审判、执行、委托鉴定、拍卖等承办人员均行使一定的权力，权力分散性的特点决定了审判权运行监督对象的广泛性，故与行政机关重点监督"关键少数"相比，审判权的监督难度更大。我国诉讼法及相关司法解释对审判程序虽作出了明确规定，但有些规定较为原则笼统，法官操作的弹性空间较大，极易通过对程序的操控来滥用审判权力。

与此同时，法律本身的局限性决定了法律必须通过审判活动来实现而无法自行适用，集中体现在法官对个案的解释以及自由裁量的过程中。反之，法官所拥有的自由裁量权和个案解释权虽然对正确适用法律以及酌情作出合理公正的裁判有不可替代的作用，但若使用不当或被滥用，则极易导致司法腐败，从而背离公平正义。尤其是自由裁量权，是审判权的重要组成部分，也是审判权监督的重点与难点。在所有的国家机构中，对拥有个案判断权和自由裁量权的法官进行监督可能是最难以处理的，而且是最容易失控的。因此，必须通过加强院庭长对审判流程的监督管理，确保审判权的规范运行，这是保障审判程序公正运行的必要条件。

2. 司法责任制改革充分放权后的必然要求

正确处理放权与监督的关系是全面落实司法责任制改革的题中应有之义。司法体制改革的放权集中体现在办案责任制，终极目标是实现"让审理者裁判、由裁判者负责"。通过摒弃原先多主体、层级化、复合式的行政化定案机制，突出法官的主体地位，院庭长签批案件这一把关监督职能有所削弱。这意味着监督的重点从对案件审批有实质管理权力的院庭长转向主审法官和合议庭，监督对象和监督点进一步分散，监督难度进一步加大。而内设机构改革后将逐渐实现审判权运行的扁平化管理，这意味着法院对审判工作的行政化管理功能大大减弱。此外，司法改革同时伴随着纪检体制改革，纪检体制改革前，法院纪检监察工作既强调对人的监督，也兼顾对案件的监督，纪检体制改革则强调突出监督执纪问责主体。以浙江省为例，全省各法院内设的监察室已基本撤销，在法院设隶属纪委、监察委的纪检监察组监督重心在于督促驻在单位落实主体责任和对违纪人员的查处，这意味着，纪检部门对审判权运行的监督必将进一步削弱。

基于此，在司法改革过程中，有些人错误地认为司法责任制改革就是"法官说了算""院庭长不能再管案件"，甚至将院庭长正常履行审判监督管理职责视为"领导干部干预办案"，致使放权与监督相脱节，一些院庭长不敢监督、不愿监督、不会监督①。事实上，院庭长对案件的流程监管是审判权内部监督中极为重要的手段，能够真正实现把审判权关进制度的笼子。《最高人民法院关于深化人民法院司法体制综合配套改革的意见——人民法院第五个五年改革纲要（2019～2023）》明确提出，要完善审判监督管理机制，要求健全案件监管的全程留痕制度，通过信息化办案平台自行识别等途径推动建立科学合理的审判监督管理制度体系。浙江法院"四类案件"智能监管平台契合"五五改革纲要"的要求，是与司法责任制改革放权相适应的新型审判监督管理平台。

3. 升级落后院庭长监管方式的必由之路

我国法院内部分别针对审判工作及行政工作设置审判和行政两套正式制度，"审判制度和行政制度本应是两套并行不悖的制度，按照各自的职能分工运行"②。"但在实际操作过程中，审判制度融入了法院内部的行政管理体制，变成法院行政管理制度的一个有机部分，形成了一系列尽管是非正式、然而实际上却很有影响的审判体制。"③ 由此造成了传统审判管理制度先天上的缺陷：一是审判管理未能形成体系，院庭长对审判流程的监管局限于一般的程序性事项，对判决形成的核心机制缺乏过程管控；二是审判管理措施比较单一，院庭长侧重于对疑难复杂或者重大敏感案件的个案把关，缺乏其

---

① 胡仕浩：《关于全面落实司法责任制综合配套改革的若干思考》，《中国应用法学》2019 年第 4 期。

② 李生龙、贾科：《反思与重塑：法院系统内部审判管理机制研究》，《西南政法大学学报》2010 年第 4 期。

③ 苏力：《论法院的审判职能与行政管理》，《中外法学》1999 年第 5 期，第 37 页。

他形式的监管手段；三是审判管理方式不科学，依赖个案把关的管理方式干扰了审判组织的独立裁判，违反审判的内在规律。

传统的院庭长监管方式广受诟病，但不可因噎废食、完全摒弃，院庭长监管依然是确保审判权规范有序运行不可或缺的组成部分。审判权运行机制改革之后，院庭长的审判管理职责呈现综合性管理的特征，其核心应是实现个案、类案以及整体审判等案件信息的对称，而绝非代替或影响法官及合议庭独立作出裁判；其监督管理职责的范围、内容是明确的、具体的、有限的，按照上级法院规定仅仅对特定案件实施监管。与此同时，需要从审判组织结构变革的角度以及审判资源的配置方式切入，优化审判权、管理权以及监督权的职权配置，院庭长作为审判监督管理的主体，应当对提起监管程序的案件直接实施监管。浙江法院"四类案件"智能监管平台是符合审判规律的监督管理方式，借助信息化手段探索院庭长对特定案件审判流程的规范监督管理，保证审判权监管的规范化和公开化，实现监督有据、监督有效、监督有痕、监督有度。

4. 加强审判权运行监督工作的创新之举

在当前人情社会所形成的司法生态对法官办案干扰不断加大的环境下，越是强调法官依法独立办案，越是要加强对审判权运行的监管，否则会形成权力运行的真空地带，引发违纪违法问题，甚至出现"塌方式"腐败，轻则影响法院形象、破坏司法公信力，重则颠覆整个司法体制改革的进程。浙江法院近年来不断推进规范化建设等四项建设，其中推进审判权运行的规范化是规范化建设的重点。为实现监管路径的科学性，浙江法院加强案件流程审批管理，实现从原有的"人盯人""人盯案"微观管理向流程化、信息化、标准化的全院全员全流程的宏观管理转变。同时为统一法律适用，还积极推行类案强制检索制度，健全类案参考、案件评查、指导性案例、裁判指引等多项机制。

为准确处理司法责任制改革中放权与监督的关系、宏观审判管理与具体个案监督的关系，浙江省高级人民法院于2019年着手开展"四类案件"监管细则的制定工作。根据相关法律和改革文件的规定，结合全省法院实际，并参考其他地区法院做法，制定并发布了《浙江省高级人民法院关于"四类案件"监督管理的实施细则（试行稿）》。2019年5月浙江高院启动"四类案件"智能监管平台模块化对接工作，将院庭长监管程序全面嵌入浙江法院办案办公平台，以信息化手段实现院庭长的监督管理从个人化、随意化向组织化、公开化转变。平台首先在台州两级法院开展试点，试点相对成熟后，于9月份决定扩大试点范围，将"四类案件"监管的应用范围扩展至嘉兴、湖州、绍兴、衢州等地。

（二）制度基础

"四类案件"智能监管平台研发主要基于《浙江省高级人民法院关于"四类案件"监督管理的实施细则（试行稿）》开展。该文件对承担监管职责的人员、监管的案件范围、监管的流程程序等进行了明确规定，为监管平台的研发提供了现实依据。

1. 承担监管职责的人员

根据《最高人民法院关于落实司法责任制 完善审判监督管理机制的意见（试行）》等有关文件规定，院长、副院长、庭长三类人员简称院庭长，在其职责范围内对特定案件进行监督管理。院庭长对特定案件行使个案监督管理权时，可以要求承办法官、合议庭报告案件的进展情况和评议结果，而不属于监管范围内的案件，院庭长不得干涉、过问。

2. 监管的案件范围

《最高人民法院关于完善人民法院司法责任制的若干意见》第24条规定，院庭长应当进行个案监督的"四类案件"包括：涉及群体性纠纷，可能影响社会稳定的案件；疑难、复杂且在社会上有重大影响的案件；与本院或者上级法院的类案裁判可能发生冲突的案件；有关单位或者个人反映法官有违法审判行为的案件。该细则将这四种类型予以细化，共列举了38类具体情形，便于在操作过程中识别。其中涉及群体性纠纷，可能影响社会稳定的案件包括：涉黑涉恶、集资诈骗、非法吸收公众存款、电信网络诈骗、组织传销等涉众型犯罪案件及其他被害人众多、影响恶劣的犯罪案件等七类案件。

疑难、复杂且在社会上有重大影响的案件主要包括：涉及政治安全、国家外交、国防安全、民族宗教、社会稳定、国家利益、社会公共利益的重大案件，以及可能会对政法机关形象和司法公信力产生重大影响的案件等20类案件。可能发生类案冲突的案件主要包括：可能与最高人民法院公布的指导性案例发生冲突的案件；可能与省高院、所在地中院发布的参考性案例、典型案例发生冲突的案件；可能与本院或上级法院类案的生效判决发生冲突的案件；与本院正在审理的其他同类案件需统一裁判标准的案件；法律、法规或司法解释未作规定、规定不明、规定之间存在冲突，或处于新旧法衔接阶段，裁判结果对同类案件处理具有示范意义的案件；其他可能与类案判决发生冲突的案件。

有关单位或者个人反映法官违法审判的案件主要是指举报人当面或以书面、电子文件等方式实名反映法官与当事人、律师、诉讼代理人存在不正当交往的，或有办理人情案、关系案、金钱案及渎职嫌疑的，院庭长经审查认为需要监督管理的案件；当事人当面或以书面、电子文件等方式实名反映案件长期未结、久拖不执、久调不判，院庭长经审查认为需要监督管理的案件；纪检监察机关或有关部门发现法官违法违纪的线索，或接到举报后经初步审查认为可能涉嫌违法违纪的案件；有关单位或个人反映法官有违法审判、执行行为的其他案件。

3. 监管的程序

浙江省高级人民法院对"四类案件"采取平台自动识别与相关责任主体人工识别相结合的方式，并贯穿从立案到结案全过程。有权提起或提请监管程序的主体包括立案庭、承办法官、合议庭成员、院庭长。其中立案庭标注的案件，在办案办公平台中予以体现，相关信息推送给承办法官、院庭长；承办法官发起监管申请需经所在合议庭合议；院庭长有权直接对案件予以标识。院庭长收到监管申请后，需在七日之内提出监管意见，认为不需要监管的，在办案办公平台上标记"取消监管"；认为需要变更监管层级的，层报分管院领导、院长审查决定或者"退回由庭长监管""退回由分管院领导监管"。对案件监督管理的时间、内容、节点、处理结果等全程留痕、永久保存，监督者可查看办案办公平台中的案件信息，但不能更改，可向承办人发起汇报案件的要求或者案件处理的建议，还可向承办人推送类案判决、典型案例。承办人针对监管人发起的汇报要求、处理建议予以及时回应。平台还设有权限冻结功能，对未按时报告的案件，自动冻结办案权限、文书签发和结案权限（见图1）。

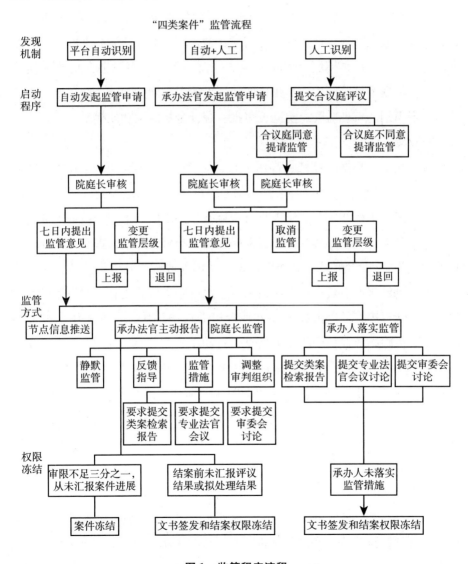

图1 监管程序流程

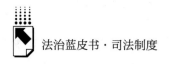

二 平台的功能及应用成效

（一）平台主要功能

"四类案件"智能监管平台不是独立开发的程序软件，而是充分考虑院庭长、承办人及其他监管人的实际需求，紧密结合浙江法院办案办公平台的案件管理模块、信访模块、廉政风险防控模块等，实现了平台功能的模块化。平台根据案件监管中人员角色的不同设置了不同的功能应用菜单，主要分为立案识别、审理监管、院庭长审批、统计分析四大功能模块。

1. 立案识别

该模块支持根据《浙江省高级人民法院关于"四类案件"监督管理的实施细则（试行稿）》等文件所列明的条件事项自动筛选判断属于监管范围的案件，其中集资诈骗、非法吸收公众存款、一年以上未结、被告人被羁押二年以上等案件，由办案办公平台根据案由、当事人人数、审理天数等要素自动识别为"四类案件"，并予以标识。对诉前或诉中发生集体访、同级及上级人大批转督办、具有重大舆情隐患、纪检监察机关或有关部门发现法官违法违纪线索等案件，由办案办公平台根据信访模块、督察模块、舆情模块、廉政风险防控模板中的相关信息，自动识别为"四类案件"，并予以标识。其他类型的案件，立案时采用系统辅助人工识别模式，由立案法官在立案登记界面"四类案件"监管模块下确认识别结果，确认无误的完成立案。在完成立案识别标识后，平台将自动发起"四类案件"的监管审批流程，先经承办人对立案提起的标识作出结论判定，判定为监管范围的案件系统将根据承办人身份的不同提请院庭长进行审批。

2. 审理监管

审理提请监管模块下，承办人发现承办的案件类型属于监管范围或认为该案具有监管情形的，可在案件的工作流转列表中提请审批，审批通过后，该案被自动标识为监管案件，并在案件列表中显示特殊标记，以区分普通案件与监管案件。此外，还可由纪检监察部门、庭长提起监管审批，或由分管院领导、院长主动提起监管。同时，平台充分考虑到实际工作中出现系统错误判断、承办人有正当理由认为案件不属于监管范围等情况，设置了提起撤销监管的审批流程，确保案件监管符合规定。纳入监管界面实现了与案件办理界面的紧密结合，在案件详情、电子卷宗、原审卷宗等原有功能模块基础上，另设了监督管理模块，支持院庭长出具监管意见，承办人在线反馈报告等功能，实现了案件监管事项的在线沟通，并以监管日志的形式对监管流程进展、沟通信息事项等全面留痕，有效保障法官的独立审判权。

3. 院庭长审批

该模块具备添加、撤销案件监管的权限，在检查监督纪律作风、处理举报投诉、接待群众来访以及日常监督管理工作中发现属于"四类案件"范围的，可以通过添加案件的功能实现主动监管，对于承办人主动发起的监管案件认为不属于监管范围的也可以提起撤销。平台支持待审批消息、案件进展情况等事项的消息推送，以弹窗的形式在登录界面显现，确保监管信息的及时处理，并与浙江法院 12368 短信平台实时对接，对紧急事项采用系统推送、短信推送相结合的方式，确保院庭长及时进入办案办公平台处理。此外，平台在设计上充分考虑院庭长办案与事项审批的有机分离，单独设立"四类案件"审批工作流程以及监管案件办理功能模块，有效区分了自办案件与监管案件。平台还与法信、法智罗盘等应用实现了对接，支持院庭长将监管案件涉及的法条、案例等在线推送给承办人参考，有效防止同案不同判情况的发生。

4. 统计分析

该模块支持包含案号、来源、当事人、监管主体、监管层级、监管时间、四类案件等 21 种字段的在线检索查询，支持表格的在线输出，并具备全院或部门"四类案件"监管情况的态势分析功能。同时，充分考虑上下级法院事项报告、情况分析等需求，支持上级法院对辖区法院"四类案件"监管情况的分析，为上级法院及院庭长的宏观指导、履行审判管理和监督职责提供决策意见。

（二）平台的优点

平台的应用有效促使院庭长的审判监督管理从"直接"转变为"间接"，从"无限扩大"转变为"有限限定"，从"层级化"转变为"扁平化"，从"刚性监督"转变为"刚柔并济"，从"无痕"转变为"全程留痕"。

1. 监管案件自动识别

平台通过对文件对应的"四类案件"进行分析，实现案件类型的要素化，并与立案信息项自动比对，实现案件的自动识别并自动判断监管等级。对无法要素化判断的类型案件支持立案或审判部门承办人员人工标记，确保案件类型全覆盖。当前所列具体监管情形中有65%可实现无人工干预自动识别。

2. 监管提醒自动推送

平台与办案办公平台实时对接，被标记为监管对象的案件系统自动根据监管等级提醒承办人、院庭长及审管部门，院庭长及审管部门可在个人案件列表中实时实现对案件的监管。

3. 监管措施智能高效

平台实现工作在线流转，院庭长在系统中对承办人发起的监管申请进行审批，并根据权限进行添加监管、取消监管、变更承办人、变更监管层级等操作。对于纳入监管的案件，院庭长可在系统中直接提出监督建议，并可以筛选司法大数据研究院类案库智能推送的案例供承办人参考，承办人根据案件审理情况在系统中亦可随时向院庭长报告案件审理进展。

4. 监管流程全面留痕

平台对"四类案件"监督管理的时间、内容、节点、处理结果等信息生成监管日志，随案永久保存；对发回改判的案件，一、二审法官在系统中可直接进行语音文字沟通，内容自动归入电子卷宗副卷保存，做到线上监管有迹可循、有据可查。监管平台具备数据统计分析功能，生成的统计报表为院领导决策提供重要参考。

（三）应用的成效

浙江法院"四类案件"监管平台 2019 年 3 月最先在台州两级法院试点上线。试运行期间，截至 2020 年 6 月 30 日，智能监管平台共纳入监管案件 3379 件，其中涉群体性纠纷 857 件，疑难复杂案件 426 件，类案冲突 17 件，其他类型 2079 件。监管级别为院长级别的 54 件，副院长级别的 525 件，庭长级别的 2800 件。运行的成效目前已经显现，即实现了"两提一降"。

1. 有效提高办案效率

列入监管的案件大多较为复杂，处理难度较大，平台一定程度上改变了法官办理此类案件的模式和习惯，而院庭长在监管事项办理中呈现更多的建议帮助倾向，为案件提供参考性意见，并推送类似案件和引用法条，既确保法官独立行使审判权，又为法官提供办案思路和方法，有效加快了监管案件的办理进度。

2. 有效提升办案质量

平台即时沟通、全程留痕的特点，能够实现院庭长监管尺度的有效把握，全面提升院庭长在审判监督管理职责上对全院、各庭工作的有效监督，降低了因入额法官办案经验不足、沟通不流畅等问题而引发的案件质量问题。截至 2020 年 6 月 30 日，纳入监管案件的上诉案件数为 31 件，上诉率为 4.77%，上诉后被改判发回 3 件，监管案件的上诉改判发回率仅为 0.46%。

3. 有效降低办案风险

在试点过程中，试点法院积极尝试，通过平台运用提升了案件风险管理的能力和水平。其中台州市中级人民法院将 11 起涉及重大工程、可能造成重大影响的行政案件纳入监管，温岭法院将 27 起因涉嫌触犯台州法院清廉司法风险防控系统的中高风险节点案件纳入监管，均取得了良好的应用效果，玉环法院将两起久拖未决的案件由院长主动发起纳入监管，系该平台首次由院长主动发起监管的案件，并成功在当月将两起案件结案，避免了因久拖不决引起当事人不满的情形，有效防止了案件办理过程的潜在风险。

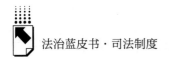

三 平台当前存在的问题及未来改进的方向

（一）当前存在的问题

一是监管案件自动识别覆盖率有限。平台虽然已经实现与浙江法院办案办公平台的实时对接，实现了对细则规定的几种情形案件系统自动识别，但仍无法覆盖文件指向的全部案件类型。比如，针对"四类案件"中"可能发生类案冲突的案件"，在类案冲突检索时无法实现与案例库的自动比对识别判断，仍需依靠人工识别。再如，针对"四类案件"当中"涉及群体性纠纷，可能影响社会稳定的案件"，平台仅能对文件明确的一方当事人在五人以上等条件的案件作出基础判断，而无法依据文件规定的"如一方当事人虽不足五人，但可能引发连锁诉讼的案件"作出裁量，进而自动提请监管。此外，在院长主动提起监督的事项情况中，尚不能直接依据案件特征自动判定是否属于监管范围，还需综合信访、纪律监督作风等方面的情况。

二是类案推送相似度不高。智能监管平台虽已实现与法信等系统的对接，支持监管人员在线推送相似案件，以供承办法官参考，但在实际办案过程中，推送的案例相似度有较大偏差，可参考性不足，且由于监管人员对案情的了解程度不足，极易引起案件类案冲突的情况，故需尽快提升类案推送的相似度，在智能推送的基础上，配合升级系统自动识别功能，实现对存在类案冲突情形案件的自动判断。

三是平台应用便捷性不足。一方面，平台设计未能充分考虑用户的实际应用体验，院庭长作为监管人员是平台的主要用户，在对相关文件及平台应用尚不熟悉的情况下，尤其是对本人经办的纳入监管的案件与作为监管主体案件的功能菜单、系统操作理解不透彻的情形下，极易影响平台的实际使用效果及用户的使用积极性。另一方面，平台仅实现了 PC 端应用的设计对接，忽略了移动办公办案的需求，特别是在案件出现紧急情况时，院庭长、承办人须第一时间进行监管及报备，若不能移动办公，则必须立即回到办公电脑前进行操作，极为不便。

（二）未来改进的方向

法院信息化建设是一个以审执工作需求为实体、信息技术为载体的循序渐进的过程。浙江法院"四类案件"智能监管平台虽然已经取得初步成效，但在智能识别和监管成效等方面仍然存在较大的提升空间。后续建设中将结合电子卷宗深度利用，以实现更高程度的自动识别为出发点，继续不断完善丰富平台功能，为智慧法院建设提供浙江经验。

1. 进一步优化平台功能

目前要着重提高监管案件自动识别的覆盖率和准确率。需要进一步整合资源，逐步实现平台与现有的审判、执行、信访、电子卷宗系统等各类应用平台的无缝对接，实现业务联动，切实发挥平台应有的作用。下一步，主要是通过对电子卷宗系统的应用，实现对诉讼标的、诉讼主体、基本案情等特征要素的自动提取分析，在丰富完善具体识别规则的基础上构建平台的"识别规则库"。

2. 进一步推进平台应用

努力提升使用人员的获得感，根据试点法院应用情况以及对全省法院的调研，对平台进行优化升级，以鱼骨流程图实现监管平台功能的流程构造，有效提升平台操作的简便性，确保人人上手即用。尽快实现平台对接浙江智慧法院 App、浙江移动微法院，满足移动办案需求。加强平台的应用培训，提升监管人员对平台的熟悉度，审判管理部门定期对监督管理状况进行统计、分析、通报。

3. 进一步加强平台保障

修改完善相关制度办法，细化流程规定，尤其是"四类案件"的识别规则，为平台优化升级提供制度支撑。不断加大技术研发投入，为平台提供强有力的技术支撑，有效实现系统自动识别、标签推送、节点控制、办案全流程、各环节记录全覆盖、可查询、可追溯。

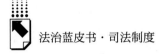

4. 进一步强化责任落实

要求全省各级法院审判管理部门定期督促检查，及时通报"四类案件"监管中存在应发现未发现、应报告未报告、应认定未认定、应监督未监督等失职情形，并收集各办案部门的反馈意见。对于在"四类案件"监督管理工作中失职并造成严重后果的，依照有关规定追究相关人员责任。

B.17
繁简分流背景下电子送达的探索与实践

苏州市相城区人民法院课题组 *

摘　要： "送达难""送达累""送达乱"是民事送达工作长期面临的三大困境。为实现送达的高效性和便捷性，让办案法官和司法辅助人员从事务性工作中解脱出来，更好地专注于提升办案质效，2019年以来，苏州市相城区人民法院建立了智能化、集约化和社会化运作、全流程覆盖的一站式综合集约送达中心，形成"一中心、二结合、三对接、五步走"的综合集约电子送达工作模式。综合集约送达中心运行以来，取得了送达效率大幅提升、送达成本有效压降的良好效果。但是，综合集约电子送达工作模式运行中仍存在一些问题：电子送达规则不够细化，征询受送达人同意方式、送达成功确认方法、当事人提交电子化材料机制不够完善等。相城法院立足于送达工作现状，结合民事诉讼程序繁简分流改革试点工作，提出了完善电子送达工作模式、加快电子送达与法院信息化深度融合的解决方案。

关键词： 电子送达　繁简分流　综合集约送达　电子公告　区块链

---

* 课题组负责人：徐建东，江苏省苏州市相城区人民法院党组书记、院长。课题组成员：吴宏、金海龙、丁莉华、唐灿、丁雯雯、邓佳佳、潘李娜。执笔人：吴宏，江苏省苏州市相城区人民法院党组副书记、副院长；金海龙，江苏省苏州市相城区人民法院司法行政装备科科长；丁莉华，江苏省苏州市相城区人民法院综合办公室主任；唐灿，江苏省苏州市相城区人民法院民二庭副庭长。

信息技术的不断革新，在改变人们日常生活和社会经济交往方式的同时，也为司法审判工作与时俱进、改革演进传统工作模式、打造纠纷化解快车道提供了契机。电子送达工作基于高效、便捷、低成本的特点，代表了未来法院民事送达工作信息化的发展方向，不仅在2012年修正后的《民事诉讼法》中就已经成为法定的送达方式，近年来也通过全国各地法院的实践积累了不少经验。最高人民法院于2020年1月15日印发的《民事诉讼程序繁简分流改革试点实施办法》专门细化了电子送达的有关程序要求，为电子送达工作开展提供了指导意见和根本遵循。但是，电子送达工作依托何种平台开展，如何提升适用率和使用效果，仍是实践中亟待研究和解决的重要课题。

一 实施电子送达的现实基础

近年来，法院受理的案件数量呈"井喷式"增长，司法资源严重不足，包括送达在内的审判各环节和全过程都面临着革新和提速的需要。

（一）缓解司法资源供需矛盾的现实需要

随着立案登记制改革的落实，全国法院特别是基层法院每年受理的案件数量持续大幅度增长[①]。以江苏省苏州市相城区人民法院（以下简称"相城法院"）为例，2015年至2019年新收案件数分别为10657件、10896件、12219件、15100件、17303件。2019年与2015年相比，该院收案数增长62.36%。

在案件数量增加的同时，法官员额制改革带来的法官数量整体减少，"一增一减"格局进一步锐化了案多人少的矛盾。此外，因编制数量受限，法官助理培养年限较长等，审判员、法官助理、书记员无法达到1:1:1的状态，甚至"一审一书"模式都无法满足，严重制约了审判效率的提高。

---

① 自2015年5月1日起，立案登记制在全国法院系统全面施行。以最高人民法院工作报告中的数据为例，地方各级人民法院2015年受理案件数1951.1万件，2019年已攀升至3156.7万件，4年增长了61.79%。

工作量的逐渐增加和工作要求的不断提升，使得员额法官不堪重负。这一方面促使法院运用科技手段解放司法生产力；另一方面也倒逼法院完善审判工作机制，将事务性工作从法官和书记员手中剥离。

（二）突破送达工作困境的需要

民事送达困境大致可以归纳为"送达难""送达累""送达乱"三个方面①。

"送达难"。一是人口流动性大。送达地址的来源主要有两种，即以被告的户籍地为送达地址和原告提供的地址。但是户籍地址并非时时更新，人户分离、户口挂空，因工作、婚姻、搬迁等离开原户籍地日益常见。企业登记注册地与实际经营地不一致的现象亦越来越突出。二是当事人故意逃避、躲避送达。部分受送达人缺乏法律意识，以为不接收法院文书法院的审理工作就无法继续，或因经济困境而对诉讼程序采取放任态度。实践中，如当事人户籍地或注册地无法送达，则即便取得联系也将大概率不配合领取诉讼文书，甚至拉黑法院办公电话。

"送达累"。人力资源紧张是送达中非常关键的约束因素。一是送达工作量大。按照《民事诉讼法》的要求，直接送达存在困难的，可以进行委托送达或邮寄送达。曾有人统计，送达工作约占基层法官助理及书记员80%的精力②。二是送达时间不固定。对于直接送达来说，为将诉讼文书有效送达给被送达人，外出送达的工作人员甚至需要等到晚上或者周末等非工作时间外出送达。三是手工作业耗费时间多。对于邮寄送达而言，传统的邮寄文书流程包括制作传票、应诉通知书等文书并打印，复印起诉状及证据副本，签章、分拣装订、填写邮寄面单、送交邮寄等流程，诉讼当事人数量较少案件的邮寄流程都至少需要半个小时才能完成，遇到当事人一方人数众多的，耗费的时间则更为漫长。

---

① 罗恬漩：《司法改革背景下送达困境与出路——以 G 省基层法院的送达实践为例》，《当代法学》2017 年第 3 期。

② 范贞：《广东统一推行诉讼文书电子送达》，《人民法院报》2015 年 1 月 5 日，第 4 版。

"送达乱"。首先是公告送达滥用。根据《民事诉讼法》及司法解释的要求，穷尽其他送达手段仍无法完成送达的，才可以使用公告送达。公告送达应该是一种兜底送达方式，但是实践中往往邮寄送达无法送达就直接适用公告送达。其次是邮寄送达不规范。邮寄送达实际是将法院承担的送达工作全权委托给邮局，邮局工作人员并不具有专业的法律素养，部分人员存在敷衍推诿、不负责的工作态度，邮寄送达的文书常出现电话一时不能接通或者当事人不在收件地址就直接予以退回的情形。再次是不能穷尽送达手段。按照《民事诉讼法》的规定，直接送达应为首选送达方式，直接送达不成的可采取邮寄送达、留置送达、公告送达等方式，但因法院人力匮乏，实际无法采用逐案直接送达的方法，故而实践中多数法院采用邮寄送达和公告送达，对于邮寄不能的则直接选择公告送达。由此，造成了实践中部分案件当事人实际可以联系到，但不得不采用公告方式送达的情况。甚至当事人并非"下落不明"，但公告送达程序走完，仍存在当事人对诉讼程序一无所知的情形。当事人在法律文书生效后以送达程序违法为由申请再审或提出信访，且此前多地法院都出现过因此而撤销原判决的情形。公告送达的乱象对司法裁判的效果和公信力都产生了严重的影响。

（三）顺应电子诉讼改革的需要

人民群众对于司法公正和效率的期待越来越高，程序分流的重要性和迫切性逐渐凸显。正因如此，全国人大常委会于 2019 年底公布《关于授权最高人民法院在部分地区开展民事诉讼程序繁简分流改革试点工作的决定》，决定在部分地区开展繁简分流改革试点工作，推行电子送达、提升简易程序适用率、创设普通程序独任审判等，其目的在于将大量案件引导进入以简易程序为模型的快审模式。而法院的考核体系将简易程序适用率和法定正常审限内结案率作为重要指标，使得包括送达在内的审判各环节都面临效率提升的现实需要。

（四）降低送达工作成本的需要

送达工作成本包括两个方面：一是费用成本，二是人力成本。为保证尽可能对被告进行送达，原告在个案中提供的被告送达地址往往会超过被告的数量，这些地址都需要法院工作人员进行直接送达或邮寄送达，无形中增加了法院送达人员的工作量。由于送达地址增多，所印的传票、应诉举证通知书、起诉状副本等材料也随之增多，而每一次邮寄无论成功与否，均需要支付邮寄费用，成本高昂，且送达成本亦随着用工成本逐年增加[①]。

二 实施电子送达工作的实践探索

2019 年以来，相城法院不断深化"智慧审判苏州模式"，构建综合集约送达新模式，将电子送达整合为综合集约送达中的核心一环，利用电子送达的高效性和便捷性，成功打造"一中心、二结合、三对接、五步走"智能化、集约化和闭环化运作的综合送达平台，有力提升了审判质效。

（一）综合集约电子送达模式

1. 打造"一个中心"，创新送达模式

相城法院试行的综合集约电子送达模式，是建立在已开展的电子送达工作基础上，集约整合已有的苏州法院律师在线服务平台和苏州智慧法院 App 系统、12368 平台等网络平台，融会司法、技术、社会等多种资源，探索打造集约化、社会化、智能化运作、全流程覆盖的一站式综合集约送达中心。

集约化展开。传统的送达工作，由法官助理和书记员在法官的指导下办理。该院一站式综合集约送达中心建成后，将原本分散在各庭室书记员、助理和法官手中的传统送达工作，集约至送达中心完成。一站式综合集约送达中心由专门人员负责，根据个案需求，酌情进行直接送达、邮寄送达、电话

---

① 胡超挺：《民事诉讼法律文书"送达难"的原因及对策》，《法制与社会》2020 年第 3 期。

送达、电子送达、网格送达、律师平台送达等，彻底减轻法官及审判服务人员送达工作量，让法官集中于审判、聚焦于质效。

社会化运作。为剥离法官和审判辅助人员的送达工作量，该院建立了专业送达团队，通过购买社会服务，建立一站式综合集约送达中心。具体送达工作中，审判辅助人员只需一键发起送达指令，由该中心负责确定送达方式、查找送达地址、完成送达工作。一站式综合集约送达中心设立电话岗、文印岗、邮寄岗、扫描岗等不同岗位，由 8 名外包人员承担相应工作。为强化送达中心工作的规范性、保密性，该院制定了送达中心人员工作流程规范性文件，严格签订保密协议，进行科学规范的管理考核，确保服务高效优质。

智能化升级。为提升综合送达中心功能，相城法院全力打造一体化综合送达平台，依托办案系统并联苏州法院律师在线服务平台和苏州智慧法院App 系统、12368 平台等网络平台，将送达任务的发起入口集约至办案平台，实现一键发起、各平台同步进行电子送达。该院通过在办案系统内嵌入应诉通知书、举证通知书、告知审判人员通知书等文书模板，实现一键生成、电子签章等功能，彻底扭转了原本由辅助人员承担的文书草拟、打印签章、分拣装订等工作，实现所有送达材料从制作、签章、印刷、封装到送达全流程"无纸化"发起，集约化处理并及时反馈。同时，该院还在办案系统内嵌入电话送达自动录音模块，一键拨打电话，并将语音转存至电子卷宗。

全流程覆盖。相城法院自 2019 年 7 月开始推广电子送达，切实覆盖诉讼全程。原告立案时，即填写包含电子送达选项的地址确认书，对于同意电子送达的，在案件审理全程均通过电子方式向其送达各类文书。立案后，电子送达传票、副本；对于适合在线庭审的，一并电子送达在线庭审告知书、在线庭审须知等文书，实现了电子送达从立案到审理的全程覆盖。

2. 突出"二个结合"，释放司法动能

相城法院坚持"建用并举"，将综合集约送达与审判质效和司法改革结合起来，解放和发展司法生产力，提升司法公信力。

与审判管理相结合，倒逼案件"提质增效"。该院将送达程序纳入审判管理视野，综合集约送达过程全程留痕，送达信息节点推送，实时把送达工作完成情况及效率同步录入电子卷宗和干警业绩档案，倒逼干警规范送达活动，提高司法效率。

与司法改革相结合，顺应改革"求新务实"。将综合集约送达与民事诉讼程序繁简分流改革试点工作结合起来，对买卖合同、交通事故损害赔偿、劳动争议纠纷等六大类简易案件，在当事人送达法律文书的同时一并送达案件审理要素表，从而实现简案快审。同时，将综合集约送达系统建设与智慧诉讼服务、在线庭审、数字化执行等技术同步规划建设、交互支撑运用，推动电子诉讼走深走实。

3. 强化"三个对接"，提升送达实效

依托网络办案系统，实现与律师事务所、区综治中心、媒体公告组的在线对接。

与律师事务所在线对接，实现一键送达。相城法院与区司法局、律师协会签订网上送达诉讼文书框架协议，区内 27 家律师事务所 330 余名律师全部实名注册苏州法院律师在线服务平台和苏州智慧法院 App。对于区外律师则在个案中逐一征求意见，同意电子送达的一并邀请注册，纳入律师在线服务范围。

与综治中心在线对接，实现网格协查。相城法院与区综治中心深度合作，打通法院内网与综治中心外网网格平台，实现无缝对接。联合出台《关于依托网格管理平台进行协助司法送达调查的实施方案》，审判辅助人员在内网发起网格协查任务，网格员通过手机 App 收到指令进行调查后，在 24 小时内反馈相关信息。

与媒体平台在线对接，实现网上公告。相城法院与技术公司深化合作，在办案系统开发公告管理模块，与人民法院报社线上平台对接。公告送达任务发起后，系统自动将任务推送至报社后台；公告刊登后，平台自动将结果反馈至送达系统，刊登公告的当期报纸邮寄至当事人和承办法官。

4. 实行"五步快走"，构建闭环机制

相城法院坚持"穷尽送达手段"，根据案件的实际情况，选择或者叠加适用"电话＋短信""律师平台＋手机端""集中文印＋邮寄""网格协查＋直接送达""电子对接"等"五步法"送达方式（见图1），确保能送尽送、送则尽快、送则有效。

第一步："电话＋短信"的电子送达。对有电话号码的当事人，首先通过电话确认身份。如当事人同意电话送达方式的，则告知其开庭时间、地点等要素及电子送达采用的方法，将通话内容录音，存入电子卷宗。电话挂断后，即通过12368平台向其发送短信，内容包括审理法院、合议庭成员等案件基本信息，传票、受理通知书、应诉通知书等可预览的法律文书，并提供链接让当事人可以选择在电脑端下载。

第二步："律师平台＋手机端"的云端送达。该院依托苏州法院律师在线服务平台和苏州智慧法院App系统，自动识别代理信息，对于纳入苏州法院律师在线服务平台和苏州智慧法院App名册的律师，优先适用平台进行电子送达，律师一键签收。同时，律师事务所内勤可统筹知悉电子送达情况，有利于律师事务所进一步完善内部管理。

第三步："集中文印＋邮寄"的补充送达。对于无代理人且"电话＋短信"无法送达的当事人，书记员无纸化发起邮寄送达。依照事先设定的标准，管理员分派任务、文书生成、打印、邮寄等全部通过系统进行流程化操作。首先，书记员通过系统自动生成要素齐全、形式统一、依法合规的100余种格式文书，发起送达。程序文书自动电子签章，裁判文书推送至文印岗进行审核签章后，邮寄岗人员将带签章的所有文书材料集中打印、封装，再交由邮政公司驻法院工作人员扫描二维码打印邮政面单、EMS邮寄，并将送达回单通过云柜流转至各部门书记员，系统将送达邮寄信息直接反馈到送达系统。

第四步："网格协查＋直接送达"的延伸送达。对邮寄不能送达且户籍为本地的当事人，则向区综治中心网格平台发出协助送达请求，勾选案号和当事人姓名后，系统自动回填身份证号、地址等信息。综治中心网格平台会将协助送达指令分配给对应的一级（镇、街道）网格，再由一级网格分中心分配给当事人所在的二级（村级）、三级网格。网格员通过"网格通"手机App收到指令后进行调查，在24小时内将被送达人是否为辖区人员、现在何处、房屋有无拆迁、工作单位、联系电话或家庭其他人员联系方式等信息反馈至平台系统。法官直接通过电子卷宗获知网格协助调查反馈信息，对提供准确送达地址或电话等信息的，由服务外包人员配合书记员进行直接送达。

第五步："电子对接"的公告送达。穷尽上述方法后仍无法送达的，运用与报社后台的网络对接，指令通过审核后，缴费二维码以短信形式发送至当事人手机，当事人可以通过支付宝、微信等方式线上缴费，快速开展公告送达。

图1 相城法院"五步法"综合集约电子送达流程

相城法院一站式综合集约送达中心成立一年以来，共计完成送达任务74247件次（见图2）。其中，"电话＋短信"的电子送达完成25675件次、占比34.58%，"律师平台＋手机端"的云端送达完成632件次、占比0.85%，"集中文印＋邮寄"的传统送达完成45741件次、占比61.61%，"网格协查＋直接送达"的延伸送达完成2111件次、占比2.84%，"电子对接"的公告送达完成88件次、占比0.12%（见图3）。

（二）综合集约电子送达机制运行成效

1.送达效率大幅提升

从送达周期看，如果通过邮寄方式送达，从邮件寄出到当事人签收，再

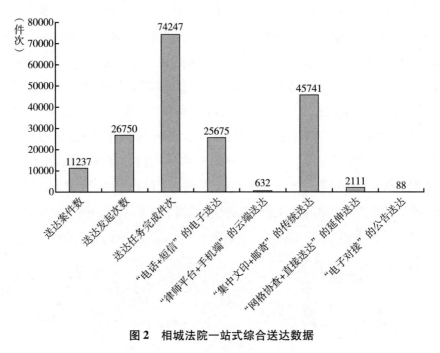

图2 相城法院一站式综合送达数据

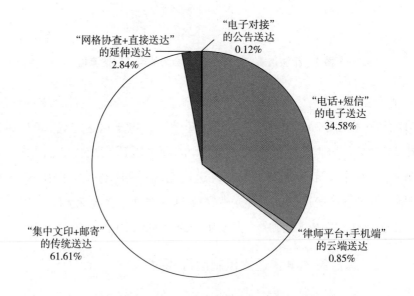

图3 相城法院一站式综合送达类别占比

到签收信息反馈至法院，至少需要一周的时间。而电子送达的即时性，略去了邮寄送达中的面单填写及书面诉讼材料整理等过程，节省了诉讼材料的在途时间，缩短了庭审周期。从到庭率看，公告送达不仅耗时长，且当事人到庭率低。综合送达通过穷尽前述四种方式，大幅降低了公告率，使案件到庭率明显提升。

自 2019 年 7 月至 2020 年 6 月，相城法院综合集约电子送达中心共完成综合送达 74247 件次，案件平均送达时间缩短 77.3%，其中最快的送达 3 分钟完成，当事人到庭应诉率同比上升 7.86%，适用公告送达率同比下降 25.44%。相关工作经验被最高人民法院简报采用，并被江苏省高级人民法院现场会予以推广。

2. 诉讼成本明显下降

诉讼成本是指诉讼主体在实施诉讼行为的过程中所消耗的人力、物力、财力的总和，包括当事人的诉讼成本和审判机关的诉讼成本。对当事人来说，在新的送达模式下，其不需要为了收取传票、起诉状等诉讼文书而专程来法院，可以通过电子信息载体快速及时获取诉讼信息，节约了当事人的时间成本。对法院来说，综合集约送达剥离了法官和审判服务人员事务性工作，保障专司审判；实现了送达工作的全院统筹安排，避免了重复劳动。

送达系统应用强化了智能支持和分工协作，有助于提升送达效率，缓解人案矛盾。以前的送达工作需要书记员手动制作传票、应诉通知书、举证通知书等十余种文书并打印、去文印室盖章、分拣装订、拿刷子涂胶水、再手写面单地址、送交邮寄。在智能化、无纸化、集约化的电子送达模式下，与原先手动填写面单寄送 EMS 相比，书记员工作量减少约 20%。另外，电子送达明显降低了法院文印、耗材、邮寄费用成本，从经费成本来说，EMS 邮寄数量减少 30% 以上，文印纸张减少 25% 以上，每月约节省办公经费 10 余万元。

3. 审判质效有效提升

相城法院通过推广及不断完善电子送达，强化规范管理，有效减少恶意规避送达现象，充分保障各方当事人的诉讼权利；有效压降公告案件数量，节约了当事人的诉讼时间和成本；切切实实解决"送达难"这一顽疾，让法官专注于"审"与"判"，努力为人民群众提供更多高质量的司法服务。同时，综合送达有力减少了部分被告恶意规避送达现象，有效压降了公告案件数量，有力地保障了未规避的被告人参与诉讼的权利，减少了缺席审理后上诉、信访等现象，提升了群众对法院工作的满意度。

2019 年相城法院结收案比达 103.89%，位列全市法院第一。法定正常审限内结案率同比大幅上升 14.67 个百分点；案件平均审理天数同比减少 37.29 天；员额法官人均结案 485.84 件，同比上升 13.70%。

三 当前电子送达工作的困难与不足

（一）征询受送达人同意的方法亟待完善

最高人民法院《民事诉讼程序繁简分流改革试点实施办法》第 24 条规定，经受送达人同意后，人民法院可以采取电子方式送达诉讼文书，同时还规定了可以推定其同意的情形：受送达人对在诉讼中适用电子送达已作出过约定的，受送达人在提交的起诉状、答辩状中主动提供用于接收送达的电子地址的，受送达人通过回复收悉及参加诉讼等方式接受已经完成的电子送达等。该规定明确了当前电子送达工作开展的前提条件，即受送达人同意或能够推定其同意。

上述主观条件设立的初衷，在于保护不熟悉或者不懂得如何操作电子信息设备甚至没有电子信息设备的当事人①。电子送达的价值在于实现法院提升诉讼效率和保障当事人诉讼权益之间的平衡，受送达人是否同意选用电子送达方式，其实质是对自己是否有能力接收电子送达文书自我评价后得出的

---

① 吴逸、裴崇毅：《我国民事诉讼电子送达的法律问题研究——以杭州互联网法院诉讼规程汇编为例》，《北京邮电大学学报》（社会科学版）2018 年第 5 期。

选择①。这一规定，既是对当事人诉讼自主权的保护，同时确实在客观上限制了电子送达适用率的提升。为提高当事人同意电子送达的比率，相城法院采取了在立案阶段建议原告填写包含同意电子送达的地址确认书、和律师协会及律师事务所签订有关电子送达协议等方法予以解决。同时，对于被告当事人而言，该院采取先进行电话沟通，征询是否同意电子送达的方式，但逐案拨打电话的人力成本同样高昂且效果较为一般。今后，如何进一步提升电子送达适用率，仍需首先解决如何征求当事人同意的问题。

（二）送达成功的确认方法亟待完善

当前我国电子信息技术虽然已经比较成熟，但信息系统客观上仍然可能受到硬件设备以及人为原因或者病毒等因素的影响，存在信息发出后不能被及时正确接收的可能性。最高人民法院《民事诉讼程序繁简分流改革试点实施办法》对于送达成功的确认，按照电子地址的来源采取了两种不同的方法，即向当事人提供或确认的电子地址送达的采取到达主义，向法院获取的电子地址送达的采取收悉主义。

如前所述，当前相城法院的电子送达媒介，主要依靠苏州法院律师在线服务平台、苏州智慧法院 App 和通过 12368 平台发送带验证码的短信链接的方式完成，目前上述送达方式仍仅能确认信息发出时间，除当事人明确回复及实际参加诉讼外，难以在线确认其是否确实阅知信息。实践中，目前是通过电子送达发起后，再通过电话方式确认和提醒其查看的方式进行，实际增加了送达人员的工作负担。但如果不采用电话追踪的方式进行确认，则后续当事人如拒绝出庭应诉或否认其实际收到信息或已阅知，法院也缺乏技术手段证明送达的有效性。

有关成功送达时间的确认难题，还存在于邮寄送达与电子送达并行的情况。由于电子送达与邮寄送达的效率不同，在两者同步进行的情况下，成功

---

① 郑世保：《电子民事诉讼行为研究》，法律出版社，2016，第 244 页。

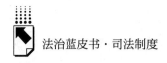

送达时间的确认，将直接影响当事人的举证期、答辩期、上诉期等程序权利保障，甚至影响其实体权益。

（三）当事人提交电子化材料机制亟待完善

根据最高人民法院《民事诉讼程序繁简分流改革试点实施办法》的规定，当事人及其他诉讼参与人可以通过电子化方式提交诉讼材料和证据材料。但是，目前仍然缺乏实现上述电子化材料提交功能的电子渠道。审判实践中，当事人需要向法院提交的书面材料众多，包括证据材料、申请书、授权文件等，但在当前条件下仍只能通过传统的当面提交和邮寄提交方式来完成。这增加了当事人来回交通、邮寄的经济和时间成本，也给法官和辅助人员增加了接待当事人，阅读、分装与处理邮件的工作量。当事人不能通过电子方式提交材料，而法院却单方要求其配合接受电子送达，其心理上也相对难以接受。若能够实现法院和当事人之间统一的电子化材料交互，法院传票与当事人申请事项均能够通过同一平台进行，则将会激励更大范围的当事人自愿接受电子送达。

（四）公告送达的适用条件与方式亟待完善

近年来，信息技术进步日新月异，作为传统纸质媒体的报纸已经较少有业外人士购买、阅读。目前，全国大部分法院，包括相城法院在内，公告送达仍依托报纸进行。从实践效果来看，以报纸公告送达的方式，往往只能达到法律上的拟制送达效果，实际上并不能起到对当事人送达的作用，绝大多数当事人都没有看到公告送达的内容。此外，在报纸上公告，需要完成缴纳公告费、传送公告费凭证及公告底稿至报社，然后等待报社安排公告时间的流程，一般需要 20 日以上，既需要耗费当事人经济成本，也给缩短诉讼流程带来了障碍。可见，在报纸上公告送达的方式已经和当今科技迅速发展、社交媒介改变的现代社会有所脱节，既不能起到让被告知晓己方涉诉的作用，也增加了诉讼成本，降低了诉讼效率，甚至成为被告拖延诉讼、逃避法律义务的借口。

四　电子送达工作发展的未来展望

下一步，相城法院将在已有电子送达工作的基础上，从指导思想、技术支持、工作模式、沟通协作等方面进一步完善、深化电子送达工作。

（一）以电子送达为核心，构建"三分法"送达机制

相城法院未来的送达体系，将以电子送达为中心，以电子送达为首选送达方式。对于当事人同意电子送达或者能够推定其同意电子送达的，一律采用电子方式送达。在无法有效完成电子送达的前提下，立即转入直接送达或者邮寄方式完成。如穷尽以上方式不能送达成功，则使用电子公告送达予以解决。

关于电子送达的渠道，该院下一步将以通过 12368 平台发送带验证码的短信链接的方式为主，结合苏州法院律师在线服务平台、苏州智慧法院 App 的方式进行。手机短信因方便、可视、可存储、价格低廉等特点，已成为当今时代信息传递的主流方式之一。鉴于当前我国手机网络的普及程度和手机号实名制的推行，目前以文字信息形式发送司法文书，并以电话追踪或其他方式确认当事人收悉、阅知，已被证明为有效的电子送达方式，也是一般社会大众最容易操作和接受的送达方式。

（二）以区块链技术为保证，确保电子送达安全性、有效性

电子送达的特殊性决定了以下问题。第一，电子送达必须要利用外部网络来实现送达，这给安全保障带来了新的难题。电子送达过程中存在多个连接点，包括信息传达点、信息接收点、服务器等，任何一个点位均要保障安全性[1]。第二，要提升电子送达的适用率，势必要通过建立电子送达数据库等手段，这

---

[1]　刘向琼、刘鸣君：《论我国民事诉讼电子送达制度的现状及其完善》，《法律适用》2018 年第 3 期。

也给技术层面提供了新的要求。第三，随着服务外包模式的不断成熟和优化，邮政等社会外包人员加入送达队伍，亦需要对所有送达过程进行跟踪记录，确保司法文书的安全传输是首要课题。所以，电子送达方式的推进离不开强有力的技术支持，只有最先进的信息技术才能为内外网信息的交互、当事人信息保护、电子送达全流程跟踪提供有效的安全保障，为高效的审判运行提供保障。下一步，相城法院将加大科技投入力度，充分借助区块链技术的特性，利用分布式储存、不可更改的可信度为电子送达的安全性、有效性提供有力保障。

（三）以精准地址库为依托，扩大电子送达工作覆盖面

电子送达工作开展以当事人明确同意或能够推定其同意为前提，要在此限制条件下提升电子送达适用率，需要建立统一精准的当事人送达地址数据库。首先，建立电子地址数据库专门维护团队，由全院一线审执法官和辅助人员收集经当事人同意和确认的电子地址，汇总至数据库中，基本实现"一人一案一地址"。其次，对于新收案件，原告在立案窗口或网上立案时统一递交送达地址确认书，被告在应诉时或直接送达过程中面签送达地址确认书，送达中心专人维护每一个案件当事人的送达地址信息，全部送达基于此库，不再去想办法"找"送达地址。最后，送达人员在送达时，首先在电子送达地址库中进行检索，能够检索出有效电子地址的，除当事人明确要求邮寄送达或直接送达外，一律选择电子送达方式进行送达，而不再采取其他送达方式。

（四）以增量扩容为方向，借助律师平台实现全域电子送达

当前的苏州法院律师在线服务平台，仅由各法院与区司法局及辖区内律师协会签订网上送达诉讼文书框架协议，引导辖区内律师事务所律师在苏州法院律师在线服务平台注册，由此实现对律师的送达依托该平台进行。下一步，相城法院将从两个方面入手，为律师平台增量扩容，将对律师的送达手段相对固定为电子送达渠道。一方面，与苏州市中级人民法院及市内其他兄

弟法院加强协作，与苏州市司法局、市律师协会及各区律师协会签订框架协议，导流进入律师平台注册，将苏州市范围内执业律师全部纳入电子送达范围。另一方面，注重个案中收集在本院代理诉讼案件的外地律师电子送达地址，同时征询其同意后，纳入律师平台服务范围。

（五）以送达剥离为手段，提升电子送达适用率

目前，相城法院已经建立了综合送达中心，在法官或辅助人员发起送达任务后，集中处理送达事项。但是，目前对于送达对象及其具体的送达地址、送达方式，仍由法官和书记员予以判断和发出指令。下一步，相城法院拟将送达工作彻底从法官和其直接指挥的辅助人员手中剥离，法官和辅助人员仅需要发出送达指令以及提供需要送达的文书，对于采用的具体送达方式和送达的地址等，将统一交由综合送达中心根据送达地址库中当事人送达信息，由电脑自动识别流转完成。送达中心完成任务后，将出具由当事人签收的凭证、送达回证或者以电子方式形成的电子送达回证，由送达中心对送达的真实性和有效性负责。

（六）以内外交互为关键，提升当事人配合电子送达积极性

未来，相城法院将依托苏州法院律师在线服务平台和苏州智慧法院App，打通内外网交互节点，实现法院单向电子送达向内外电子化材料交互传输的转变，使得律师和有需求、有能力的当事人，可以通过上述平台向法院提交电子化材料，并同步归入电子卷宗、送达案件其他当事人。在减轻当事人诉累、降低诉讼时间与经济成本的同时，提升法院电子送达工作吸引力，提升当事人配合法院电子送达工作的积极性。

（七）以外部协作为抓手，提升电子送达工作效率和效果

一方面，拟与最高人民法院大数据研究院合作，借助该院提供的大数据，完善本院的电子送达地址库，扩大电子送达的适用率和实际效果。另一方面，下一步将与公安部门和移动、电信、联通三大电信运营商协作，建立

电子地址查询平台，争取直接对接公安部门信息管理平台和三大电信运营商，专线获取户籍信息、采集三个月内活跃的手机号码等送达所需关键信息，实现与公安、电信运营商的资源共享，为诉讼文书电子送达进一步提供技术支撑。

（八）以电子公告平台为突破，提升公告案件办理效率

为提升公告效率，降低诉讼成本，同时提升公告有效送达成功率，相城法院拟打造专门的电子公告平台，摈弃传统通过纸质媒体公告的做法。电子公告平台建立后，与现行传统纸质媒体公告的做法相比，将具有三方面的优势。一是极大压缩案件平均审理天数。按照现行公告模式测算，自法院发出公告需求到刊登公告约 20 日期间，将压缩为当天完成，减少公告送达准备阶段的时间浪费，极大压缩案件平均审理天数，将使得公告案件在简易程序的法定正常审限内结案成为可能。二是完全免去当事人缴纳公告费用的经济成本。电子公告将实现"零成本"，既降低了当事人的负担，也将解决部分案件中当事人不愿缴纳公告费的难题，还能确保在判决书无法电子或邮寄送达时立即公告送达，避免将来申请执行时发现还需要公告送达的尴尬。三是有效减少公告送达中的重复劳动。由于电子公告中期限的可控性，可在发出公告时即确定好答辩期、举证期及具体开庭时间、地点，电子公告即可视为传票。电子公告工作由一站式综合集约送达中心直接完成后引入电子卷宗，并推送至当事人手机号码完成电子送达，将省去以往传统纸质媒体刊登出公告后重新分拆入卷、重新发送传票的工作环节。

B.18
民事电子送达的实践困境与规范进路

刘文添 *

摘　要： 2012 年修正的《民事诉讼法》正式从立法层面确立了电子送达的法律地位。作为一种新兴送达方式，电子送达被认为是提升司法效能、破解"送达难"的重要手段。但受制于制度设计、数据衔接、技术瓶颈、资金保障等因素，电子送达存在"找不到""送不到""送达有效性存疑"等问题，尚不能有效满足司法的实际需求，仍有较大优化空间。本文立足当前电子送达的司法实践现状，并结合各地法院出台的电子送达规范性文本，从规范性文本视角分析梳理电子送达存在的实践问题，以期提出符合司法规律的规范进路。

关键词： 电子送达　实践难题　送达效率　规范进路

　　民事送达是指人民法院依照法定程序和方式，将诉讼文书送交当事人和其他诉讼参与人的诉讼行为[①]。作为连接诉讼程序的重要纽带，"送达难"普遍存在于全国法院，且占据了基层法院大量的人力、物力资源。有统计显示，基层法院的送达事务工作占据了约 40% 的审判资源[②]。伴随法院案件受理数量的逐年激增以及城乡二元结构的逐渐打破，社会人口流动频繁、人户

---

* 刘文添，广州互联网法院审判管理办公室（研究室）法官助理。
① 江伟主编《民事诉讼法》，高等教育出版社，2011，第 220 页。
② 王福华：《民事送达制度正当化原理》，《法商研究》2003 年第 4 期。

分离现象突出，民事送达的工作难度呈几何式上升。"找不到""送不到"等问题日益凸显。与此同时，在"案多人少"的现实矛盾面前，"送达迟延""送达随意"等"送达乱象"亦时有发生，进而引发当事人对送达时效性与有效性的质疑，在一定程度上也削弱了司法的权威性。

由此可见，送达工作并非一个简单的程序问题，其最终价值目标是为保护权利和保护法律机制的公平所服务①。在急速变化的社会面前，新产业新业态蓬勃发展，传统线下送达方式的送达效能逐渐达到"瓶颈"，"边际效应"显现。因此，送达的方式和手段也要与时俱进。电子送达在2012年被确立为独立的送达方式，即是信息技术的发展影响和改变法律法规的具体表征。而海量案件数量与有限司法资源之间的矛盾，决定了电子送达推行的必然性。

此外，我国近年来在互联网建设方面亦取得了新发展。2020年4月28日，中国互联网络信息中心（CNNIC）发布的第45次《中国互联网络发展状况统计报告》表明，截至2020年3月15日，我国网民规模已突破9亿，互联网普及率达64.5%，并拥有全球最大规模的光纤和移动通信网络，行政村通光纤和4G比例均超过98%。良好的网络设施基础，也为电子送达的大范围推广提供了现实可能性。

一 电子送达的司法实践现状

电子送达作为一种新兴的送达方式，其本质是信息通信技术在司法领域的内嵌化反映，通常是指以电话、短信、传真、电子邮件、即时通信软件等方式向特定当事人送达司法文书。早在2000年，我国法院就开启了电子送达的探索历程。

---

① 魏明、李晓东、贺峰、李振、朱耀俊、唐修荣：《注重科技进步完善制度构建——江苏省高院等法院关于江苏及全国部分法院电子送达情况的调研报告》，http：//rmfyb. chinacourt. org/paper/html/2015－01/22/content_ 93069. htm? div＝0，最后访问日期：2020年8月9日。

浙江余杭法院在 2000 年率先利用电子邮件向当事人送达开庭传票和调解书，就引发社会的普遍关注①；北京朝阳法院在 2006 年则尝试使用录音电话通知和传唤当事人，并将通话过程全程录音，附卷存档②；浙江江山法院在 2007 年通过 QQ 账号联系上当事人，并成功处理一起民事案件③；北京海淀法院在 2008 年制定了《电子邮件送达工作流程》，探索电子送达流程的规范化设计④；浙江宁海法院在 2010 年采用短信的方式告知当事人诉讼权利及开庭时间等，并将短信发送情况打印、存档⑤；浙江江北法院在 2011 年注册了账号为 jbfymet@126.com 的公共邮箱，并利用该邮箱在法院与当事人之间进行资料交换⑥。

此后，重庆、上海、广东等互联网产业发展较快地区的法院也陆续开展了电子送达的实践探索。公开资料显示，目前电子送达主要可分为以下四种模式。

1. 专属平台送达

在该模式下，法院通过在互联网空间搭建专属的电子送达系统，并依托系统向当事人送达相关司法文书。当事人凭借账号密码登录平台下载司法文书。在该模式下，电子送达所需开发成本和技术要求相对较高，但平台能与普通网站明显区分，保障送达的司法权威性和送达信息的安全性。同时，社

---

① 李东生、朱益倪：《浅谈人民法院国内送达存在的问题及对策》，https://www.chinacourt.org/article/detail/2014/12/id/1505332.shtml，最后访问日期：2020 年 8 月 9 日。

② 《关于以录音电话方式通知和传唤诉讼参加人实施情况的调研报告》，http://cyqfy.chinacourt.org/public/detail.php? id=260，最后访问日期：2020 年 8 月 9 日。

③ 郑月红：《解决民事案件创新之举 QQ 成了江山法官办案助手》，http://news.qz828.com/system/2007/10/19/010036363.shtml，最后访问日期：2020 年 8 月 9 日。

④ 王殿学、殷华：《海淀法院首发电子传票》，http://news.sina.com.cn/c/2008-10-24/014114620239s.shtml? from=wap，最后访问日期：2020 年 8 月 9 日。

⑤ 金萍：《宁海法院现代化手段丰富办案载体 电话调解传真送达暖人心》，http://zjnews.zjol.com.cn/05zjnews/system/2010/03/30/016474008.shtml，最后访问日期：2020 年 8 月 9 日。

⑥ 金萍：《宁海法院现代化手段丰富办案载体 电话调解传真送达暖人心》，http://zjnews.zjol.com.cn/05zjnews/system/2010/03/30/016474008.shtml，最后访问日期：2020 年 8 月 9 日。

会公众的信赖度和认可度亦相对较高。以重庆市高级人民法院电子送达平台为例，全市法院通过审判（执行）管理系统将需要送达的司法文书先上传至市高级人民法院数据管理中心，再通过保密网闸摆渡至外网电子送达系统实现文书的统一送达。成功送达后，送达回证将自动生成并分传至各法院审判（执行）管理系统。

2. 短信送达

在该模式下，法院在民事诉讼过程中为当事人及其诉讼代理人提供案件信息的短信推送服务，以便于当事人及其诉讼代理人掌握案件的诉讼进程。其中，"12368"属于经国家通信管理局批准开通的法院专属号码。但该类短信属于普通短信，较易被当事人忽略，且信息承载能力有限，通常仅能发出常规诉讼事项的通知。为此，部分法院尝试将短信模式升级为"弹屏短信"。以北京互联网法院为例，该院与联通、电信、移动三大通信运营商合作，在电子诉讼平台送达环节向当事人发送"弹屏短信"，受送达人收到短信后，手机屏幕将被锁定，受送达人只有在查看后点击关闭，手机才能继续使用[1]。"弹屏短信"的强制霸屏，在一定程度上提升了短信接收方的阅读率，但较难验证短信查阅人确系案件当事人本人。且"弹屏短信"目前采用"闪信"和"USSD"两种通道模式，前者有时会被手机安全软件所拦截，但可保存短信内容；后者可绕过安全软件的拦截，但无法保存短信内容，需要进行截屏保存。此外，部分当事人会将法院的诉讼短信误认为"诈骗短信"。为此，广州互联网法院于2020年1月上线了"点即达"智能短信送达系统。据公开资料显示，该院通过联合三大通信运营商，将融合通信技术应用到司法送达领域，法院在发送短信后可在系统后台查看当事人的送达情况。同时，系统具备法院名称和Logo，能够解决传统短信只显示头部长串数字，易被误认为虚假信息、诈

---

[1] 祝文明：《北京互联网法院推出弹屏短信送达》，http://ip.people.com.cn/n1/2018/1024/c179663-30359887.html，最后访问日期：2020年8月10日。

骗信息等问题①。同时，当事人通过短信窗口的下挂菜单，还可转至该院多个诉讼服务平台，查看相应案件信息，推动送达成功率向当事人应诉率转换。

3. 电子邮箱送达

在该模式下，法院通过与电子邮箱公司联合开发司法文书专属邮件送达系统，将受送达邮箱绑定当事人的手机号码，以确保送达的唯一性。邮箱通过输入"手机随机验证码"的方式登录，以保障登录者为当事人本人。在诉讼活动的各个节点，系统还会辅助下发短信提示，以确保当事人及时查阅。邮件在发送至受送达邮箱系统后即视为有效送达，并同步生成"发送状态报告"，由法院打印附卷归档。该模式的优势主要在于开发成本和技术门槛相对较低。例如，广东省高级人民法院联合网易公司开发的法院邮件送达系统，能够无偿为当事人及其诉讼代理人提供专用邮箱。书记员可将案件受理通知书、起诉状、答辩状、开庭传票及案件证据材料，以邮件附件的形式发送给当事人。但由于云服务空间容量有限，邮件系统会定期删除已送达的邮件，当事人需要及时下载并保存相关文书。

4. 即时通信软件送达

在该模式下，法院通过微信、微博、QQ 等社交软件向当事人送达司法文书。但实践中通常存在两种模式，一种是通过法院干警的个人即时社交账号或以庭室名义注册的社交账号向当事人送达司法文书，另一种是法院将诉讼服务端口挂靠在官方微信公众号或诉讼服务小程序来实现司法文书的送达。例如，上海市高级人民法院通过微信公众号向当事人送达司法文书。该模式能够让法院采取更加灵活的方式开展送达工作，并有效降低当事人的学习成本。但该类送达模式也存在司法文书容易被他人获取等问题，信息安全性较难保障。

---

① 《叮咚！广互智能短信已送达！点击下挂菜单还能多平台跳转喔》，广州互联网法院微信公众号，https://mp.weixin.qq.com/s/XaDx_F1EQslVo963tqO07Q，最后访问日期：2020 年 8 月 11 日。

二 电子送达存在的实践问题

分析上述四种电子送达模式及相关法院电子送达探索可以发现，电子送达在提升送达效率、节约司法成本等方面确实能够发挥一定的助推作用，但不同的电子送达模式也存在相应的不足。同时，受制于制度设计、数据衔接、技术瓶颈、资金保障等因素，电子送达目前更多体现为一种"便民举措"，未充分释放其应有的司法效能，与司法实践赋予其"破解送达难"的功能期望还存在一定差距。由于各地法院目前尚未对电子送达进行精细化的数据统计并向社会公开，本文试图从规范性文本维度并结合当前的司法实践，梳理电子送达中的实践问题。

通过中国知网、法信平台以及网络搜索，本文收集整理了重庆、江苏、上海、山东、青海等五省市高级人民法院关于电子送达的规范性文本。从收集的规范性文本来看，电子送达目前主要存在以下问题。

（一）送达标准缺乏统一

从表1可以看出，不同省市法院对电子送达的启动条件均较为严苛，大多需以"经受送达人同意"为前提，并要求当事人事前签订"电子送达"确认书。但上述法院关于电子送达的送达生效时间存在较大差异。重庆、江苏两地法院电子送达采取了"收悉主义"，即当事人实际查阅司法文书时才视为有效送达。而上海、青海两地的法院则采取"到达主义"，即司法文书到达或上传至电子送达平台时，即视为有效送达。山东法院则根据送达路径不同，将送达的最后一次发送成功日期视为送达日期，属于置后型"到达主义"。但如何定义"发送成功"，是以送达人系统的发出状态还是以信息进入受送达人通信设备作为"发送成功"的标准，山东法院未予以明确。不同法院对电子送达有效标准的不同规定，体现了法院不同的价值导向，在具体的司法实践中当事人及其诉讼代理人难免会产生质疑。

表1 部分省市高级人民法院关于电子送达生效时间的规定

	重庆	江苏	上海	山东	青海
生效时间	当事人点击下载电子文书的时间视为送达时间	当事人点击诉讼服务网上电子版司法文书的时间视为送达时间	诉讼文书到达中国审判流程信息公开网的日期为送达日期	送达信息最后一次发送成功的日期为送达日期	以诉讼文书上传至青海审判信息网的日期为送达日期
启动条件	经受送达人同意	经受送达人同意	经受送达人同意	经受送达人同意	经受送达人同意
确认方式	签订电子送达确认书	签订同意电子送达方式确认书	当事人书面确认同意电子送达	书面确认是否同意电子送达	签署同意电子送达方式确认书

（二）送达程序衔接不畅

从表2来看，在收集的规范性文本中，目前只有上海、山东、青海地区的法院在电子送达与传统送达方式之间设置了程序转换条件。其中，上海法院以电子文书发出后三个工作日内对方未予以回应，或不接受电子送达的，作为其他法定送达方式的转换条件，相较于山东、青海两地法院的规定更为具体，判断指标也更为明晰。但由此也可以推断，全国法院在开展电子送达过程中通常仅着眼于电子送达渠道选择，忽视了送达不能时送达方式转换的机制设置。

表2 部分省市高级人民法院关于送达程序衔接的规定

	重庆	江苏	上海	山东	青海
送达方式的衔接	—	—	电子文书发出后三个工作日内对方未予以回应，或不接受电子送达的，视为电子送达无效，转为其他法定方式进行送达	受送达人在向法院提交的诉讼材料中载明的电话无法接通，且留有其他电子送达地址的，可以改用其他电子送达方式	根据受送达人申请再次送达后，仍然无法下载或者查阅的，改为直接送达等方式送达

287

（三）救济程序有待完善

除青海高院外，大多数法院在其电子送达规范性文本中并未设置相应的救济程序。青海高院在《诉讼文书电子送达规定》第 14 条规定，"受送达人如对电子送达诉讼文书的程序或内容有异议，应在下载或查阅诉讼文书后三个工作日内向人民法院提出并提供足以证明异议成立的相应证据"。当下，电子送达更多的是以便利法院为主，并对当事人施加了较高的文件接收义务，且送达系统的稳定性与安全性也会影响诉讼文书的实际送达效果。如果缺乏救济程序，依靠上诉、申请再审等后置程序救济，诉讼成本通常较高。

（四）案件适用范围各异

从表 3 可以看出，重庆地区法院和青海地区法院均规定刑事、民事、行政、执行案件可适用电子送达；江苏地区法院则规定民事、行政、执行案件开展电子送达，排除了刑事案件；上海地区法院则集中在民事案件和刑事自诉案件、民商事强制执行案件开展电子送达，排除了行政案件；山东地区法院则主要集在民商事案件开展电子送达，排除了刑事案件、行政案件、执行案件。在不同案件类型中适用电子送达，最直接的体现为送达司法文书的类型不同。这也反映了各地法院司法改革尺度差异。显而易见，山东地区法院对电子送达的态度更为保守，重庆、青海地区法院开展电子送达则具有较

表3　部分省市高级人民法院关于电子送达案件适用范围的规定

	重庆	江苏	上海	山东	青海
案件范围	刑事、民事、行政、执行案件	民事、行政、执行案件	普通民事、民商事、知识产权、金融案件,刑事自诉案件,民商事强制执行案件	民商事案件	刑事、民事、行政、执行案件
禁止送达	判决书、裁定书、调解书、决定书		判决书、裁定书、调解书		

强的开拓性。但上述法院均排除了裁定书、判决书、调解书的电子送达，尚未完全突破《民事诉讼法》的相关限制性规定。

三 电子送达效用有限的原因剖析

由前述分析可见，电子送达的理想状态与实然状态仍存在较大落差，电子送达的实际效用未得到充分发挥。具体原因分析如下。

（一）送达主体对程序风险的规避共识

送达本质是一种诉讼负担和送达不能的诉讼风险。在我国现有的民事诉讼模式下，各类司法文书的送达一直实行"全责型"送达制度①，即法院承担全部成本和责任。在此过程中，法院既是送达工作的启动者，也是送达工作的实施者。法院通常承担着较高的送达责任风险。一旦出现送达瑕疵，围绕案件所开展的所有工作均可能归零。电子送达作为一种新兴送达方式，虽能大幅提升送达效率，但通常需要较高的送达证明标准。因此，部分省市高院虽然出台了关于电子送达的规范性文本，但在实践中，其辖区法院为避免送达风险与送达争议，在送达司法文书时仍优先采取传统送达方式。

（二）电子送达涉及较多的当事人隐私

电子送达包括传真、电子邮件、微信、微博等方式，其核心均基于虚拟的网络空间进行信息传递。由于诉讼材料通常涉及当事人较多的个人信息，且不同送达渠道在信息保障方面亦无法完全被法院所掌控。一方面，法院在适用电子送达时呈现较为谨慎的态度；另一方面，当事人亦对此存在顾虑，进而降低了电子送达的实际适用意愿。

---

① 陈杭平：《"职权主义"与"当事人主义"再考察：以"送达难"为中心》，《中国法学》2014 年第 4 期。

（三）电子送达需以"经当事人同意"为前提

根据《民事诉讼法》第 87 条规定，经当事人同意，法院可以采用电子送达方式向当事人送达诉讼文书。实践中，法院通常让当事人在送达地址确认书中明确其司法文书送达的接收方式。但"经当事人同意"这一前提，使得法院适用电子送达的主动性被剥夺，致使电子送达被定义为一种辅助送达方式，却忽视了其作为一种独立送达方式的重要性。此外，《民事诉讼法》在电子送达中排除了判决书、裁定书、调解书的适用，致使法院在适用电子送达时存在程序上的断层，未形成有效闭环。线上与线下环节来回切换，在某种程度上反而徒增了法院的工作负担。以上种种均不同程度地影响到电子送达的推广适用。

（四）电子送达平台建设项目费用差异较大

电子送达平台通常需以较高的信息化技术支撑作保障。但各地法院的财政情况差异较大，落后偏远地域法院通常无力开展电子送达的平台搭建工作，资金短缺在一定程度上制约了不同区域电子送达的实践探索。以最高人民法院建设的"全国法院统一电子送达平台"为例，中国政府采购网公示的信息显示，该项目的中标金额就高达 440.7 万元人民币[①]。又如，海南省高级人民法院的电子送达系统，根据公开的中标信息，该项目的中标金额亦高达 179.3 万元人民币[②]。再如，徐州市鼓楼区人民法院采购的司法文书电子送达系统，根据公开的招标数据，仅一套司法文书电子送达系统的采购费

[①] 《最高人民法院采购中心全国法院统一电子送达平台项目中标公告》，中国政府采购网，http：//www.ccgp.gov.cn/cggg/zygg/zbgg/201703/t20170306_ 7974281.htm，最后访问日期：2020 年 8 月 12 日。

[②] 《海南省高级人民法院电子送达系统及文书档案数字化建设中标公告》，中国政府采购网，http：//www.ccgp.gov.cn/cggg/dfgg/zbgg/201607/t20160727_ 7103859.htm，最后访问日期：2020 年 8 月 12 日。

用就达 18.719 万元人民币①。建设费用差异与不同地区、不同等级法院的财政预算情况相关，但最终的实践效果亦会因建设项目费用的不同存在一定差异。

四　电子送达效能释放的规范进路

只有从制度上充分保障当事人享有和行使诉讼参与权，诉讼程序的展开本身才能为审判结果带来正当性②。因此，对电子送达进行制度设计势在必行。而在电子送达规范的制定过程中，需要正确把握诉讼价值衡平、技术边界、信息安全保护三大原则，才能推动电子送达真正发挥效能。

（一）正确把握电子送达规范制定的三个原则

1. 注重诉讼价值衡平原则

不言而喻，程序效益是电子送达的核心价值追求。但在传统诉讼中，程序公正一直被认为是最重要的诉讼价值追求，因而程序效益往往被置于程序公正的价值之下③。随着信息技术的发展，涉网纠纷往往会在短时间内呈现爆发增长态势。相较于传统诉讼，法官需要在相同的时间内处理更多的案件，而提升送达效率即是其中的关键一环。因此，在实践过程中也出现了程序公正需要让位于程序效益的倾向。虽然法院与当事人均希望案件能够得到高效处理，但只有结果公正才能使纠纷得到彻底化解。程序效益与程序公正的关系并非不可调和。电子送达可在坚持程序效益优先的同时，保证程序公正在其中的基础性地位。这既是司法主动适应信息化时代发展的表现，也是司法对公众传统公正价值理念的有效回应。即便身处这个瞬息万变的信息时

---

① 《徐州市鼓楼区人民法院司法文书电子送达系统采购项目成交公告》，中国政府采购网，http://www.ccgp.gov.cn/cggg/dfgg/cjgg/202005/t20200528_14371313.htm，最后访问日期：2020 年 8 月 12 日。

② 樊崇义：《诉讼原理》，法律出版社，2003，第 174 页。

③ 陈锦波：《论信息技术对传统诉讼的结构性重塑——从电子诉讼的理念、价值和原则切入》，《法制与社会发展》2018 年第 3 期。

代，程序公正亦不能被颠覆。因为电子送达一旦突破程序公正的底线，其程序效益价值也将无法有力回应社会公众的合理质疑。

2. 注重技术边界原则

在信息时代大背景下，"人"和"技术"的关系是在线诉讼中需要特别认真对待的一对新型关系。同样，电子送达作为电子诉讼的重要环节之一，也需要正确处理"人"与"技术"的关系。电子送达依托信息技术得以实现，信息技术是电子送达得以开展的重要载体。有观点认为，应将各类新兴技术大力应用到电子送达领域，以尽可能提高电子送达的效率，降低司法成本。但这种过于强调"技术"要素的观点，属于"技术至上"理念，忽视了"人"在技术应用层面的主导作用与核心地位。"人"与"技术"其实是主体与客体的关系，"技术"只有被"人"所使用，才有其工具价值、应用价值。但"人"享有的却是创造价值。因此，电子送达规范的设计，还应把握好"技术"的应用限度，防止将"技术"视为单纯提升法院工作效率的工具，并因机械使用"技术"而忽视了对"人"的正当权益的保障。

3. 注重信息安全保护原则

依托互联网技术，电子送达有如装上了智慧的"羽翼"，能够以极为便捷的方式向当事人送达司法文书、诉讼通知等材料。正如前文所述，与传统送达模式通常采用纸质文本不同，电子送达所蕴含的信息更为丰富、多元。在互联网时代，数据已成为重要的生产要素，甚至是黑灰产业的变现来源，数据泄露事件也屡屡发生。因此在电子送达中，诉讼信息的安全性保障问题更加凸显。2020 年 6 月，全国人大常委会初次审议了《个人信息保护法》①。信息的安全性与重要性被提到了前所未有的高度。为此，法院和当事人在相互传递电子诉讼信息时应正确处理好信息安全与诉讼便捷的关系。防止由于片面提升法院送达工作效率，而忽视当事人个人信息的安全保障。因为只有确保电子诉讼信息安全，才能达到降低诉讼成本、提高诉讼收益的目的。因

---

① 罗沙：《全国人大常委会调整 2020 年度立法工作计划　个人信息保护法等多部法律草案将提请审议》，中国新闻网，http://www.chinanews.com/gn/2020/06 - 20/9217832.shtml，最后访问日期：2020 年 8 月 14 日。

而，在制定电子送达的相关规范性文件过程中要始终秉持信息安全保护这一重要原则。

（二）送达效能发挥的优化向度

1. 明确电子送达细则

从电子送达的实践情况来看，由于法律法规、司法解释对电子送达的规定较为原则，致使各地法院在具体适用过程中存在标准不明晰、送达途径混乱等问题。建议由最高人民法院适时牵头制定全国统一的"人民法院电子送达指南"，以规范电子送达过程中的具体操作问题。主要包括以下三方面。

一是明确文书范围。当前，《民事诉讼法》以及相关司法解释均明确禁止裁定书、判决书、调解书适用电子送达。但对于其他类型的司法文书是否适用电子送达则规定得相对笼统，法院在适用过程中通常会面临选择难题。因此，在电子送达的具体实施环节，还需进一步细化司法文书送达的适用范围。例如，采用"列举＋概括"的方式明确电子送达的司法文书范围。同时，应当放宽裁定书、判决书、调解书的送达限制，避免给当事人留下电子送达适用割裂的"窘境"。

二是明确案件程序。电子送达本质在于利用信息技术手段尽可能地提升诉讼效率，节约司法成本。因此，有必要加强不同审理程序之间的衔接。例如，在电子送达地址确认书中明确，如当事人同意电子送达，则在二审程序、审判监督程序、执行程序等程序中仍可继续向当事人预留的电子送达地址发送相关通知。

三是明确送达内容。通过电子送达方式向当事人送达相关诉讼材料时，应详细列明当事人所享有的权利和应承担的义务；同时，还应将送达人的姓名、职务、部门、联系方式及监督电话等信息一并告知当事人，以便于当事人联系法院，并开展有效监督。

2. 统一电子送达标准

在实践中，电子送达操作较为混乱，在"案多人少"的压力下，送达人员往往以送达结果为导向，而忽视送达过程中可能存在的程序瑕疵。同时，不同送达主体对于送达成功的判断标准往往存在不同的认识。因此，有必要针对不同的电子送达途径界定相应的送达标准。

一是电子送达平台/电子邮件送达。通过功能性回执技术，保证在被送达人打开并阅读邮件的同时，系统能够自动生成送达回执，并将该回执作为当事人查收法院诉讼材料的证据。受送达人查阅邮件的日期应视为诉讼材料送达的时间。如受送达人在限定时间内未查看邮件，则将邮件进入特定系统的时间推定为送达日期。

二是短信送达。应以信息进入受送达人的通信设备作为送达日期。短信发送后，系统应生成包括发送状态、发送时间、到达时间等内容的送达历史信息记录，并退回送达人留存附卷。

三是电话送达。送达时应采用具有录音功能的电话，实现自动记录主叫号码和被叫号码的通话录音，并以通信设备接通时间作为电话送达的日期。同时，为确保送达过程的有效性，送达人还需将电话送达过程中所录制的音频文件刻录成光盘附卷备查。

四是其他送达方式。以传真方式送达的，可保存传真原稿图像，并以受送达人传真回复时间作为送达时间；以网络社交媒介方式送达的，可将受送达人查阅时间视为送达时间，并利用截屏、录屏等方式将送达内容、送达日期、受送达人员等送达过程信息予以固定，附卷备查。

3. 重塑电子送达启动条件

当前，法律法规、司法解释均规定电子送达的启动需以当事人同意为前提。但随着人口流动的加快，人户分离、企业注册地与经营地不一致等现象较为常见。如果采用传统的送达模式向当事人的户籍登记地或企业注册地送达司法文书，送而不达的情况极易出现，并容易引发公告送达的滥用。因此，可以尝试在法律层面取消电子送达应需经当事人同意为前提，改为除当事人明确反对适用电子送达外，应优先采用电子送达方式向当事送达司法文书。

以短信送达为例，我国自2015年9月已强制推行手机号码实名制，包括新办理的手机号和已办理旧号码均需进行实名登记，逾期未办理实名登记的手机号码可能被迫停机。由此可见，手机号码与个人的身份信息已牢固绑定在一起。在手机实名制不断完善的今天，通过正常渠道获取个人手机号码已无太大阻碍，手机号码已然成为当事人的第二身份证，其号码即当事人在网络空间的电子地址。

4. 设置电子送达异议程序

无救济则无权利。我国法律法规及司法解释目前尚未对电子送达规定救济程序，致使多数法院在开展电子送达工作时较少关注当事人的权益救济保障。在本文收集的规范性文本中，也仅有青海法院规定了受送达人如对电子送达持有异议，可在下载或查阅司法文书后三个工作日内向人民法院提出异议申请。因此，应从立法层面赋予当事人对电子送达的异议权利，明确异议申请情形、异议申请时间以及举证要求。一方面，防止法院在适用电子送达时损害当事人的相关诉讼利益；另一方面，也能规范当事人提出异议申请。例如，规定当事人在非因个人原因的情况下，如未收到法院电子送达的司法文书，可在合理期限向法院提出异议，并要求法院进行二次电子送达或按当事人申请的方式进行二次送达。又如，如果送达失败系因法院或送达系统的研发公司所致，且对当事人造成实际损失，可赋予当事人追偿的权利。

5. 完善推广全国统一新型送达平台

虽然最高人民法院鼓励全国法院根据实际情况自建电子送达系统，但由于缺乏顶层设计，各地法院的实践情况不一。当事人尤其是律师，为接收司法文书，可能需要掌握不同种类的电子送达系统。因此，应尽快完善推广全国统一的新型送达平台，并尝试构建以居民身份证为运转核心的电子送达系统①。该系统以与中国公民具有重要关联的居民身份证为切入点，并与信息管理、酒店入住登记、交通票务购买等系统进行联网对接，实现信息共享和互动。如受送达人不登录送达平台完成司法文书接收工作，将无法从事证照办理、酒店入住、票务购买等活动，这将有效制约受送达人逃避司法文书的签收义

---

① 田桔光：《破解送达难题的信息技术革新——以居民身份证为运转核心的电子送达系统构想》，《全国法院第二十六届学术讨论会论文集：司法体制改革与民商事法律适用问题研究》，第 657~664 页。

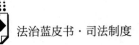

务。此外，全国法院范围内的统一适用，也将有效减少各地法院的重复建设成本，并为偏远等欠发达地区开展电子送达提供完整方案。

结　语

对诉讼效率的追求系我国法院系统自上而下改革送达制度的根本动因。电子送达作为前沿技术与传统诉讼制度的融合，能有效提升送达的司法效能，优化当事人的诉讼体验。但在强调效率提升的同时，还须兼顾公正的价值取向。除在技术层面丰富电子送达途径外，还应从制度、理论层面着力规范电子送达的适用标准、适用条件、适用范围等，让科技赋能更加符合司法规律，避免电子送达沦为单方面提升法院工作效率的途径，进而可能减损当事人合法权益。

B.19
"智慧公证"体系建设调研报告

张　鸣*

摘　要： 我国公证制度的根本价值在于维护"法秩序的安定"，面对全新的"互联网＋"社会发展模式，公证与时俱进开展信息化建设自然刻不容缓。通过积极探索公证职能与信息化技术有机融合的可行路径，在保证公证制度核心价值、功能、属性不变的基础上，以信息技术手段重新诠释和等效展现诸如身份识别、意思受领、行为增信、证据固定、事实确认、监督执行等效果，打造信息化公证全新模式，实现公证服务能力质的飞跃，是公证行业在信息化时代能否继续彰显制度价值和实现公证使命的关键所在。

关键词： 公证制度　"智慧公证"　信息化发展

一　问题的提出

公证制度的根本价值在于维护法秩序的安定[1]，即通过发挥公证的法定职能，实现事前"预防"的效果，避免潜在的纠纷风险或矛盾趋势，从而确保各类法益的安全、降低社会运营成本、提高社会交易效率。自以

---

* 张鸣，江苏省南京市南京公证处公证员。

[1] 《公证法》第一条规定，为规范公证活动，保障公证机构和公证员依法履行职责，预防纠纷，保障自然人、法人或者其他组织的合法权益，制定本法。

"互联网＋"为代表的信息化建设目标上升为国家战略后，信息化因素迅速融入社会生产生活的各方面，通过将传统行业核心要素与信息化因素的深度融合，信息化手段对我国各类生产要素配置的优化和集成作用进一步凸显，有力地促进了我国社会生产生活各方面加速朝着"帕累托最优"这一经济学理想模式①方向发展。对公证行业而言，既然社会发展大背景已经发生客观改变，面对全新的"互联网＋"社会发展模式，公证与时俱进开展信息化建设自然刻不容缓。所以，如何平稳、快速地适应社会新兴的发展需要，通过积极探索公证职能与信息化技术有机融合的可行路径，在保证公证制度核心价值、功能、属性不变的基础上，以信息技术手段重新诠释和等效展现诸如身份识别、意思受领、行为增信、证据固定、事实确认、监督执行等效果，打造信息化公证全新模式，实现公证服务能力质的飞跃，是公证行业在信息化时代能否继续彰显制度价值和实现公证使命的关键所在。为此，本文试对公证信息化建设中的理论和实践问题作粗浅的探讨，以期抛砖引玉，为"智慧公证"体系建设提供有益的参考。

二 "智慧公证"建设的可行性

所谓"智慧公证"，主要是指公证机构及当事人通过在线公证平台以少见面或不见面的方式办理公证，公证机构则依托信息技术对诸如当事人身份、意思表示、在线行为等信息进行有效处理，得到和传统线下办理相同的效果。"智慧公证"伴随着信息化社会的发展应运而生，是公证制度积极回应社会发展变化自发适应社会全新需求的产物，不仅改变传统当事人面对面

---

① 帕累托最优（Pareto Optimality）是指资源分配的一种理想状态，假定固有的一群人和可分配的资源，从一种分配状态到另一种状态的变化中，在没有使任何人境况变坏的前提下，使得至少一个人变得更好，这就是帕累托改进或帕累托最优化。

办理模式因时间不匹配、人员无法到场等公证困扰①，而且提供全新的电子数据保管保全等数字化服务。

（一）"智慧公证"建设的意义

随着我国信息化社会建设的不断深入，基于"互联网"和"智能化"因素的社会生产生活新模式逐步形成，数字化的交易、交互工具已经开始成为社会主体日常活动不可或缺的组成部分。所以，作为预防社会矛盾、规范民事主体法律行为、平衡社会主体权利义务的法治手段，公证活动也必须紧跟时代发展的步伐，以满足社会现实需求为着眼点，"智慧公证"建设就显得格外重要。

1. 社会发展现状需要"智慧公证"

党的十九大报告作出"中国特色社会主义进入新时代"的重大判断，其中明确指出："我国社会主要矛盾已经转化为人民日益增长的美好生活需要和不平衡不充分的发展之间的矛盾。"伴随着信息化时代的到来，在线式、数字化、智能化的生产生活方式已经逐步成为常态，社会需求也逐步开始以在线的方式呈现。所以，作为我国司法体系组成的公证制度，只有跟随社会主要矛盾内容的改变而进行对应调整，迅速适应社会新情况新变化，才能在新的历史条件下继续彰显制度价值。全体公证从业人员必须清楚地认识到，公证工作的模式绝不是一成不变的，面对以"互联网＋"为代表的信息化生产生活场景的日益普及，公证活动自然也需要融入更多的信息化元素，才能与信息化社会发展节奏保持同步，从而以相匹配的工作模式解决好信息化背景下的公证需求。所以，对于当前已经明显滞后于信息化社会发展需求的公证模式和工作规则都应当积极改变和修改，从而促进公证制度能够全面发挥职能作用，助力社会更好更快发展。

---

① 《公证法》第25条规定，自然人、法人或者其他组织申请办理公证，可以向住所地、经常居住地、行为地或者事实发生地的公证机构提出。申请办理涉及不动产的公证，应当向不动产所在地的公证机构提出；申请办理涉及不动产的委托、声明、赠与、遗嘱的公证，可以适用前款规定。

2.政法领域"智慧"建设成果显著

近年来相关政法领域的"智慧法院""智慧检务""智慧警务""智慧司法"建设卓有成效，有力地促进了各项政法工作高质量开展。通过运用诸如在线办案平台、大数据、VR、语音转写等信息科技手段，司法办案效率得到明显提升，司法资源配置得以进一步优化，也使得司法活动的透明度和标准化程度不断提升。同时，依托信息化建设的成果，人民群众可以更加直观、真切地感受司法过程，有利于提升社会对司法活动的信任度，有利于提升社会的法律信仰度。事实证明，在政法活动中引入信息化技术来提质增效，不仅没有削弱司法公信力，而且能不断促进司法公信力的提升，而司法公信力的提升又能进一步推动社会良性发展。由此可见，在政法领域引入信息化技术对于切实让人民群众感受司法正义、提升司法公信力都具有重大意义。所以，公证作为司法体系的组成，同样需要通过积极推进信息化建设来打造"智慧公证"，利用科技手段不断优化公证资源，持续提升公证工作公信力，这对于公证制度的发展具有重大的战略意义和现实必要性。

（二）"智慧公证"建设的技术手段

伴随着信息技术发展的日趋成熟，电子数据已经可以被轻松量化并通过技术手段以无损的方式向外传递，并被重新具象从而反映其所负载的事实。所以，传统公证面对面情境下的信息交互模式已经可以借由信息技术无差别实现。作为公证活动核心内容的身份识别、意思表示、信息核实等都已经可以通过信息技术手段等效实现。

1.对当事人身份的在线识别

传统公证模式中，对当事人身份的核实是通过公证员以视读判断的"人""证"外貌一致性来实现的。公证员对自然人的外貌和证件照片上的图片通过人工比对的方式来判断"人""证"是否相符，进而确定自然人的身份。由此可见，在自然人身份的核实过程中，"人""证"比对的准确性直接关系到身份核实的准确性。同时，众所周知，以肉眼视读来判定"人""证"是否相符，由于客观上存在的主观性、随意性等因素，要确保100%

的准确率是不现实的,这对真实性要求极高的公证工作来说是重大的瑕疵。所以,既然对自然人的外貌与证件上的照片是否为同一人进行比对本就是科技手段的优势,那么通过运用成熟的比对数学模型和技术模块,完全可以确保技术手段的"人""证"外貌识别准确率远远高于人工的肉眼视读。同时,金融活动、政务服务、电子商务等领域非见面业务中的在线身份识别程序的大规模运用,也从侧面说明以在线方式进行自然人的身份识别已经不再是单纯的理论探讨,而是实实在在的应用场景。

2. 对当事人意思表示的在线领受

传统公证模式中,对当事人真实意思表示的探知主要是通过公证员与当事人有针对性的交流来实现的。公证员通过与当事人面对面的沟通,根据当事人回答的特定问题来了解当事人的真实意愿内容。在整个互动过程中,当事人借助语言、文字、肢体动作等手段来达成对外表达自己意愿的效果。公证员则透过当事人的表达,对当事人的行为能力、真实意图等内容作出内心判断,进而识别和了解当事人的公证需求。由此可见,领受当事人意思表示的核心点在于可以透过各种表达方式,准确识别和了解当事人外显的意思表达。所以,表达方式不是必须通过面对面才能实现,以在线利用文字、语音、视频以及生物识别技术,想要和当事人远程交流及了解其想要表达的意思并非难事。除此以外,让当事人配合在线回答特定问题、作出特定动作等方式则可以进一步对其意思表示的真实性进行交叉印证,最终通过电子签名①的方式对当事人的意思表示予以固定。同时,以淘宝电商为代表的在线交易模式以及互联网法院为代表的在线司法模式等都是在线领受当事人意思表示的实际应用场景。

3. 对待证对象真实性的在线确认

传统公证模式中,公证机构对于待证对象及所需证据的核实方式以线下方式为主。公证机构通过电联、发函、走访、调查等方式对待证对象和相关

---

① 《电子签名法》第 2 条规定,本法所称电子签名,是指数据电文中以电子形式所含、所附用于识别签名人身份并表明签名人认可其中内容的数据。本法所称数据电文,是指以电子、光学、磁或者类似手段生成、发送、接收或者储存的信息。

证据的真实性进行核查。但是，随着当前人口流动性、财产分布性、关系复杂性的不断加深，传统核实方式的劣势也逐渐显现。传统核实工作主要靠公证人力投入来实现，不仅对公证有限资源的占用极大，而且公证效率不高、核实效果不佳，已经明显不能适应当前对便捷高效公证的要求。同时，伴随着近几年政府信息化建设的深入推进，如今涉及社会生产生活的主要领域均已经基本实现信息上线和数据共享，公证所需核实的诸如婚姻、亲属、财产等信息都可以通过在线方式进行信息核对或数据对比。同时，近几年作为公证主管机关的司法部联合多部门出台了若干便利公证机构在线核查的规范性文件，极大地提升了公证核实的工作效率和准确率。所以，对于当事人提交的证据以及公证所需核实的证据材料，如今都可以通过信息互联互通的方式在线进行核实确认。

三 "智慧公证"建设目标及模式

"智慧公证"建设目标是在信息化背景下，面对信息化社会全新的公证信息互动需求（典型如在线办理公证），如何将《公证法》中的公证程序与信息化标准有机融合，在确保公证程序完整执行的前提下，以科技手段呈现数字化、智能化的公证效果，最终实现公证制度的应有价值。

（一）"智慧公证"建设目标

1. "智慧公证"的建设标准

可以说，"智慧公证"是在确保真实、合法的前提下，以更加"智慧"的方式为社会提供更加便捷、高效、友好的公证法律服务。通过将信息技术所具有的标准化、便捷性特征与公证的真实性、程序性要求有机融合，以现代信息技术手段再现传统人工方式的信息处理过程，以可见、可控、可靠的技术工具获取、验证、固定、确认、展示各类信息后，按照科学标准得出与人工处理信息相同的事实结果，从而支撑公证机构及公证员依托"智慧"手段获取的证据事实在虚拟环境下创造出全新的公证活动模式。在"智慧公证"模式中，上述公证活动的核心要素演变成为当事人和公证员面对连接互联网的手机或电脑即可，而物理见面已经不再重要，使用肉眼确认的"你是谁"已经另有方法，纸质证明不再必不可少，书面签字确认也不是必须。对于当事人的"在线行为"，公证机构则也以技术手段实现与传统线下面对面接触环境中等效的诸如当事人身份确认、证据材料审核、意思表示固定、书面文本拟定、文件签名确认等效果。

2. 当事人视角下的"智慧公证"

对当事人来说，"智慧公证"提供了不受时间、地点限制并且可以自主操作的公证新方式。传统的公证活动中，当事人必须前往公证处与公证员面对面交流，公证员则按照《公证法》和《公证程序规则》的规定，从接待咨询开始，都需要依靠自身的法律素养、工作经验和公证技巧完成对当事人的身份识别、行为能力判断、意思表示确认、证据材料审核、法律文书起草、法律关系证明、事实证据固定等环节。在此过程中，当事人、公证员、书面材料、书面询问、人工签字、纸质文书是整个公证活动的核心要素，缺一不可。具体来说，对于事实类公证，当事人无论身在何处、处于何种时区，只要能够连接互联网，就可以登录公证办理系统，在虚拟环境中自主申请数据存管、证据保全等事实证据固定公证，使用公证机构提供的数据保存、网页抓拍、语音录制、视频刻录等技术成熟的公证工具，根据自身的需要及时、完整、无篡改地保全证据；而对于行为类公证，当事人可以在线提交公证申请、在线识别自身身份、在线上传公证资料、在线与公证员交流互动、在线完成文件电子签名、在线获得公证结果等。

3. 公证机构视角下的"智慧公证"

对公证机构来说，"智慧公证"意味着全新的信息处理方式和工作环境。公证员在办公室内，通过手机或电脑屏幕，可以与身在世界任何地方的当事人进行在线交流。公证机构与当事人在非物理见面的情形下，以生物识别、语音比对、电子签名等技术手段充当并延展传统人工方式中的"眼""耳""手"功能，以视频、语音、文字等多种交流方式替代传统面对面的沟通。利用互联网技术提供的全新手段，有利于提高公证活动中身份识别、意思固定、证据核查等的准确性和便利性，从而提升公证的工作效率；有利于降低公证员的信息核查压力和误差，从而将更多精力投入法律关系设计、权利义务平衡、事实真相证明的过程中。同时，通过信息技术和互联网方式提供的"所见即所得"模式，坐在屏幕另一边的当事人在与公证员在线互动过程中，可以更加形象地了解法律行为、公证意义，更加直观地感受公证的程序性和严肃性。于是，当事人在体验便捷高效的公证活动的同时更加真切地感受公证活动的权威性和公信力。

（二）在线涉外公证办理模式

在线涉外公证模式彻底消除了传统线下涉外公证过程中的不便，为当事人提供了实实在在的办事便利。当事人只要通过手机或电脑连接互联网，便可在线自主选择合适的办理时间，避免白天办证的高峰期扎堆排队或上班无法请假的不便；通过在线办证指引功能，当事人能够自助完成公证申请和证件提交，解决线下办证时诸如咨询解答不清楚需要反复提交材料或办理内容错误的困扰。

1. 传统涉外公证存在的不足

在办理出国使用的各类涉外公证事项时，传统的办理模式必须要求当事人亲自前往公证处完成诸如业务申请、材料递交、询问审查、公证费缴纳等程序。然而，现实的问题是，一方面，由于客观存在办理周期过短、扎堆办理出国公证、公证接待资源有限、当事人对出国须知不甚了解、沟通交流信息不对称等因素，当事人申办的涉外公证极易出现公证内容重大偏差的情形，不仅造成当事人多次往返公证处处理，而且极易耽误后续出国事宜；另一方面，由于线下办理涉外公证依靠实地面见，"一趟咨询、二趟申办、三趟取证"的公证方式很难避免，对于上班族来说很难连续抽出大量时间用于公证活动。所以，为了彻底解决上述困扰，深入贯彻落实司法部提出的涉外公证"最多跑一趟"改革要求，公证行业以问题为导向，通过探索"互联网＋公证"的全新工作路径，着力解决涉外公证办理过程中的代表性问题，以信息化手段在优化现有工作模式的同时创造全新的工作流程，不仅有助于提高当事人涉外公证的办理效率和准确性，而且极大地降低原有的办证时间成本和人力消耗。

2. 涉外公证在线办理平台的基本特点

根据已知的各地在线公证平台功能，当事人通过手机端或者电脑端登录公证在线办理平台后，根据公证办理页面内以文字或图片形式展示的提示说明和公证指引，可以方便、直观、清晰地了解各类公证事项的法律意义、办理所需材料以及公证文书的最终式样等核心信息，从而有助于当事人根据出国的需要或国外的公证需求准确选择自身合适的公证事项。同时，在线公证模块普遍设计了智能提示和纠错功能，当事人在公证办理页面有漏填或错填内容时，系统会自动进行提示，指导当事人准确填写在线公证表单。在当事人提交公证申请后，公证员可以在后台第一时间收到公证申请信息，并可以通过在线文字、语音、视频等方式与当事人取得联系，就公证申请事项、证件材料、办理内容、格式要求等进行沟通、确认或审核，高效完成后续的公证审查、翻译、出证事宜。当公证书制作完成后，当事人会收到平台发出的通知，告知当事人在线缴费及前往公证处办理公证书核对或领取事宜。

（三）电子数据公证存管模式

当前，电子数据易篡改性对数据原始性带来的压力成为电子数据能否发挥应有价值的最大考验。所以，由具备法定性、中立性和专业性的国家证明机构公证处以自主研发的方式，将公证的社会公信力和信息技术的可靠性以技术手段有机融合，向社会提供同时具备"法律安全性"[①] 和 "技术安全性"的电子数据存管工具正当其时。

1. 当前信息化发展存在的问题

当前，信息化发展的瓶颈问题是如何确保存储数据的原始性；对于电子数据的全生命周期如何确保安全可识别，尤其是对诸如数据存储、修改、提

---

① 《公证法》第 36 条规定，经公证的民事法律行为、有法律意义的事实和文书，应当作为认定事实的根据，但有相反证据足以推翻该项公证的除外。

取等核心环节，怎样确保表征数据的每一个物理状态信息的原始性以及可追溯。虽然信息技术手段本身是中立的，但是技术使用方的身份、目的不同却可以产生截然不同的结果。如今，社会上正在广泛使用的数据存管工具主要是由商业机构开发和运营的，但是众所周知，商业机构追求商业利益是其本质属性。那么，在处理道德风险和利益冲突时，其商业至上的根本属性，使得人们很难对其所存管的数据是否能够始终保持原始性不产生怀疑。对于处于商业模式管控下的数据存管，由于其天然缺乏足够的社会公信力，无论其用于软件开发的信息技术多么高端，数据存管工具效果如何强大，其天生的社会公信力缺失以及商业风险和利益冲突失灵状态使得其无法肩负起社会大众的安全性托付。

2. 公证机构开展数据存管业务

通过上述的理论探讨可知，信息技术对于在线身份识别、意思表示受领、文件保真等要素的处理已经很成熟，完全可以替代传统面对面签约环境下的法律效果。所以，公证行业通过积极搭建具有自主知识产权和控制权的网络合同签署平台，可以满足社会新兴的对传统纸质合同签署要件及效果的数字化需求。同时，全国各地公证机构已经开始陆续探索由公证机构主导的数据存管业务。以起步较早的江苏省南京市南京公证处开发的电子签约系统为例，该公证处以电子合同公证服务为切入点，为签约各方提供在线环境下的身份识别、电子合约内容固定以及电子合同数据保管的全流程在线公证服务。签约各方通过登录公证处的电子签约平台，可以将签约各方的身份信息、各自需要签署的合同内容、各自电子签名的结果以及经过签署的电子合同等相关电子数据都存储在公证处的服务器中，以公证处的法律公信力和技术可靠性共同确保整个合同签署过程的真实性、签署行为的有效性以及签署结果的可靠性。

四 "智慧公证"发展与展望

"智慧公证"伴随数字化社会的发展应运而生，属于新兴的法律现象，在基础理论研究方面并不深入，技术工具还不够完备，公证实践案例并不丰富，立法规则也处于空白状态，可以说"智慧公证"建设各方面均处于起步阶段。所以，对于"智慧公证"建设未来的发展方向，本文建议可以从加强基础理论研究、及时开发通用公证工具、积极进行公证实践以及适时推动顶层立法等四个方面来展开。

（一）加强"智慧公证"基础理论研究

为确保"智慧公证"的法治化发展方向，本文建议在当前和今后的一段时间内，理论和实务研究的重点可以以"智慧公证"如何实现《公证法》对公证制度的基本职能定位为切入点，着重探讨以信息技术手段等效实现传统线下公证效果的科学机理。

1. "智慧公证"基础理论研究方向

"智慧公证"形态主要是依托现代信息技术成果并以"互联网＋"的方式呈现，但是"智慧公证"的根本性质依然属于公证制度的范畴，其活动空间和活动标准必然受到《公证法》《公证程序规则》的制约和调整，其证据效力也必须接受《民事诉讼法》的检验并在事实上具备与线下公证同等的司法效果。另外，"智慧公证"的技术内核、数字形态等特点又明显有别于传统线下纸质时代的公证状态，对其个性化特点需要有准确的认识和适度的规制，从而充分彰显"智慧公证"的价值。所以，面对新兴的"智慧公证"模式，公证行业以及法学界有必要对其进行全面论证，对有别于传统的以技术手段处理信息效力的认定、数字化公证活动的基本边界、电子形态公证文书的证据效力等内容进行全面深入的理论研究探讨，务必厘清"智慧公证"的合法性、必要性、可行性及与传统线下公证的本质区别，从而有利于在传统公证模式之外，精准探索和积累"智慧公证"的有益经验。

2. 对"智慧公证"基础理论研究的建议

研究方式可以通过效能类比和立法主旨实现程度评估等方式，将"智慧公证"相关特征与《公证法》中对公证活动应当遵循的基础规则、传统线下模式的法律效果以及纸质公证文书的证据效力等核心要素的作用进行比较，从是否实现《公证法》立法初衷角度进行评估，从如何识别当事人身份、如何受领当事人意思表示、如何固定证据、如何核查证据、如何体现公证文书效力等具体方面分析总结信息技术手段对传统线下公证模式的等效转换程度。同时，研究模式可以采取公证行业内专家与法学界、技术界专家"分总"研究的方式，即在分别研究模式中，公证行业内专家主要从公证实务的角度，对办理各类公证事务过程中运用"智慧公证"的实际效果以及如何优化程序合理配置资源进行研讨；法学界专家主要从"智慧公证"的法律基础要素构成、运作及效力等方面，对"智慧公证"的法律属性、概念内涵和外延、功能效果定位、风险责任承担等进行理论探讨；技术界专家则主要从信息技术评估视角，对"智慧公证"所使用的基础信息技术的安全性、可靠性、真实性、完整性以及对相关在线软件工具的稳定性进行评估。在合作的研究模式中，公证行业内专家与法学界、技术界专家从公证制度价值、公证在法律体系中的定位、信息技术与公证职能如何在线融合等进行共同协作探讨。

（二）统一在线公证软件和技术标准

当前的"智慧公证"建设并非全国统一推进，而是各地自行落实。以至于无论是在软件的通用性还是技术标准的统一性方面都存在巨大的障碍，不仅削弱了在线公证的优势，而且存在重复建设的问题。所以，有必要统一在线公证软件和技术标准。

1. 缺乏统一"智慧公证"平台的问题

当前，从全国范围看，不少公证机构已经开始独立开发在线公证平台，推出了很多比较成熟的在线公证工具。尤其是围绕在线证据保全、在线数据存管、在线公证申请、远程视频公证等领域的公证工具不在少数。但是，从软件工程学的角度看，上述公证产品都是某一地区的公证机构在某一领域单独开发完成，所使用的软硬件开发环境、数据接口标准等均具有极强的属地个性化特征，缺少异地普遍适用的基础条件，其产品的通用性、可移植性、维护性均较差，如果要在其他地方使用，还需要针对当地的设备环境进行大规模的二次开发，使用成本运行效率等明显不尽如人意。同时，各地的公证工具之间无法实现数据共享、数据交换和平台对接，以至于当事人需要使用各地不同的公证工具来办理同一件事情。以在线证据保全为例，当事人如需要在不同的地区申请证据保全，必须使用各地专用的在线证据保全公证软件，才能在当地出具有效的公证书，尤其是对于紧急、批量、具有连续性的保全工作来说，不停更换保全软件可能对证据固定的准确度、完整度、及时性等都会产生负面影响，也会极大地降低保全的工作效率、增加额外成本。同时，各地单独开发公证在线工具的做法不仅会造成现有公证资源的浪费，而且容易形成技术性的在线公证区域限制状态，这与"互联网＋"的普适性、开放性和共享性均背道而驰。

2. 统一在线公证软件和技术标准建议

本文建议由公证主管机关司法部及中国公证协会牵头统一开发公证行业全国通用的在线公证工具或者制定全国通用的公证软件开发技术标准。一方面，统一标准有利于实现各地公证机构在对外提供"智慧公证"服务时的受理条件、审查程序、服务标准、公证效果全国一致，不至于出现在不同地点办理同样的公证事项会得到不同甚至迥异的结果，避免对公证公信力带来损害。另一方面，统一标准有利于改变各地公证机构开发在线工具时单打独斗、闭门造车的局面，避免人为造成所谓的信息"孤岛效应"，以统一的软件或标准为引领，优化各地的公证资源投入，尤其是减少经济欠发达地区因提供"智慧公证"在基础性硬件投入方面的经济负担。令人可喜的是，全国性的在线公证业务办理平台已经开始出现。2017年9月18日，中国知识产权公证服务平台正式上线运行。该平台通过将信息技术手段和公证司法证明职能相融合，可以提供知识产权全生命周期的公证法律服务，从而实现对产权生成、权利确认、权益流转、纠纷解决的全流程覆盖。当事人在任何时间、地点都可以依托平台所提供的公证在线服务内容，快速申请公证、在线受理、实时保全，为后续主张权益、维护利益提供可靠的证据支撑。

（三）公证行业实务探索方向建议

展望"智慧公证"的未来发展，除了上述加强"智慧公证"基础理论研究、统一在线公证软件和技术标准的建议以外，从实务角度来看，建议在全国重点区域试点设立专门处理信息化公证事务的"智慧"公证处和全面探索对现有公证业务的电子化处理模式这两方面来重点推进。

1. 试点设立专门的"智慧"公证处

考虑到信息化建设在基础硬件投入、软件程序开发、复合人才培养、社会需求总量等方面都需要较大的资金投入和较长的培育时间，所以全国普遍推开公证信息化建设并不合适。本文建议，可以在全国特定区域以试点方式设立专司信息化公证事务的"智慧"公证处。在试点区域内，由司法行政主管机关按照《公证法》关于设立公证处的相关规定，通过划定固定的区域、明确组织结构、确定公证职能内容，以法律形式授权"智慧"公证处专门负责处理社会对信息化、智能化需求的公证事务。同时，由"智慧"公证处肩负起探索信息化时代公证组织形态、服务模式、办理程序等核心要件，为全国公证信息化建设积累有益经验、提供可参考模板。在试点区域的选择上，考虑到各地经济发展差距、公证发展不平衡、基础性投入悬殊、公证能力差异以及公证需求量多少等客观因素，以及"智慧"公证处所需要承担的试点工作的特定性，所以选择标准建议根据当地社会信息化发展水平和公证行业信息化建设程度这两点为核心指标，同时兼顾地区经济总量、区位影响力等因素来选择合适的试点地区。

2. 全面探索对现有公证业务的在线化处理路径

按照《公证法》《公证程序规则》对公证业务的规定，公证内容包括公证事项和公证事务两类。从公证对象的性质看，又可以分为对民事法律行为的公证和对事实状态的公证。所以，根据不同公证内容和公证对象的特征，积极探索在线公证效果实现的可行路径。以信息技术所能提供的最大化信息处理结果为标准，反向评估信息化手段对传统公证证明效果的实现程度。只要能够确保风险可控、证据可靠、意思可知、效果可见，就可以大胆尝试在线化、智能化处理的路径。例如，在 2019 年底突然暴发的新冠肺炎疫情迅速蔓延全国之时，江苏省司法厅和江苏省公证协会以《公证法》的立法精神为指引，以社会对公证法律服务需求为驱动，以信息技术和科技手段为依托，兼顾新冠肺炎疫情防控的需要和群众公证服务需求，迅速出台《江苏省远程视频公证规程（试行）》，用以指导全省开展远程视频公证工作，南京市南京公证处率先依据上述规程，使用江苏省远程视频公证系统移动端成功办结全国首例全程"不见面"委托公证。

（四）积极推动公证信息化立法

公证制度作为司法体系的组成，"智慧公证"建设的健康可持续发展永远不可能远离法制保障。所以，即使当前依据《公证法》的立法本意以及按照社会需求来推进"智慧公证"建设，公证活动仍需要始终在法制轨道内运行才能确保其效力的真实合法。所以，积极推动公证信息化立法意义重大。

1. 公证信息化建设亟须法制保障

公证信息化建设的核心是利用科技手段提供的高质量的信息交互、信息识别、信息比对、信息展示模式，不断优化传统的公证资源配置结构，持续提升公证活动的工作效率，最终增强公证的社会公信力。所以，在公证探索信息化建设路径、尝试信息化办理手段的过程中，如何确保信息化建设方向不走偏、信息化公证价值得到正确体现、"智慧公证"活动不触及司法底线，这些都必须要有明确的法制条件予以保障。同时，现有《公证法》所确定的公证活动的基本原则（诸如公证员亲自办理、面对面受领意思表示、当面签署纸质文件、出具纸质公证文书）在信息化背景下如何进行有效适用，数字版本的公证文书如何确认其效力，信息化软硬件应当达到的安全标准等问题，也都需要由有权机关予以确定。所以，一方面，公证行业应当积极探索公证信息化的可行路径，将传统公证模式逐步过渡到在线模式；另一方面，立法机关也需要积极关注公证信息化建设过程中的法律适用问题，并根据公证信息化实践成果及时通过立法方式予以确认，如此双管齐下的工作

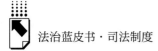

模式才能让"智慧公证"建设不至于处于"无源之水、无本之木"的尴尬境地。

2. 对公证信息化建设的立法建议

根据现有的公证信息化实践成果及发展趋势，本文建议公证信息化立法工作可以采取立法解释和修法两步走方式。第一步，通过对《公证法》相关条款在信息化背景下的解释来解决眼下的公证信息化过程中遇到的法律适用问题；第二步，通过对《公证法》的修改解决有效的信息化成果法治确认和成熟经验固定的问题。本文建议，对于目前遇到的关于《公证法》如何在信息化背景下适用问题，首先，可以由作为公证主管机关的司法部按照《公证法》授予的权限，以部门规章的形式，制定信息化过程中的公证程序规则，对公证程序性事宜进行安排；其次，对于涉及《公证法》所确立的公证活动基本原则如何适用的问题，可以由司法部提请全国人民代表大会常务委员会进行立法解释。另外，根据公证信息化实践开展情形，待信息化公证独特的活动规则探索已经比较成熟时，可以由司法部提请立法机关对《公证法》进行修改，将信息化公证的属性、特征、方式、效力、责任等内容以国家立法的形式予以固定，从而构建线下线上的公证多元化服务模式。

结　语

虽然《公证法》《民事诉讼法》赋予公证"预防纠纷、维护权益"的制度定位以及确立公证文书最优证据的效力，但是，法定的公证职能以及严格的公证程序并不意味着公证活动必须固守传统的模式或只能以人工方式来实现而不能有创新突破的空间。所以，既然新时代对公证应当如何提供服务提出了全新要求，且新的时代和新的技术已经为公证制度以在线方式发挥职能作用提供了全新的活动环境和技术支撑，那么，公证只有不断适应社会的需要，采取全新的手段为法律行为增信、为交易安全保驾，才能与社会发展同步。所以，"智慧公证"来源于信息化社会发展的现实需要，也是在现代信息技术逐渐成熟背景下公证"供给侧"改革的最优选择。

梁平法院"1+6"智慧陪审建设
新模式调研报告

重庆市梁平区人民法院课题组 *

摘　要： 在"互联网+"的新形势下，加强人民陪审员信息化建设，促进人民陪审工作与现代信息技术深度融合，是人民陪审员制度改革的必然要求和理性抉择。重庆市梁平区人民法院坚持推进"互联网+人民陪审"工作模式，自主研发并上线运行"人民陪审员综合服务平台"，实现人员信息、随机抽选、庭审服务、履职服务、履职评估和业绩评估一体化设计，初步形成"1+6"信息化服务体系，并配套开发了手机App，助推人民陪审工作进入"指尖时代"，提升人民陪审工作的信息化水平。

关键词： 人民陪审平台　智慧陪审　信息化服务　重庆梁平

一　"智慧陪审"建设的重要意义

（一）"智慧陪审"是时代所需

在以信息化全面引领创新、以信息化为基础重构国家核心竞争力的新时

---

* 课题组负责人：石溅泉，重庆市梁平区人民法院党组书记、院长。课题组成员：龚专、张庆庆、詹亮。执笔人：詹亮，重庆市梁平区人民法院审管办（研究室）法官助理；张庆庆，西南政法大学博士研究生，重庆市梁平区人民法院特邀咨询员。

代、新阶段，"察势者明，趋势者智"，抓住机遇，迎接挑战，以信息化为引领，主动顺应和推进新一轮信息技术浪潮成为大势所趋。党的十八大以来，以习近平同志为核心的党中央高瞻远瞩、深刻洞悉信息革命对人类社会带来的历史性、全局性、颠覆性影响，着眼于开创中国特色社会主义网络发展道路，提出实施网络强国战略、国家大数据战略和"互联网＋"行动计划等系列重大决策部署①，制定发布《"十三五"国家信息化规划》，将"智慧法院"建设纳入国家信息化发展整体战略和规划②。为贯彻落实党中央对智慧法院建设的总体要求，最高人民法院制定了《最高人民法院关于加快建设智慧法院的意见》，明确提出"借助现代信息技术，建立完善人民陪审员分类、评估系统，支持人民陪审员制度改革"。推进"智慧陪审"建设，以数据服务智能化和应用平台化为核心，立足于数据资源和应用系统的融合与贯通，构建"人民陪审员综合服务平台"，是顺应信息革命时代发展趋势、回应国家信息化发展战略及最高人民法院"智慧法院"建设要求的必然选择与生动实践。

（二）"智慧陪审"是改革所向

2015 年 5 月 20 日，根据中央全面深化改革领导小组《人民陪审员制度改革试点方案》和第十二届全国人民代表大会常务委员会《关于授权在部分地区开展人民陪审员制度改革试点工作的决定》，最高人民法院制定并印发《人民陪审员制度改革试点工作实施办法》，明确提出"人民法院应当会同同级司法行政机关完善配套机制，搭建技术平台，为完善人民陪审员的信息管理、随机抽选、均衡参审和意见反馈系统提供技术支持"，此举标志着"智慧陪审"建设作为人民陪审员制度改革的重要内容事项被纳入中央顶层设计的框架范围，更是为人民法院"智慧陪审"建设指明了方向："要顺应

---

① 《最高人民法院数字图书馆正式上线，周强强调建设世界一流法律数字图书馆》，《人民法院报》2016 年 11 月 23 日，第 1 版。

② 《最高法工作报告解读系列访谈：加快建设智慧法院》，最高人民法院官方网站，http：//www.court.gov.cn，最后访问日期：2020 年 7 月 31 日。

信息化发展趋势，协同推动人民陪审工作与现代信息技术的深度融合，着力打造集'信息管理、随机抽选、履职服务、培训考评、监督反馈'等于一体的综合服务平台系统，不断提升陪审管理工作的科学化、规范化和信息化。"

（三）"智慧陪审"是现实所求

人民陪审员制度是中国特色社会主义司法制度的重要组成部分，是人民群众有序参与司法的直接形式，是社会主义民主在司法领域的重要体现[①]。长期以来，我国人民陪审员在促进司法公开、司法民主方面发挥了积极作用，但在运行中也面临一些突出问题，诸如随机抽选流于形式，部分陪审员相对固定、长期驻庭；管理方式较为粗放，信息化水平严重滞后；参审形式化严重，陪而不审、审而不议；等等。鉴于此，按照中央统一部署和要求，最高人民法院制定实施办法并全面开启人民陪审员制度改革试点工作，明确提出推进"智慧陪审"建设，构建"互联网＋人民陪审"创新模式。将"智慧陪审"建设的创新思维引入并应用到人民陪审制度改革当中，充分利用现代信息技术搭建集人员管理、随机抽选、业绩评估、履职服务等于一体的人民陪审员综合服务平台，实现人民陪审工作全部网上运作，既能有效排除主观性障碍的过分渗透，亦能显著提升人民陪审工作的规范化程度，从而确保人民陪审员真正摆脱"陪衬之困"，不断增强其参审履职的实际效果。

二 "智慧陪审"建设的目标与功能

自 2015 年 5 月被最高人民法院确定为陪审制度改革试点法院以来，重庆市梁平区人民法院（以下简称"梁平法院"）按照中央对人民陪审员制度

[①] 刘方勇、廖永安：《新知新觉：在实践中发展完善人民陪审员制度》，《人民日报》2018 年 9 月 26 日。

改革的总体部署,在最高人民法院、重庆市高级人民法院指导和支持下,培养"互联网+人民陪审"工作思维,积极推动人民陪审工作与现代信息技术深度融合,自主研发并上线运行"人民陪审员综合服务平台",实现人员信息、随机抽选、庭审服务、履职服务、履职评估和业绩评估一体化设计,初步形成"1+6"信息化服务体系,并配套开发了手机 App,助推人民陪审工作进入"指尖时代"。

(一)四化建设目标

"智慧陪审"建设作为"智慧法院"建设的重要内容和生动实践,其目标就是要构建科学化、规范化、智能化、便捷化的人民陪审工作信息化管理体系,支持人民陪审工作全业务网上办理、全流程依法公开,面向人民陪审员、办案团队及审判管理组织等提供全方位智能化服务,借力现代信息技术提升人民陪审员工作管理水平。

科学化:突出对"随机抽选"的科学设置,确保案件类型与陪审员特长经验、地域分布与陪审员单位住所、上限要求和陪审员参审数量等有效对接。

规范化:突出对"参审履职"的规范设置,赋予办案法官和人民陪审员对履职情况进行"双向互评"的权利,评价结果作为业绩考评的重要依据。

智能化:突出对"履职考评"的智能设计,人民陪审员参审案件情况、业绩评估得分、参审案件补助等均在系统平台中自动生成、自动核算,客观、准确、高效。

便捷化:突出对"履职服务"的便利设置,配套研发手机 App 提供远程"指尖"服务,包括查阅案卷、案件合议、教育培训等,节约时间、提高效率。

(二)功能模块情况

人民陪审员综合服务平台以"队伍科学化、参审规范化、管理信息化、公信可量化"为目标思路，主要设置人员信息、随机抽选、庭审服务、履职服务、履职评价、业绩评估等六大功能模块。

1. 人员信息模块

该系统建立历任陪审员、现任陪审员、候选陪审员三个信息库，并根据案管辖区（4个人民法庭）、行政区划（33个乡镇街道）及专业技术（医疗纠纷、劳动争议等七大行业领域）进行个性设置，提供陪审员性别年龄、学历行业、参审情况等基础信息查询及分类统计、组合统计等服务。

2. 随机抽选模块

该系统专供抽选参审陪审员时使用，实行"系统自动抽选为主、当事人自行抽选为辅"的操作模式，通过发送抽选通知、参审提醒等对抽选节点全程留痕，为陪审员提供"参审回避"个性设置服务并对参审数量进行上限控制。

3. 庭审服务模块

该系统专供办案法官监控随机抽选流程和评价参审陪审员时使用。点击"在办案件"（随机抽选和抽选结果表），可以代当事人抽选陪审员，打印并存档抽选结果；点击"已结案件"（案件审理清单和评价陪审员），可以制作案件审理清单，对陪审员履职情况进行定量和定性评价。

4. 履职服务模块

该系统下设八个子项，为陪审员履职提供便利和指引。①个性抽选设置。对陪审员不愿参审的案件，可以进行期间、地域和类型的特定设置。②履职参审案件。陪审员可查阅未开庭和已结案件信息，对陪审员制作案件事实认定清单进行事实法律问题认定，填写法官履职评价表监督评价法官履职。③案件庭前阅卷。陪审员可查阅开庭案件的正卷并进行阅卷批注。④网上教育培训。陪审员可根据履职需要进行在线学习，查看和下载相关课件资料。⑤消息通知管理。陪审员可查看评价法官等消息反馈和办理情况。⑥常用文书下载。陪审员可根据参审案件需要，下载调解书、判决书、裁定书等相关法律文书，熟悉掌握文书制作的规范和格式要求。⑦法律法规查询。陪审员可根据实际需要，查阅或下载与人民陪审工作相关的规范性文件，特别是其履职所需的法律法规及司法解释等。⑧陪审日志记录。陪审员可撰写参审日志，包括参审感受、庭审技巧、意见建议等。以该系统为基础，配套研发手机 App，陪审员不仅能在手机上查看参审案件信息、填录事实认定清单、评价法官履职等，还能查看自己已参审案件中法官的评价和经费补助等。

5. 履职评价模块

该系统主要用于查看陪审员个案履职情况、个人业绩档案等，输入陪审员姓名、编号或在相关区域点击相关陪审员，即可查询每个陪审员的参审履职得分、年度评估得分及案件评价信息，参审履职得分满分 80 分、其他评估满分 20 分，两项之和即为年度评估得分。

6. 业绩评估模块

该系统主要用于人民陪审整体工作的查看、统计和分析，列明定量评价和定性评价项下指标比率，点击相应指标比率即可查阅该项指标月度及累计运行情况，并可在任意时段、任意部门之间切换不同的统计方式。

三　"智慧陪审"实践应用情况

重庆市梁平区人民法院依托人民陪审员综合服务平台及配套研发的手机App，打造一体化"智慧陪审"，推动实现人民陪审与现代信息技术的深度融合，顺势而为走出一条新时代人民陪审工作的信息化之路。

（一）人员管理信息化

为便于人民陪审员信息管理，建成集信息采集、人员管理、形象展示于一体的人民陪审员管理系统，建立现任人民陪审员信息库、候选人民陪审员信息库和历任人民陪审员信息库，可适时对人民陪审员的详细信息予以新增、修改、审核、浏览、查询等。登录陪审系统，进入人民陪审员信息库板块，便可查询到每名人民陪审员的基本信息及其参审案件（含数量、案由、类别等）。

（二）随机抽选信息化

随机抽选作为人民陪审员制度改革的关键环节，是人民陪审员制度司法公信力的基石。构建随机抽选系统，设立自动抽选、自行抽选和代为抽选三种模式，该系统能够确保符合条件的人民陪审员随机参与庭审，克服陪审员常设化、附庸化的弊端。

首先，坚持"系统自动抽选为主，当事人自行抽选为辅"原则。随机抽选人民陪审员参审案件时，系统会同时抽选3倍的候补陪审员，便于填补因故无法参审而导致的人民陪审员空缺。截至2020年7月31日，人民陪审员参审案件的11215人次中系统自动随机抽选10277人次、占91.64％，当事人自行随机抽选938人次、占8.36％。

其次，坚持人民陪审员随机抽选所有节点全程留痕。随机抽选过程中，办案人员只要录入人民陪审员数量和类别，系统会根据需求完成随机抽选，并向被抽选到的人民陪审员自动发送确认短信，提示参审时间、地点、案由等信息，人民陪审员若不能在30分钟内作出能够参审的确认回复，则默认视为不能参审，系统将自动重启抽选，反之，若确认参审，系统将自动向当事人、人民陪审员及案件承办人发送合议庭人民陪审员组成信息。

再次，设置人民陪审员个性服务，为便于维护良好信誉和及时参审，人民陪审员可登录系统将不便参审时间设置为非选时段，系统将不予抽选。同时，人民陪审员亦可根据具体案由，诸如医疗卫生纠纷、劳动争议纠纷、工程建设纠纷、土地权益纠纷等，有回避事项的，可进行回避设置，被设置为回避项的案由，系统抽取时将自动排除。

最后，推行参审案件均衡制。为防止出现"驻庭陪审""编外法官"等问题，推行参审案件均衡制，通过严格参审案件数量，实现人民陪审员均衡参审。根据案件类型（专业案件与普通案件）、案件数量以及人民陪审员数量等审判实际，对人民陪审员参审案件数量作出合理的最高限制，即人民陪审员每年度参审案件数量不得超过30件（上限数量相对固定，但根据年度案件数量适时动态设置），超过参审案件上限的人民陪审员在随机抽选系统中会被自动屏蔽，拟参审的人民陪审员将会在参审案件数较少或者尚未参审的人员当中随机抽选产生。

（三）参审案件信息化

建成庭审服务系统，创新推行案件审理"两单制"和庭审评议"两段制"，促进人民陪审员实质参审，着力解决"陪而不审"问题。

1. 推行案件审理"两单制"①

为确保人民陪审员庭审过程不走过场，借鉴要素审判法的基本思维逻辑，以案件审理时间进程为主线，明晰和规范人民陪审员庭前阅卷、法庭审理、合议庭评议等参审行为，在法庭审理过程中填写参审案件事实认定清单，与评议时对事实部分发表的意见，一并归入内卷保存。事实认定清单根据案件类别，具体分为刑事类、民商事类、行政类。其中，刑事类事实认定清单包括公诉意见、辩护意见、证据、事实认定等，事实认定又细分为定罪事实和量刑情节的认定，量刑情节再细分为犯罪数额、危害后果、犯罪次数、累犯再犯、教唆犯、主从犯、犯罪中止未遂、自首立功、正当防卫、紧急避险等；民商事类、行政类清单填制内容包括案由、当事人信息、诉讼请求、答辩意见、争议焦点、双方证据等。在事实认定中推行"什么时间、什么地方、哪些人物、何种行为、何种事件、何种后果、何种责任"的"七问要素"认定法，以普通视角和常识语言，围绕争议焦点，通过庭审，查明法律事实，厘清法律关系，摈弃"陪而不审"和"审而不议"，变被动陪审为主动参审，变合议中的附议性表态为认定事实独立发言，严格落实事实审与法律审实质性分离的两段制，确保人民陪审员参审效果。在审理的杨某诉龚某离婚纠纷一案中，双方积怨七年、矛盾激烈，并衍生重婚罪、扶养费纠纷等刑事自诉和其他民事纠纷，但人民陪审员通过填写事实认定清单，厘清了夫妻关系存续期间的共同财产、债权债务、子女抚养等情况，并以此

---

① "两单"即指在案件审理过程中要求人民陪审员填写的参审案件事实认定清单和办案法官填写的案件审理清单。

为基础开展情感化调解，竭力修复感情、挽救家庭，最终妥善处理、调解结案，既有效释放了法官压力，又切实提升了司法公信。

为保证人民陪审员按质按量地完成参审案件事实认定清单，承办法官亦需随案填写案件审理清单，重点围绕"七问要素"从庭前阅卷、庭前会议、庭审调查、庭审评议等各个节点强化对人民陪审员事实认定的指引，引导人民陪审员准确认定事实，不仅为庭审提供思维导向、提高参审质量、确保案件质量，也为人民陪审员填写参审案件事实认定清单和独立发表意见提供参考依据。截至2020年7月31日，人民陪审员参审案件6249件、11215人次，填写参审案件事实认定清单10553份、填写率94.1%，承办法官填写案件审理清单6151份、填写率100%。同时为保障合议庭对事实认定问题的准确把握和法律适用问题的合理裁决，在前期试点基础上，创新实行"3+4"等大合议制陪审模式，扩大大合议制案件适用范围，明确规定重大职务犯罪案件、重大责任事故罪案件、涉黑涉恶案件以及可能判处十年以上有期徒刑的其他刑事案件等五大类案件适用七人制大合议庭进行审理。截至2020年7月31日，采用大合议制审理案件161件，其中刑事案件30件，民商事案件127件，行政案件3件，均收到较好的法律效果和社会效果。

2. 推行庭审评议"两段制"

为落实人民陪审员只参与事实审理、证据认定的改革要求，推进事实审与法律审分离，严格把案件评议过程分为事实认定阶段和法律适用阶段两段进行。

事实认定阶段，赋予人民陪审员对事实认定的决断权，围绕参审案件的事实认定问题、证据采信问题发表独立意见，再由审判员发表意见，最后审判长发表意见，按照少数服从多数原则，解决"议而不决"的问题，让陪审员真正有权审、有权判。在魏某诉金某离婚纠纷一案中，人民陪审员在事实评议阶段作出客观评估，认为当事人婚姻虽出现问题，但尚可挽救，属于冲动型离婚，建议设置30天的冷静期，最终未待冷静期满，原被告便和好如初、申请撤诉。

法律适用阶段，按照审判员、审判长、人民陪审员的顺序在事实认定基础上依次提出法律适用意见，人民陪审员仅发表征询建议，不计入表决，评议过程由书记员完整记入笔录，避免简单附议，利于错误归责，也更符合人民陪审员的实际情况和审判规律，提升案件评议效率和效果。在审理赵某、杨某贩毒一案中，人民陪审员在厘清案件事实基础上，深挖犯罪心理因素，有的放矢地进行感化和帮教，促使两名"80后"犯罪嫌疑人最终认识到自己错误，真诚认罪悔罪，在案件评议法律适用阶段，人民陪审员建议从轻处罚并被采纳，取得了良好的法律效果和社会效果。

截至2020年7月31日，人民陪审员参审案件事实认定观点全部采纳的占88.7%、部分采纳的占10.4%、未被采纳的占0.9%。人民陪审员发表法律适用建议的占66.3%（其中，被法官全部采纳的占57%、部分采纳的占8.9%、未被采纳的占0.4%）、未发表法律适用建议的占33.7%，庭审评议规范率达92.8%。

（四）业绩评估信息化

为规范和完善对人民陪审员业绩的评估，制定《人民陪审员业绩评估办法》，依托建成的集交互评估、年度评估、整体评估为一体的业绩评估体系，全面评估陪审员的德、能、勤、绩、廉等情况。

1. 交互评估信息化

为有效强化陪审员和承办法官在履职过程中的相互监督，创新推行履职评价"两表制"，按照"每案一评、双向互评"的办法，要求办案法官和人民陪审员在结案前必须在业绩评估系统中填写人民陪审员履职评价表和法官履职评价表，并完成交互评价。其中，人民陪审员履职评价表由办案法官填写，其评价对象系人民陪审员，评价指标项目包括庭前阅卷、庭审调查、庭审行为、庭审评议、廉洁陪审等参审行为；法官履职评价表由人民陪审员填写，其评价对象系办案法官，评价指标项目包括开庭准备、庭审活动、释明引导、两段评议、尊重陪审、司法廉洁等庭审行为。人民陪审员履职评价表和法官履职评价表填制完成后归入各自的业绩档案作为履职考评的重要依据。

2. 年度评估信息化

以年度为单位，采用分类计分办法，即个人年度评估得分 = 参审履职分 + 其他评估分。其中，参审履职评估满分 80 分，占比为 80%，下设庭前阅卷（5 分）、开庭作息（5 分）、庭审行为（20 分）、庭审调查（20 分）、庭审评议（20 分）、廉洁陪审（10 分）等六个评估子项，实行逆向减分方法，凡按子项要求进行的，得该子项的基础分，出现扣分情形的，从基础分中分别扣减，单项扣完为止；其他评估满分 20 分，占比为 20%，下设学习培训、工作纪律、激励评估三个评估子项，其中，学习培训 10 分、工作纪律 5 分、激励评估 5 分。人民陪审员可以进入系统查看自己的业绩档案及业绩评估得分详细数据信息，存有异议的可申请复议。

3. 整体评估信息化

采取定量与定性相结合的办法，以人民陪审员参审履职的个案量化评估为基础，再加上定性指标，在系统内适时自动生成各项指标比率。其中，履职定量评价分为庭前阅卷、开庭作息、庭审行为、庭审调查、庭审评议、廉洁陪审等六个评估子项，履职定性评价分为事实认定观点采纳（全部采纳、部分采纳、未采纳）、法律适用建议采纳（未发表意见、全部采纳、部分采纳、未采纳）、裁判效率（当庭宣判、择期宣判、其他）、结案方式（判决、调解、撤诉）、申请执行率、上诉率、发改率及案件回访（满意、基本满意、不满意）等八个子项。

截至 2020 年 7 月 31 日，人民陪审员的庭前阅卷率为 99.89%、准时到庭参审率为 76.62%、庭审行为规范率为 89.32%、庭审调查规范率为 83.54%，陪审员参审案件的服判息诉率为 92.31%、民事案件调解撤诉率为 33.98%、案件抽样回访满意率为 98.56%。

（五）履职服务信息化

建成履职服务系统，为人民陪审员履职提供个性抽选设置、案件庭前阅卷、网上教育培训、消息通知管理、常用文书下载、法律法规查询、陪审日记记录等功能性服务，人民陪审员通过表格化、定型化，点击"是""否"

或打"√""×"即可实现简便录入。在此基础上，配套研发手机 App，提供履职服务、远程服务等，增强便捷性能。人民陪审员参审案件费用（包括基本参审费和调节参审费）的核算，亦由系统根据人民陪审员履职情况自动核算生成，准确、简洁、高效。

四 "智慧陪审"建设存在问题与展望

（一）"智慧陪审"系统平台深度应用不足

当前，人民陪审员、办案法官、审判监督管理部门及人民陪审工作关涉人员对人民陪审员综合服务平台的应用主要集中在"硬件操作"层面，即按照"参审履职"的规范要求，填写"两单""两表"进行事实认定和交互评价、设置参审履职无理由回避、查看参审情况及业绩档案、查阅下载相关文书资料等，比较而言，其对系统平台的"深度应用"明显不足，未能正确认识信息数据的内在价值，对系统平台中的随机抽选、参审案件、合议庭评议、意见采纳等核心信息数据进行深入挖掘和深度分析，并由此获得仅凭直觉难以发现的有用信息，揭示数据背后隐藏的内在规律和发展趋势，从而为实现对人民陪审工作的科学规范管理提供切实有效的解决方案。

（二）"智慧陪审"功能模块有待调整优化

实践中，人民陪审员综合服务平台下设的信息管理、随机抽选、庭审服务等六大功能模块，契合了人民陪审员、办案法官、审判管理人员等人民陪审工作关涉人员的参审、办案、监督等各项需求。但伴随着人民陪审员制度改革试点工作的顺利完成，特别是《人民陪审员法》颁布实施后，我国人民陪审员制度进入了新的发展阶段。基于此，要根据新时代人民陪审工作新要求，对系统平台中的各项功能模块进行调整优化：对消息通知管理等应用较少的子项功能选项予以删除，对网上教育培训、常用文书下载、法律法规查询等功能相近的功能模块进行整合，对随机抽选、参审履职、业绩评估等核心功能模块进行精细化设置，对大数据分析、陪审员意见建议等缺位系统进行增设补强等。

（三）"智慧陪审"建设人财保障较为困难

"智慧陪审"建设是一项高技术、高投入的现代化基础建设，建设过程中购置硬件设备、开发软件系统等，建设完成后进行网络维护及易耗品开支等，均需要强有力的经费支持。但在重庆市级层面人、财、物统一管理的大背景下及政府财政资金投入优先保证经济民生现实情况下，包括梁平法院在内的基层法院普遍存在经费支持不能满足"智慧陪审"建设需要的突出问题。同时，"智慧陪审"建设缺乏复合型信息化人才保障，现阶段的信息技术人员受专业局限，普遍缺乏法律知识和审判管理能力，仅能进行网络维护、硬件维修、故障排除等，而不能将网络技术、法律知识和法院管理等进行有机融合和贯通，妨碍了系统平台释放更大的效能和应用活力。

评 估 报 告

Evaluation Report

B.21
中国狱务透明度指数报告（2020）

—— 以监狱管理局网站信息公开为视角

中国社会科学院法学研究所法治指数创新工程项目组 *

摘　要： 2020 年度，中国社会科学院国家法治指数研究中心、法学研究所法治指数创新工程项目组围绕基本信息公开、执法信息公开、监所信息公开、监所数据公开等方面，首次对省级监狱管理局及其下属监狱开展狱务公开工作情况进行了第三方评估。评估显示，2020 年狱务公开制度整体较为完善，狱务公开平台基本建成，便民服务信息丰富，基本信息、执法信

* 项目组负责人：田禾，中国社会科学院国家法治指数研究中心主任，法学研究所研究员；吕艳滨，中国社会科学院法学研究所研究员、法治国情调研室主任。项目组成员：王小梅、王祎茗、车文博、冯迎迎、刘雁鹏、米晓敏、胡昌明、洪梅、栗燕杰（按姓氏笔画排序）。执笔人：胡昌明、田禾、吕艳滨。本报告在指标设计、调研和报告写作中得到了许多学者、司法局、监狱管理局实务专家的支持和帮助，在此一并致谢。

息公开力度不断加大，数据公开"百花齐放"，并注重与公众的沟通交流。与此同时，评估也发现，部分监狱管理局在网站维护、公开内容完整性、信息统一性、公开服务意识等方面还有待进一步提升，未来还需要从进一步加强顶层设计、提升公开意识、运用最新科技、制定统一规范等方面提升狱务公开水平。

关键词： 狱务公开　狱务透明度　法治指数　网站公开

司法人权保障是人权事业的重要组成部分，针对司法人权保障工作，《中共中央关于全面深化改革若干重大问题的决定》提出，要"完善人权司法保障制度"。狱务公开是刑罚执行工作的重要组成部分，是监狱依法履行职责、接受监督的具体体现，对于提升刑罚执行公信力、保障司法人权具有十分重要的意义。党的十八大和十八届三中、四中全会对完善司法公开、推进狱务公开提出明确要求，将推进狱务公开作为深化司法体制改革的重要任务。司法部于 2015 年 4 月 1 日印发了《关于进一步深化狱务公开的意见》（以下简称《狱务公开意见》），明确了狱务公开的意义、原则、内容和方式方法等，成为深化狱务公开的指导意见。

为促进执法公平公正，提升执法公信力，推进狱务公开工作，2020 年，中国社会科学院国家法治指数研究中心、法学研究所法治指数创新工程项目组（以下简称"项目组"）首次对监狱管理局信息公开情况进行调研和评估，本报告对此次调研和评估情况进行了总结分析。

一　评估对象、指标及方法

2020 年狱务透明度的评估对象为省级监狱管理局（包括 31 个省、自治区、直辖市及新疆生产建设兵团监狱管理局）。由于目前仍有 5 家监狱管理局尚未建成独立的官方网站，故本年度的评估对象为其余 27 家省级监狱管理局。项目组根据《监狱法》《政府信息公开条例》《关于全面推进政务公开工作的意见》《〈关于全面推进政务公开工作的意见〉实施细则》《狱务公开意见》等法规文件，遵循依规评估、客观评价、重点突出、渐进引导的原则设置指标，形成了狱务透明度评估指标体系。该指标体系共设置 4 个一级指标，其中各指标权重为：基本信息公开占 30%、执法信息公开占 20%、监所信息公开占 30%、监所数据公开占 20%，每一板块满分 100 分。指标体系在 4 个一级指标下共设 15 个二级指标（见表 1）。

基本信息公开指标主要考察评估对象门户网站建设水平、机构职能、机构设置以及人员等信息公开情况。该指标下设平台建设、职能架构、人员信息等 3 个二级指标。

刑罚执行是监狱的主要职能之一。执法信息公开指标主要考察监狱管理局公开刑罚执行的情况，包括法律依据、减刑假释建议书、暂予监外执行决定书的公开及时性、搜索便利性等情况。该指标下设法律法规、减刑假释公开、监外执行公开等 3 个二级指标。

监所信息公开是狱务公开的重要内容。监所信息公开指标主要考察监所的基本信息、会见须知、监所内部的管理、考核制度等公开情况。该指标下设监所基本信息、公开指南、监所管理、对外沟通、依申请公开 5 个二级指标。

监所数据公开指标主要考察监狱管理部门数据开放的情况，包括狱务公开年报、工作总结和工作计划、预决算数据和刑罚执行统计数据等。该指标下设年度报告、年度工作规划、财务信息、统计数据 4 个二级指标。

《狱务公开意见》第 16 条规定，要建立完善门户网站和执法办案平台工作制度。该意见明确提出，"各省（区、市）监狱管理局应当设立门户网站，凡属向社会公开的信息都应当在门户网站上公开发布，逐步开发网上咨询和自助查询功能，将门户网站打造成深化狱务公开的重要载体"。因此，中国狱务透明度指数评估采取网站测评为主的方式，评估人员在进行网站测评时，以评估对象的官方网站为主。在对门户网站进行评估时，凡站内搜索无法找到的内容、无法打开的网页，评估人员会利用互联网上的多个主要搜索引擎进行查找，采取更换计算机及上网方式、变更上网时间等方式进行多次验证。评估信息采集时间为 2020 年 8 月 1 日至 2020 年 9 月 30 日。

表 1　中国狱务透明度指标体系（2020）

一级指标	二级指标
基本信息公开（30%）	平台建设（40%）
	职能架构（30%）
	人员信息（30%）
执法信息公开（20%）	法律法规（20%）
	减刑假释公开（40%）
	监外执行公开（40%）
监所信息公开（30%）	监所基本信息（40%）
	公开指南（10%）
	监所管理（10%）
	对外沟通（20%）
	依申请公开（20%）
监所数据公开（20%）	年度报告（20%）
	年度工作规划（20%）
	财务信息（50%）
	统计数据（10%）

二　评估结果总体情况

2020 年，受评估的监狱管理局的狱务透明度指数平均得分为 72.61 分。其中 22 家监狱管理局得分在 60 分以上，其中 60～70 分 6 家，70～80 分 8 家，80 分以上 8 家。60 分以下 5 家。狱务透明度排名靠前的监狱管理局分别为广东监狱管理局、江苏监狱管理局、贵州监狱管理局、上海监狱管理局、湖北监狱管理局、四川监狱管理局、浙江监狱管理局、安徽监狱管理局、山东监狱管理局和福建监狱管理局。从本次评估得分情况来看，各地狱

务透明度得分差异十分显著，有些地方狱务透明度得分较高，显示狱务公开
工作成效明显，其中得分最高的广东监狱管理局为90.85分；但也有部分地方
狱务透明度得分较低，监狱管理局门户网站设置陈旧、落后，甚至个别监狱
管理局尚未建立独立门户网站，最低分仅为49.8分（见表2）。从地域来看，
华东地区的狱务透明度得分整体较高，西南地区（四川和贵州）、华南地区
（广东）和华中地区（湖北）也分别有2家、1家、1家监狱管理局的狱务透
明度排名进入前十名，西北、华北和东北地区的狱务透明度整体比较落后。

表2　中国狱务透明度指数评估结果（2020）

单位：分

排名	评估对象	基本信息公开（30%）	执法信息公开（20%）	监所信息公开（30%）	监所数据公开（20%）	总分（满分100分）
1	广东监狱管理局	96.00	84.00	97.50	80.00	90.85
2	江苏监狱管理局	92.00	84.00	80.00	100.00	88.40
3	贵州监狱管理局	86.00	84.00	96.00	80.00	87.40
4	上海监狱管理局	82.00	84.00	92.00	90.00	87.00
5	湖北监狱管理局	94.00	84.00	66.00	100.00	84.80
	四川监狱管理局	84.00	84.00	96.00	70.00	84.80
7	浙江监狱管理局	92.00	84.00	86.00	70.00	84.20
8	安徽监狱管理局	96.00	52.00	82.00	90.00	81.80
9	山东监狱管理局	72.00	92.00	86.00	70.00	79.80
10	福建监狱管理局	90.00	84.00	82.00	50.00	78.40
11	湖南监狱管理局	78.00	84.00	72.50	80.00	77.95
12	吉林监狱管理局	74.00	60.00	77.50	90.00	75.45
13	黑龙江监狱管理局	80.00	52.00	86.00	65.00	73.20
14	江西监狱管理局	76.00	100.00	68.00	50.00	73.20
15	陕西监狱管理局	66.00	52.00	100.00	60.00	72.20
16	宁夏监狱管理局	52.00	60.00	96.00	70.00	70.40
17	云南监狱管理局	44.00	84.00	80.00	70.00	68.00
18	广西监狱管理局	80.00	52.00	64.00	70.00	67.60
19	青海监狱管理局	66.00	60.00	72.00	70.00	67.40
20	北京监狱管理局	60.00	52.00	96.00	50.00	67.20
21	内蒙古监狱管理局	60.00	60.00	62.00	80.00	64.60
22	山西监狱管理局	86.00	84.00	22.00	60.00	61.20
23	新疆生产建设兵团监狱管理局	90.00	52.00	50.00	36.00	59.60

续表

排名	评估对象	基本信息公开（30%）	执法信息公开（20%）	监所信息公开（30%）	监所数据公开（20%）	总分（满分100分）
24	河南监狱管理局	66.00	84.00	50.00	30.00	57.60
25	新疆监狱管理局	54.00	52.00	50.00	60.00	53.60
26	河北监狱管理局	50.00	84.00	46.00	40.00	53.60
27	辽宁监狱管理局	50.00	52.00	48.00	50.00	49.80
	平均值	74.70	71.85	74.20	67.81	72.61

从狱务透明度指数的四项一级指标基本信息公开、执法信息公开、监所信息公开、监所数据公开来看，基本信息公开指标平均得分最高，为74.70分，其次为监所信息公开和执法信息公开指标，平均分分别为74.20分和71.85分，监所数据公开指标平均得分最低，只有67.81分（见图1）。

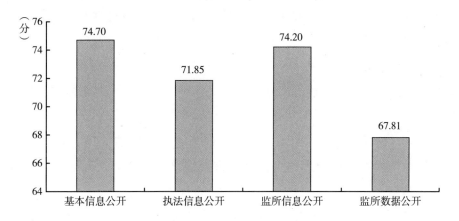

图1 2020年狱务透明度一级指标平均得分

三 评估发现的亮点

2015年，司法部下发《狱务公开意见》后，各地监狱管理局纷纷通过建立门户网站、加强"两微一端"建设等推动狱务公开工作，狱务公开整体上呈现透明、有序态势，公开力度不断增强。评估显示，多个领域的狱务公开亮点纷呈。

（一）建设狱务公开平台，重视狱务透明工作

狱务公开的对象包括社会公众、罪犯近亲属及罪犯。对于罪犯监管部门可以通过狱务公开专栏、监狱报刊、狱内广播、闭路电视、电子显示屏、罪犯教育网等公布狱务公开的相关信息；对于社会公众、罪犯近亲属而言，除了运用新闻媒体宣传、开展狱务咨询、印发"狱务公开手册"等传统公开方式外，网络是他们能够方便获得狱务公开信息最方便、快捷的途径。因此，《狱务公开意见》把建立完善门户网站作为一种制度确定下来，这也与项目组一贯坚持的"网站是信息公开的第一平台"的理念完全契合。评估对象全部都在门户网站（页）设有《政务公开》或者《狱务公开》专栏，公开机构职能、年报、刑罚执行等信息。项目组对评估对象信息更新及时性的评估发现，所有监狱管理局的门户网站（页）都能够做到及时更新，没有一个属于"僵尸网站"。为便于公众浏览门户网站，北京监狱管理局网站还提供了移动版阅览方式，用手机浏览器访问门户网站网址或用微信的扫一扫功能扫描北京监狱管理局网站手机版二维码，即可进入北京监狱管理局网站。

广东、福建、宁夏、四川、贵州等地为直属监狱建立网站或独立链接，并与所属的监狱管理局门户网站直接链接，方便公众和罪犯亲属浏览相关信息。

除了利用门户网站平台公开外，各地还尝试新媒体新平台建设。在狱务公开门户网站的首页上，多数省份积极利用现代信息技术创新公开的方式方法，拓宽公开的渠道，有23家网站提供了官方微信、微博、客户端等移动终端平台的链接，占85.2%。

（二）公开便民服务信息，便利信息查询获取

狱务公开要求狱政部门在提供公共管理与服务时，坚持公开、便民原则，方便人民群众，体现执法为民的理念，服务和改善民生。评估显示，监狱管理局网站的搜索功能比较完善，评估对象中有26家网站设有搜索功能，

占 96.3%，其中 20 家网站能够按照查询范围（标题、正文、关键词等）、排序方式进行分类搜索，或者能够按照时间范围、栏目种类等进行搜索，占 74.1%。其中，内蒙古、贵州等监狱管理局网站搜索结果根据时间、相关度排序，降低公众搜索成本，为人们提供实实在在的便利。

另外，河南、甘肃、青海、新疆等 12 家监狱管理局网站提供了无障碍浏览入口。具体而言，这些监狱管理局门户网站首页能够实现屏幕、字体放大、语音指读、十字线辅助功能等无障碍浏览功能。其中，北京监狱管理局网站在无障碍浏览入口设有声音开关、语速、阅读方式、配色、放大、缩小、鼠标样式、十字线、大字幕、说明、读屏专用等十多个无障碍浏览功能，满足了视力残障人士信息公开的需求，体现了对特殊群体的特殊关怀。

上海等地的监狱管理局网站还提供了英文版页面，河南、湖北、湖南等地的监狱管理局网站提供了繁体字版的网页，给海外以及港澳台地区的公众提供更加便捷的网页浏览功能。

在 27 家评估对象中，有 19 家监狱管理局网站提供了监狱的具体位置等交通指引，占 70.4%，其中河北、黑龙江、宁夏、四川等 13 家监狱管理局网站提供了乘车路线或地图导航链接，具体细化到自驾出行导航目的地以及公交出行的线路、站牌等。

会见是罪犯近亲属极为关心的一个问题。评估显示，多数监狱管理局网站公开了家属会见指南、会见日期，其中公开家属会见指南的有 18 家，公开会见日期的有 19 家，分别占 66.7% 和 70.4%。其中，广东监狱管理局、陕西监狱管理局以及上海监狱管理局等 3 家能够实现在线或者电话预约会见，为罪犯近亲属与罪犯的会见提供了最大限度的便利，上海监狱管理局公布了下辖每个监狱的预约电话、接听时间及联系人。广东、江苏等监狱管理局网站还为律师、罪犯家属会见提供了场景式服务。

（三）公开狱务基本信息，增进公众了解程度

门户网站公开的监狱职能、人员等基本信息，有助于增进公众对监狱管理的了解，提升狱务透明度。评估发现，各评估对象对狱务基本信息的公开

整体上比较全面，体现在以下三个方面。一是全面公开监狱及内设机构职能。全部评估对象都公开了监狱管理局的基本职能；而公开内设机构及其职能的监狱管理局也有 19 家，占 70.4%。有的监狱管理局网站/网页中还公开了监狱的内设机构及其职能。二是注重披露领导信息。评估对象中，25家监狱管理局公开了领导信息，包括姓名、简历等，占 92.6%，领导信息披露比例较高。有的门户网站公开的监狱管理局领导信息十分全面。例如，浙江监狱管理局除了公开所有局领导的姓名、性别、出生年月、职务、学历、个人履历、照片外，还公开了联系电话。福建、贵州等地的监狱管理局门户网站还公开了省监狱管理局直属监狱的领导姓名及其相关信息。三是涉狱务的法律法规公开比较普遍。受评估的监狱管理局全部都公开了狱务相关法律法规、规范性文件，而且都通过法律法规专栏公开。特别是安徽、浙江等地监狱管理局在门户网站首页或者信息公开栏通过专栏形式公开涉及监狱的规范性文件，路径清晰，查找方便。有的地方还将规范性文件分类展示，如浙江分为"法律法规""司法解释""规范性文件""行政公文"四个子栏目，便于公众按需浏览。

（四）加大执法信息公开，规范刑罚执行行为

作为监狱管理的主管部门，需要负责辖区内监督管理刑罚执行、罪犯改造工作，对罪犯的收押、改造工作，罪犯监外执行的审批和减刑审核、呈报工作，这些工作与监管对象的切身利益关系重大，如果相关工作信息不公开、不透明，进行暗箱操作，极易造成权力腐败。近年来，云南"孙小果案"、北京"郭文思案"、内蒙古杀人犯"纸面服刑"15 年等，都反映了监所内减刑、监外执行、保外就医等环节审核不严的问题。评估发现，整体上看，全国监狱管理部门刑罚执行信息公开状况较好，体现在监外执行决定书公开率较高。全部评估对象都公开了监外执行决定书，并且所有监外执行决定书的公开都十分及时，其中，吉林、江西、内蒙古、宁夏、青海、山东监狱管理局等还能实现对监外执行决定书的搜索查询。陕西监狱管理局主动公开了下辖各个监狱社会帮教的电话和地址等联系方式。

（五）建立咨询投诉平台，增强与公众的互动

与公众的互动交流是狱务公开的重要内容之一。各地监狱管理局通过在门户网站上开通咨询服务渠道、监督投诉窗口以及沟通平台加强与公众的联系，通过公开依申请公开方式、公开渠道拓宽公开范围。

评估显示，评估对象中公开监督投诉渠道的 23 家，占 85.2%，提供咨询服务渠道的 24 家，占 88.9%，开通各种沟通平台的 26 家，占 96.3%。公开依申请公开方式、依申请公开渠道的各 25 家，占 92.6%。除此之外，各地监狱管理局还创新与人大代表、公众沟通的方式。湖北监狱管理局积极回应人大代表的关切，在政务公开栏目中公布了对人大代表建议的答复。浙江、河北、四川等地监狱管理局公布了狱务公开服务热线，明确了狱务公开服务的办理依据、办理条件、流程、时间等内容。此外，还通过便民回答、局长信箱、民意征集、在线调查等多种途径与公众沟通交流。从局长信箱的回复情况来看，网站不仅公开了公众询问的问题、办理编号、答复内容及答复情况，而且回复及时，大部分回复都在三个工作日内完成。广东监狱管理局则在狱务公开平台中首创了智能互动功能，由人工智能机器人"小粤"实时在线，即时回答公众的问题。山西监狱管理局在公开咨询答复信息的同时，注重保护当事人的隐私，允许写信人匿名，并隐藏提问的内容，值得称道。

（六）数据公开百花齐放，推进法治监狱建设

数据在信息社会扮演着重要角色。习近平总书记在主持中共中央政治局第三十六次集体学习时提出，要"以数据集中和共享为途径，建设全国一体化的国家大数据中心，推进技术融合、业务融合、数据融合，实现跨层级、跨地域、跨系统、跨部门、跨业务的协同管理和服务"[1]。本次评估对

---

[1] 习近平：《习近平在中共中央政治局第三十六次集体学习时强调加快推进网络信息技术自主创新 朝着建设网络强国目标不懈努力》，新华网，http://www.xinhuanet.com//politics/2016-10/09/c_1119682204.htm，最后访问日期：2020 年 9 月 19 日。

监狱管理的数据公开情况从公开年报、年度工作规划、财务信息和统计数据等方面进行了考察。

评估发现，评估对象中公开政府信息公开年度报告的监狱管理局有 23 家，占 85.2%，其中多数网站年报公开及时，并设有信息公开年度报告专栏，其中湖北、四川、吉林、湖南等地监狱管理局的公开年报辅以图表等形式，使得年报公开更加形象化、具有可读性，人民群众更加喜闻乐见。

评估还发现，各地监狱管理局的财务信息公开状况良好。评估对象中有 24 家设有财务信息公开专栏，占 88.9%，公开年度预算信息、年度决算信息的 25 家，占 92.6%，公开"三公经费"的 24 家，占 88.9%，而公开采购信息的也有 22 家，占 81.5%。上海等地的监狱管理局公开了所属每个监狱的预决算信息。福建监狱管理局不仅按年度将采购信息详细列明，而且在栏目内部设置了关键词搜索。山东监狱管理局公布了近三年年度审计情况。

还有部分监狱管理局主动公开刑罚执行的统计数据。湖北、贵州监狱管理局按季度/月公开刑罚执行的统计数据，包括提请减刑、假释的人数以及决定暂予监外执行的人数；广州监狱管理局不仅按月公开了刑罚执行中减刑假释数据，还对数据情况进行解读，提供按季度查询功能等。上海监狱管理局主动公开了内设机构的编制数、职数等信息。

四　评估发现的问题

（一）狱务公开两极分化严重

评估发现，虽然狱务透明度总体成效较好、得分较高，但各地的透明度差异非常突出，两极分化现象严重。狱务透明度最高分 90.85 分，最低分仅为 49.80 分，两者相差 41.05 分，狱务公开水平参差不齐。透明度得分总体呈现为：东部地区＞中部地区＞西部地区＞东北地区。评估发现，还有一些监狱管理局没有建立独立的门户网站，只是在司法局网站设了一个网页，导致狱务信息公布不全面、不规范、不及时等。司法部下发《狱务公开意见》

已经有五年多时间，但是迄今仍有天津、重庆、甘肃、海南、西藏 5 家监狱管理局没有建成独立的门户网站。

（二）门户网站维护有待加强

评估发现，一些监狱管理局网站维护状况不佳，具体表现为网站无法打开、信息缺漏、排版混乱、更新不及时等现象频现。一是个别网站或者网页无法打开。项目组在 2020 年 9 月 8 日、9 月 9 日对山西监狱管理局网站进行复核时发现，该门户网站显示："很抱歉，您当前访问的网站无法响应。"网页无法打开的现象更为普遍。例如：湖南监狱管理局门户网站首页设有无障碍通道，但是点击后却无法进入；云南监狱管理局门户网站首页上的《狱务公开》《监狱动态》《通知公告》栏目内大量信息无法打开；山西监狱管理局依申请公开的网页无法打开；辽宁监狱管理局网站的搜索功能无法使用，该网页上公开的唯一年度报告——辽宁监狱管理局《2018 年度信息公开年度报告》无法打开。有些网站链接的其他网站经常无法打开。二是信息更新不及时。有些地方的网站出现信息集中更新、重要信息更新不及时现象。例如，新疆生产建设兵团网站公开的最新的暂予监外执行决定书为2018 年 2 月 14 日发布的"暂予监外执行决定书（2017）新兵刑执字第 010号"，也就是说，该网站两年半时间内未再更新这项重要信息。三是信息放置混乱、不易查找现象突出。虽然大部分监狱管理局门户网站板块设置合理、信息排列有序，但也有一些网站内容混乱，公众查找信息十分不便。例如，新疆监狱管理局网站中的"暂予监外执行决定书"放置栏目随意，有的出现在主页信息公开栏目，有的出现在主页狱务公开－执法信息公开栏目中，还有的出现在主页－狱务公开－执法制度公开栏目中。

（三）信息混杂影响公开效果

狱务公开内容丰富多样，这就要求网站在公开相关信息时，按照一定的门类，将基本信息、财务信息、年度报告、法律政策、监所信息分门别类进行公开，便于公众或者罪犯家属浏览。评估发现，一些网站虽然内容丰富，但是信息放置混乱、随意的现象比较突出。例如，监狱管理局的机构设置，被放置在简介栏目，有的被归集在狱务公开栏目，还有的放在基本信息栏目。还有的地方将人事、刑罚执行、财务信息混在一处。新疆监狱管理局网站信息公开栏目中的信息既包括执法信息，也包括法律法规、人事信息、预算信息、年度报告、调研分析报告，甚至还包括一些通知类信息（如全国监狱工作先进集体和先进个人名单、关于确定体检时间的通知、关于敦促涉黑涉恶在逃人员投案自首的通告等）。众多信息混在一起，势必给公众浏览、获取其关注的信息造成一定麻烦或者障碍。

（四）公开信息内容不完整

评估显示，狱务公开各个板块透明度差异较大。在网站建设平台、基本信息公开、监外执行信息公开、监所会见指南等便民服务信息以及部分数据公开透明度较高的同时，也有部分板块信息公开比例低、透明度还有待提升。一是内设机构信息不够透明。评估显示，虽然公开内设机构及其职能的监狱管理局不少，但是大部分监狱管理局网站没有公开这些内设机构的联系人、联系电话，公开内设机构联系人的只有 7 家，占 25.9%，公开联系电话的只有 10 家，占 37.0%。二是减刑假释建议书公开比例低。减刑假释关系到罪犯的切身利益，是公众、罪犯近亲属和罪犯本人都十分关注的狱务信息，减刑假释建议书不仅是法定的公开事项，而且建议书的公开也有助于减少减刑假释领域的不规范和腐败现象。评估显示，只有 15 家评估对象公开了减刑假释建议书，仅占 55.6%。三是公开罪犯服刑情况的网站比例较低。《狱务公开意见》第 5 条明确规定，应当向社会公众公开罪犯分级处遇的条件和程序，罪犯获得表扬、记功或物质奖励等奖励的条件和程序，罪犯劳动项目、岗位技能培训、劳动时间、劳动保护和劳动报酬有关情况，以及罪犯伙食、被服实物量标准、食品安全、疾病预防控制有关情况等。评估显示，公开这四项内容的监狱管理局比例不高，公开罪犯分级处遇的条件的监狱管理局 12 家，占 44.4%，公开罪犯奖惩的条件和程序的监狱管理局 13 家，占 48.1%，全部公开罪犯劳动项目、岗位技能培训、劳动时间、劳动保护和劳动报酬有关情况的法院只有 10 家，占 37.0%；全部公开罪犯伙食、被服实物量标准、食品安全、疾病预防控制有关情况的 11 家，占 40.7%。四是年度工作情况公开力度不足。评估对象中，公开年度总结的只有 5 家，占18.5%；公开年度工作计划的也只有 9 家，占 33.3%。

（五）信息不统一现象突出

评估还发现，各地监狱管理局门户网站的同类信息不统一现象比较突出。以监狱管理局的主要职能为例，项目组发现各地监狱管理局的信息差异较大。有些地方规定得十分简略，只有短短一句话。例如，北京监狱管理局的职能简介为："贯彻执行党和国家关于监狱工作的方针、政策和法律、法规、规章，指导、监督管理本市监狱刑罚执行、狱政管理、教育改造工作。"有的地方则规定得十分详细。例如，广西、浙江等地的监狱管理局职能罗列十分详细，均有十余项之多，可谓包罗万象，如推动法律法规实施，执行国家监狱改造罪犯的方针、政策，拟订监狱工作规划和计划，负责本地区监狱刑罚执行，承担监督管理监狱安全稳定的责任，负责监狱教育改造工作，负责依法对罪犯实施劳动改造，领导和管理省属监狱企业，负责省属监狱基本建设，负责省属监狱民警职工队伍建设和党风廉政建设，负责指导市属监狱管理工作，完成本级党委、政府交办的其他任务等。虽然没有法律要求统一监狱管理局的职能，各地监狱管理局职能本应相似，然而职能文字描述却出现如此巨大的差异，容易让公众对监狱管理局的职能产生困惑。

（六）公开的服务意识需提升

狱务公开的对象是社会公众、罪犯近亲属和罪犯，而门户网站的主要对象是社会公众和罪犯近亲属。但是，部分监狱管理局的狱务公开工作没有注意对象性。一是一些网站没有对内外部信息进行区分，将大量适合内部宣传、展示的工作内容放在门户网站上。例如，将内部会议、培训、狱警风采、表彰奖励、文化广角等与狱务公开关系不大的内容放置在显要位置，社会公众和罪犯近亲属真正关心的内容却并不突出，难以找寻。例如，新疆生产建设兵团的信息公开栏目出现大量当地经济运行、旅游形势、道路安全等无关信息。二是浮窗过多妨碍浏览。评估显示，有一半以上（15家）监狱管理局网站首页设有浮窗，占55.6%。应当说，浮动窗口本身就有醒目的优势，提醒网站浏览者关注特定信息①，但是有些网站浮窗过多、过滥，且浮窗展示的内容往往与狱务公开关系不大，严重妨碍正常浏览获取其他狱务信息。例如，河北监狱管理局网站首页上的浮窗数量多达4个，宁夏监狱管理局网站上的浮窗有3个，不仅所占版面较大，而且出现了"坚持节水优先，建设幸福河湖"这样与狱务公开完全无关的浮窗信息。广西监狱管理局网站上的浮窗则以"嗨，我是广西健康码"等为主题。

五 展望

党的十九届四中全会提出，要坚持权责透明，推动用权公开，完善党务、政务、司法和各领域办事公开制度，建立权力运行可查询、可追溯的反馈机制②。公开透明是实现权责统一，权力在社会监督下运行，压缩权力设租寻租空间，实现社会主义法治的重要保障。2020年，狱务公开工作总体上表现较好，但同时也存在一些亟待改进之处。例如，北京市纪委监委通报反映的"郭文思案"中，在郭文思父亲请托监狱的相关人员后，监狱干警先后安排郭文思担任有利于减刑的岗位工作，违规安排会见，在明知郭文思不符合减刑条件的情况下，签批报请减刑文件，为郭文思私转信件，对郭文思违反监规的行为未予处罚等予以违规关照。而这些违规行为得以曝光，只是因为郭文思出狱后不久打死劝告其戴口罩的老人这样的意外事件。狱务透明度仍有待提升。各监狱管理部门要落实好司法部《狱务公开意见》的要求，进一

---

① 中国社会科学院法学研究所法治指数创新工程项目组：《中国检务透明度指数报告（2018）——以检察院网站信息公开为视角》，陈甦、田禾主编《中国法治发展报告 No. 17（2019）》，社会科学文献出版社，2019。

② 《中共中央关于坚持和完善中国特色社会主义制度 推进国家治理体系和治理能力现代化若干重大问题的决定》。

步深化狱务公开，不断拓展狱务公开的广度和深度，健全完善狱务公开制度机制体系，优化升级狱务公开平台载体，大幅提升狱务公开精细化、规范化、信息化水平。全面深入推进狱务公开工作，还需要从以下几方面入手。

第一，强化狱务公开理念。随着党的十八大、十九大、十九届四中全会的召开，以习近平同志为核心的党中央从关系党和国家前途命运的战略全局出发，把全面依法治国纳入"四个全面"战略布局，作出一系列重大决策部署，开启了法治中国建设的新时代。"公开透明作为国家治理体系和治理能力现代化的重要路径之一，作为实现共建共治共享目标的重要手段之一"①，政务公开、司法公开、检务公开已经成为衡量行政、司法部门工作的重要维度之一。相比而言，狱务公开的理念和提法尚未形成社会共识，体现为各地监狱管理部门对狱务公开工作的重视程度差异较大。因此，各地监狱管理部门在理念上要高度重视狱务公开工作。一是需要领导高度重视。领导尤其是"一把手"重视的地方，狱务透明度评估排名往往比较靠前。狱务公开是一项系统工程，只有领导重视，才能形成合力，持之以恒、不断深化狱务公开。二是树立以公开为原则、不公开为例外原则，将社会公众、罪犯近亲属关心的问题，只要不涉密，贯彻能公开尽公开理念，并将门户网站作为狱务公开的第一平台。

第二，推动狱务公开制度完善。与政务公开等相比，狱务公开一定程度上存在内容和形式不统一、不规范、随意性大等问题。评估发现，各地狱务公开水平参差不齐，先进的地方，网站信息排列有序，狱务公开内容应有尽有，而落后的地方，网站还没有彻底解决能不能正常打开、信息全不全等问题，这与狱务公开标准化水平密切相关。因此，需要制定狱务公开规范，统一公开标准和公开渠道，梳理公开清单，编制公开目录，及时调整公开范围，推动该项制度进一步完善。

第三，重视公开顶层设计。司法部是全国监狱的最高行政主管部门，

---

① 中国社会科学院法学研究所法治指数创新工程项目组：《中国政府透明度指数报告（2019）——以政府网站信息公开为视角》，载陈甦、田禾主编《中国法治发展报告 No.18（2020）》，社会科学文献出版社，2020。

下设的监狱管理局负责监督检查监狱法律法规和政策的执行工作，也是全国狱务公开的主管部门。2015年司法部颁布的《狱务公开意见》制定了狱务公开的基本规范，也推动全国狱务公开工作向前迈了一大步。因此，推动狱务工作更加公开、透明，需要司法部以及监狱管理局加强顶层设计，加强对狱务公开工作的规划、指导，并将各地狱务公开状况纳入考核范围。

第四，运用新技术提升狱务公开信息化水平。身处信息时代，信息技术的不断发展不仅倒逼监狱和监狱管理部门公开更多狱务信息，也为狱务公开提供了强大的技术支持。近年来，各地监狱管理部门尝试各种贴近民众的方式，通过微博、微信、手机App等多种途径拓宽司法公开渠道，取得了良好效果。2020年疫情期间，部分监狱充分运用信息技术搭建起"智慧监狱"框架，确保疫情期间高墙内的安全稳定。今后，狱务公开要适应信息化发展要求，在用好传统的线下公开方式、满足群众信息需求的同时，还要用好新科技，提升狱务公开信息化与智能化水平，推动狱务公开信息更加准确、更加及时。

第五，加大狱务公开工作的人财物投入力度。狱务公开程度与各地监狱管理局对公开工作的经费、人力资源、技术力量的投入密切相关。一些西部地区的监狱管理网站得分不高，这与当地经费投入不足、技术人才缺乏等有一定关系。因此，建议今后进一步加大对经济欠发达地区监狱管理部门的支持力度，在资金、技术、人才方面向这些偏远地区的监狱管理局倾斜，实现各地狱务公开工作的均衡发展。

第六，及时总结狱务公开的先进经验，加大向其他地区推广的力度。各地狱务公开中面临相似的问题和困境，彼此之间可借鉴性强。一些地方监狱管理部门结合本地本单位实际摸索出不少狱务公开的有益经验，应加大总结分析力度，优化提升现有工作成效。这样既能有效避免狱务公开中的偏差弯路，又能迅速推广好的经验做法，实现狱务公开的跨越式发展。

Abstract

Annual Report on China's Judicial System No. 2 (2020) comprehensively summarizes the practices and achievements of China's judicial system in deepening the supporting reform of the judicial system, improving social governance capacity, optimizing the law-based business environment, improving the level of judicial protection of human rights in China, strengthening the role of the judicial system, giving full play to the role of smart justice and actively carrying out judicial actions against the COVID – 19 outbreak. It also looks forward to the development trend of China's judicial system. The Report this year evaluates for the first time the prison affairs disclosure of the Ministry of Justice and the provinces and autonomous regions (Xinjiang Construction Corps included), and analyzes the achievements, problems and development trends. In addition, focusing on such four themes as judicial system reform, judicial protection of human rights, judicial practice and smart justice, the Report this year has also launched a number of judicial research reports such as *Recent Development and Evaluation of the Reform on the Judicial Responsibility System*, Observation on the Development of Procuratorial Public Interest Litigation in China, *Adjustment and Improvement of the Participation Scope of People's Assessors*, *Progress in Judicial Protection of Children's Rights and Interests*, thus to show the changes and development of China's judicial system in the past year, and summarize the latest achievements in national trials, prosecution, and judicial administration.

Keywords: Judicial System; Reform of the Judicial System; Judicial Protection of Human Rights; Social Governance; Justice for the People

Contents

Ⅰ General Report

Abstract: Since the 19th National Congress of the Communist Party of China, judicial organs have been continuing to deepen the reform of the judicial system, implement and refine the judicial responsibility system; promote the trial-centered criminal procedure reform, make continuous efforts in further improving the system of pleading guilty and accepting punishment and strengthening community corrections and other standardization of penalty execution, thus the level of human rights protection in China's judiciary has been further improved.

The people's justice system has been adhered to and the judicial service for the people has been highlighted. The law – based business environment has been constantly improved, the social governance ability of judicial organs has been enhanced to actively promote the settlement of multiple disputes and the development of public interest litigation, and the law popularization of the Civil Code of the People's Republic of China and other laws has been strengthened. During the outbreak of the COVID –19, China's judicial work is not significantly affected on the whole. With the assistance of smart courts, intelligent prosecution, judicial administration informatization, and intelligent policing, and smart justice has been developing vigorously. In the future, China's judicial system will still face many challenges and opportunities. It is necessary for the judicial organs to continuously strengthen their political awareness, enhance judicial capabilities, highlight the service and guarantee function of justice, and promote the further improvement of the level of intelligent justice.

Keywords: Supporting Reform of the Judicial System; Social Governance; Law-Based Business Environment; Smart Justice

Ⅱ Reform of Judicial System

B. 2 Recent Development and Evaluation of the Reform on the Judicial Responsibility System

Jiang Huiling / 027

Abstract: As the key point of judicial reform, the reform of judicial responsibility system has been pushed forward with extraordinary speed in the past seven years, and has become the focus of comprehensive supporting reform. Since 2019, the central government and relevant departments have deployed a series of reform measures, and local courts have accumulated some mature experience, which highlights the "entering into the law" of the judicial responsibility system, focusing on the improvement of supervision and management mechanisms, and attaching importance to judicial efficiency. For the next step, the judicial responsibility system shall be continually conducted to fully drive the implementation of the other three basic reforms. The main theme of "independence accountability" of the judicial responsibility system shall be kept and the judicial talent supply and training system shall be reformed. The " cost-effectiveness" analysis of judicial reform measures shall be conducted for the necessary costs for the ultimate goal of judicial reform.

Keywords: Judicial Responsibility System; Judicial Reform; Comprehensive Supporting; Error Correction Mechanism

B. 3 Observation on the Development of Procuratorial Public Interest Litigation in China *Xu Hui* / 044

Abstract: Since its pilot implementation in 2015 and formal implementation nationwide in 2017, the procuratorial public interest litigation has been developing fast in China, with the number of cases growing rapidly, and "full coverage" has been achieved in the public interest litigation handling of cases in the procuratorial system. Remarkable results have been achieved in the procuratorial public interest litigation in such four areas as ecological environment and resource protection, food, and drug safety, state-owned property protection, and state-owned land use right transfer. As a system with distinctive Chinese characteristics, procuratorial public interest litigation has promoted institutional innovation in the implementation of cross-administrative jurisdiction mechanism, giving play to the supervision role of procuratorial suggestions in pretrial procedure and exploring the deep integration of modern technology and procuratorial public interest litigation. At present, there are still some problems in procuratorial public interest litigation, such as the unclear investigation and evidence collection power of procuratorial organs, the urgent need to improve the punitive compensation litigation rules of food and drug safety procuratorial public interest litigation, and the need to improve the coordination and guarantee mechanism. Moreover, the overall quantity and quality of cases need to be further improved. It is imperative to further broaden the scope of procuratorial public interest litigation.

Keywords: Reform of Judicial System; Public Interest Litigation; Procuratorial Public Interest Litigation

B. 4 Adjustment and Improvement of the Participation Scope of
People's Assessors   *Gao Changjian* / 067

Abstract: The Law on People's Assessors has broad regulations on the scope of participation in trials, and the participation mechanism has too much authoritative factors. Excessive scope of participation of people's assessors will not only waste judicial resources, but also bring about the old problems of system function dislocation and formalization. In order to give full play to the judicial democracy function of the people's assessors regime in improving the judicial integrity and absorbing the wisdom of ordinary people, it is necessary to limit the participation scope of people's assessors in the trial. People's assessors should participate in those major and complex criminal cases with the application from the defendant and the victim. Limiting the scope of people's assessors' participation in the trial is conducive to the exertion of judicial democracy function, saving judicial resources and reducing the difficulty of distinguishing facts from legal issues.

Keywords: People's Assessors; Scope of Participation in Trial; Authoritative Factors

B. 5 Investigation Report on Small Claim Procedure's
"Four Modernizations and Three Intensions"
Mode: Taking Zhejiang Yuyao People'
Court as Sample
Research Team of Zhejiang Yuyao People's Court / 079

Abstract: Small claim procedure has great significance for case diversion and case-speed separation, but the low applicable rate in legal practice makes its practical value cannot be sufficiently played. As one of the reforming pilots of civil procedures split flow, Zhejiang Yuyao People's Court promotes some industries applying small claims in terms of form embedded in previous contract, strengthens pre-court streamlining efficient measures which are based on the integration of the litigation service team. Also, Zhejiang Yuyao People's Court integrates team configuration, trial mode, and smart lawsuit together, builds " Four Modernizations and Three Intensions" small claim procedure mode, and obtained good effect, which improves the applicable rate of small claim procedure. In addition, in order to further improve the applicable race of small claim procedure, it is necessary to determine the target amount limitation, the defense period and the proof period, and judicial assessment mechanism of small claim procedure according to its characteristic.

Keywords: Small Claim Procedure; Optimization of Judicial Resources; Case-Speed Separation; Four Modernizations and Three Intensions

B. 6   On the Improvement of Supervision and Management
Mechanism of Procurator within the Quota System
—*From the Perspective of Reform Practice in Southwest*
Guizhou Autonomous Prefecture   *Liu Qing, Deng Yilin* / 094

Abstract: A more scientific classified management system with prosecutors, procuratorial assistants and judicial administrators performing their respective duties and responsibilities is required in the reform of the judicial system. However, from the practical point of view, the management and supervision system of prosecutors is not perfect, refined or standardized enough. It is necessary to further improve the system and mechanism of access mechanism, exit mechanism, supervision mechanism, guarantee mechanism and punishment mechanism, build a standardized and efficient prosecutor management system, strengthen the supervision and management of prosecutors, as well as promote the revolutionary, standardized, specialized and professional construction of the prosecutor team.

Keywords: Reform of Judicial System; Procurator within the Quota System; Supervision and Management; Incentive and Security

B. 7   Review and Reconstruction of the Rules of
Procedure of Specialized Judge Meeting

Wang Shaofang, *Li Ruizeng and Wang Linjuan* / 106

Abstract: The specialized judge meeting has been in operation for ten years. However, the system design of the specialized judge meeting has caused many defects in the fierce collision with the actual operation due to the excessively principled rules and the system expectation of providing professional opinions to judges on difficult and complicated cases has not been fully realized. In view of this, on the basis of in-depth analysis of the feasibility of Robert's Rules of Order, this paper puts forward the idea of improving the procedure rules of specialized judge meeting. With the core of reasonably selecting the members of the meeting, clarifying the meeting procedures, standardizing the motion submission procedure, clarifying the meeting rules, and improving the meeting minutes system, supplemented by assessment mechanism, judge growth mechanism, information management, and the cohension mechanism between the higher and lower courts, this paper aims to provide system guarantee for the realization of the core value of the specialized judge meeting, as well as inject a strong impetus into the comprehensive supporting reform of the judicial system.

Keywords: Reform of Judicial System; Specialized Judge Meeting; Robert's Rules of Order

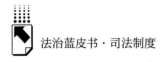

III Judicial Protection of Human Rights

B. 8 Progress in Judicial Protection of Children's Rights and Interests

Qi Jianjian / 120

Abstract: The maximization of children's rights and interests is the basic concept of judicial protection of children's rights and interests. Special and preferential protection are the basic requirements of the judicial protection of children's rights and interests. In recent years, the judicial protection of children's rights and interests in China has been continuously improved, and a juvenile trial and prosecution system has been gradually formed, with prominent characteristics of professional, social and systematic judicial protection. China's criminal justice for children implements two-way protection, which protects the child victims, child suspects and defendants. The civil judicial protection of children's rights and interests attaches importance to guardianship, personality rights and other protection, and strengthens the protection of children's rights and interests in the reform of family affairs trial mechanism. The administrative and judicial protection of children's rights and interests develops steadily.

Keywords: Children's Rights and Interests; Judicial Protection; Maximization of Children's Rights and Interests; Special Protection; Preferential Protection

B. 9 Investigation Report on Expanding the Application of

Release on Parole according to Law

Research Group of Sichuan Prison Bureau / 141

Abstract: As a penalty system widely used in prisons all over the world, release on parole plays an important role in helping criminals realize re-socialization and encouraging them to reform. Compared with the application of commutation, parole in China is obviously less at present, which has affected the institutional advantage and the reform functions of prisons as national political organs and penalty execution organs. Under the background of ruling the country according to law, expanding the application of parole according to law is the key link in the work of administering prison according to law in the new era and an inevitable trend to improve the level of fair and civilized law enforcement. It is of great significance to continuously adhere to all-round, multi-dimensional and phased exploration and innovation, and promote the expansion of parole application in accordance with the law.

Keywords: Release on Parole; Prevention of Recidivism; Penalty Experience; Criminal Transformation

B. 10　Construction of the Judicial Protection System on Personal Information by "Criminal and Civilian Integration"

—*A Case Study of Nanchong City, Sichuan Province*

Zhou Yonggang, Wang Zicheng and Zhang Xiaobo / 159

Abstract: The affirmation of the scope of personal information is not consistent in China's civil litigation and criminal litigation. In judicial practice, the protection of personal information differs generally in criminal litigation and civil litigation. The criminal litigation prescribes a wider, easier and severer protection for personal information while in civil litigation, personal information protection is rather narrower, more difficult and lenient. The idea of "criminal and civil integration" should be adhered to in handling cases, the scope of "personal information" should be identified in an integrated manner, and the scope of "and so on" personal information should be explained integrally. It is suggested that the the criminal and civil judicial protection methods be appropriately adjusted to activate the two functions of criminal protection and civil protection of personal information, so as to build a "criminal-civilian integration" personal information

judicial protection system and maintain personal information security.

Keywords: Personal Information Protection; Inconsistency in Civil Litigation and Criminal Litigation; Severe Criminal Litigation and Lenient Civil Litigation; Criminal and Civil Integration

B. 11   Investigation Report on Cases of Infringement on Personal
Information of Citizens

Fu Xiangbing , Liu Jie and Wang Xiangming / 173

Abstract: In the era of big data, crimes committed against or using citizens' personal information have piled up. Once personal information is collected or used maliciously, it will not only damage the personal dignity of the information subject, but may also cause property loss. In this context, the criminal law and judicial interpretation have been constantly regulating and improving the crime of infringement on citizens' personal information. However, in practice, there are still differences in the understanding and application of legal norms, resulting in difficulties in the trial of cases. This paper clarifies the criminal concept of citizens' personal information, analyzes the problems existing in the trial of infringement of citizens' personal information from the two dimensions of legal norms and judicial practice and puts forward targeted opinions and suggestions from the perspective of the identification standard of "serious circumstances".

Keywords: Crime of Infringement on Personal Information of Citizens; Serious Circumstances; Deducing Rule

IV   Enforcement System Construction

B. 12   Practice of Standardizing the Construction of Enforcement
Mechanism in Shenyang

Research Group of standardizing the construction of

enforcement mechanism in Shenyang / 187

Abstract: It is a social system project to effectively solve the enforcement difficulties from the source and establish a long-term mechanism. The people's courts are needed to regulate and integrate the rights, obligations and behaviors of various participating subjects, so that the enforcement power can be standardized and operated for a long time, so as to achieve the purpose of both temporary and permanent solutions. Taking the establishment and improvement of the operation mechanism of the enforcement power as the breakthrough point and based on judicial practice, courts in Shenyang adhere to system innovation, and formulate work norms, control criteria and assessment methods according to the key links and key nodes of enforcement cases. In practice, they have always been adhering to the concept of "ensuring procedural justice, actively fulfilling rights, and standardizing enforcement behavior", deepening the enforcement reform, solidly promoting the construction of standardized enforcement mechanism, guaranteeing the enforcement power, and promoting the standardization and informatization of the operation of enforcement power, thus having laid a solid foundation for the establishment of a long-term mechanism to solve the problem of enforcement difficulties.

Keywords: Effective Resolution of Enforcement Difficulties; System Construction; Enforcement Standardization

B. 13   Analysis and Resolution of the Idling Operation of the

Property Reporting System in Enforcement Cases   *Lu Rijiu* / 203

Abstract: Property reporting system is an objective need in the practice of enforcement. Through the investigation of 20722 enforcement cases in Jiangxi Province, three major problems are found in the property reporting system of enforcement cases. The first one is the abuse of property reporting system. The second is the lack of sanctions against refusing to declare truthfully. The third is the function alienation of property reporting system. With the reference to the theory of public management, this paper analyzes the reasons for the idleness of property reporting system from the aspects of legislation, law enforcement and law compliance. It is proposed that a new mechanism of property reporting shall be reconstructed by perfecting the procedural provisions of property reporting system, establishing the working mechanism of special investigation of enforcement, strengthening the legal liability of refusing to report and false report, as well as constructing multi-channel and all-round supporting measures.

Keywords: Property Reporting; Idling Operation of the System; Resolution Path

B. 14   Investigation Report on the Operation of Incentive System

for the Credit Restoration of Dishonest Judgment Debtors

Executed

Research Group of the People's Court of Jiangbei District,

Ningbo City / 220

Abstract: In order to effectively play the dual functions of deterrence and punishment as well as incentive correction of credit disciplinary mechanism and build a long-term mechanism to comprehensively solve the enforcement difficulties, Jiangbei Court has been, since the year 2018, exploring to establish the incentive system for the credit restoration of dishonest judgment debtors. After two years of practice, exploration and development, the system effect has gradually emerged. In this paper, the theoretical exploration and the results of the actual operation of the system are summarized, thus hoping to be conducive to the comprehensive governance of enforcement difficulties and the perfection of the the social credit system.

Keywords: Credit Restoration; Credit Evaluation; Automatical Execution; Joint Incentive

B. 15 Investigation Report on the Blockchain + Network Enforcement of Debt Instruments with Enforceability Granted by Notarization

Xiong Zhigang, Wang Qian / 234

Abstract: Explicit legal provisions have been enacted on the enforcement of debt instruments with enforce ability granted by notarization, and it is gradually moving towards a new era of integration with the internet. In practice, however, such problems as content absence, inadequate delivery, etc. still exist, resulting in enforcement difficulties of the debt instruments with enforceability granted by notarization. From the analysis of the status quo of enforceable notarization enforcement, its attribution of pain points, and the reasonable embeddedness of blockchain, this paper clarifies the necessity and practical dilemma of enforceable notarization enforcement, with the aim to solve the problems by constructing a complete closed-loop enforcement path of blockchain + network enforceable notarization enforcement. To build the pattern of enforceable notarization enforcement blockchain, the automatic review of credit authorization should be formed through the review from the contract subject, the necessary content and scope restrictions of the smart contract should be set, the credit document shall be notarized and confirmed by asynchronous information review, the review should be in accordance with the agreed method, the enforceable enforcement should be conducted in one click and a closed-loop credit investigation should be formed in

the process of information rotation.

Keywords: Blockchain + Network; Enforcement of Debt Instruments with Enforceability Granted by Notarization; Enforcement Difficulties

V Progress of Smart Justice

B. 16 Investigation Report on Construction of "Four Types of Cases" Intelligent Supervision and Management Platform in Zhejiang Courts

Research Group of Intelligent Construction of Zhejiang Courts / 248

Abstract: Strengthening and regulating the supervision and management of court presidents and division chief judges is an important part of fully implementing the judicial accountability system and deepening the comprehensive supporting reforms of the judicial system. In recent years, Zhejiang Courts have been committed to promoting judicial system reform with informatization, insisting on the two-pronged approach of system construction and technological innovation, actively studying the implementation rules and documents for the supervision and management of the "four types of cases" and innovatively developing an intelligent platform. The intelligent supervision and management of the "four types of cases" has been realized so as to standardize the judicial supervision and management power of the court presidents and division chief judges, improve the supervision and management methods of cases, promote and guarantee the independent, fair and efficient exercise of judicial powers by judges within the quota in accordance with the law, and ultimately promote the quality and effectiveness of trials.

Keywords: Reform of Judicial System; Supervision from Court Presidents and Division Chief Judges; "Four Types of Cases"; Intelligent Supervision and Management; Zhejiang

B. 17　The Exploration and Practice of Electronic Means of Service under the Background of Separation between Complicated Cases and Simple Ones

Research Group of the People's Court of Xiangcheng District, Suzhou / 263

Abstract: "Delivery difficulty" "delivery fatigue" and "delivery disorder" are the three major dilemmas faced by civil service. With the purpose of improving the efficiency and convenience of service, freeing judges and judicial assistants from routine work thus to focus on improving the quality and efficiency of case handling, the People's Court of Xiangcheng District, Suzhou City has established, since the year 2019, a one-stop comprehensive, intensive delivery center with the intelligent, intensive and socialized operation and full process coverage, forming a comprehensive, intensive electronic service work mode of "one center, two combinations, three docking, and five steps". Since the operation of the comprehensive, intensive delivery center, the delivery efficiency has been greatly improved, while the delivery cost has been effectively reduced. However, there are still some problems existing. The rules for electronic service are not detailed enough, and the method of consulting the recipient's consent, the method of confirming the success of the service, and the mechanism for the parties to submit electronic materials are not perfect. Based on the status quo of service work, combined with the pilot work of diversion reform of complicated and simple civil litigation procedures, Xiangcheng People's Court proposed a solution to improve the work mode of electronic service and accelerate the deep integration of electronic service and court informatization.

Keywords: Electronic Means of Service; Separation between Complicated Cases and Simple Ones; Comprehensive and Intensive Mode of Service; Electronic Announcement; Blockchain

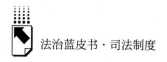

B. 18   Practical Dilemma and Standardized Approach of Electronic

Means of Service in Civil Cases   *Liu Wentian* / 281

Abstract: The *Civil Procedure Law* revised in 2012 formally established the legal status of electronic means of service from the legislative level. As a new method of service, electronic service is considered to be an important means to improve judicial efficiency and solve the "difficulty in service". However, due to the influence of system design, data connection, technical bottlenecks, and financial guarantees, such problems as "cannot be found," "delivery unreached," and "questionable service validity" have been existing in electronic service, resulting in its failure to effectively meet the actual needs of justice. So, there is still a large space for optimization. Based on the current judicial practice of electronic service, and combined with the normative text of electronic service issued by local courts, this paper analyzes and sorts out the practical problems of electronic service from the perspective of the normative text so as to propose a standardized approach that conforms to judicial laws.

Keywords: Electronic Means of Service; Practical Problems; Service Efficiency; Standardized Approach

B. 19   Investigation Report on the Construction of "Smart"

Notarization System   *Zhang Ming* / 297

Abstract: The fundamental value of the notarization system in China lies in maintaining "the stability of the legal order." Facing the new "Internet +" social development model, it is of urgency to keep pace with the times and carry out notarization informatization construction. In the information age, the key for the notary industry to continue to highlight the system value and realize the notarization mission depends on the following aspects: to actively explore the feasible path of the organic integration of notarization function and information technology, to reinterpret and show equivalent effects of identity recognition, acceptance of intention, behavior credit enhancement, evidence fixation, fact confirmation, supervision of implementation by means of information technology on the basis of ensuring that the core value, function, and attribute of notarization system remain unchanged, and to create a new mode of information-based notarization thus to achieve a qualitative leap in notarization service capabilities.

Keywords: Notarization System; "Smart Notarization"; Informationalized Development

B. 20　Investigation Report on the New Model of "1 +6" Smart Jury Construction in Liangping Court

Research Group of the People's Court of Liangping District,

Chongqing / 313

Abstract: Under the new situation of "Internet +", it is the inevitable requirement and rational choice for people's assessor system to strengthen the informatization construction of people's assessors and promote the in-depth integration of people's jury work and modern information technology. The People's Court of Liangping District of Chongqing has been adhering to promoting the work mode of "Internet + people's jury", and has independently developed and launched the "people's assessor comprehensive service platform", where the personnel information, random selection, court service, service and evaluation of performance of duties, as well as the evaluation on performance have been integrated. The "1 +6" informationalized service system has been initially formed, and a mobile phone App has been developed, helping people's jury work enter the "fingertip era" and improving the informationalized level of people's jury work.

Keywords: People's Jury Platform; Smart Jury; Informationalized Service; Liangping of Chongqing

VI Evaluation Report

B. 21 China's Prison Affairs Transparency Index Report（2020）

—*From the Perspective of Information Disclosed on the Bureau of Prisons Website*

Rule of Law Index Innovation Project Group,

Institute of Law, *CASS* / 326

Abstract：In 2020, a third-party evaluation on the prison affairs disclosure in provincial Bureau of Prisons and their subordinate prisons has been conducted for the first time by Center for National Index of Rule of Law, Rule of Law Index Innovation Project Group, Institute of Law, focusing on such four aspects as basic information disclosure, law enforcement disclosure, prison disclosure, and data disclosure. The assessment shows that the prison affairs disclosure system in 2020 is relatively perfect on the whole. The prison affairs disclosure platform is basically completed, information on convenient services is abundant, the publicity of basic information and law enforcement information is constantly increased, and the communication and exchange with the public is emphasized with flourished data disclosure. At the same time, the assessment also found that some prison administrations still need further improvement in terms of website maintenance, integrity of public content, unity of information, and open service awareness. The level of prison affairs publicity needs further improvement in top-level design, disclosure awareness, latest technology adoption and unified norms.

Keywords：Prison Affairs Disclosure; Prison Affairs Transparency; Law Index; Website Disclosure

社会科学文献出版社

皮 书

智库报告的主要形式
同一主题智库报告的聚合

❖ 皮书定义 ❖

皮书是对中国与世界发展状况和热点问题进行年度监测，以专业的角度、专家的视野和实证研究方法，针对某一领域或区域现状与发展态势展开分析和预测，具备前沿性、原创性、实证性、连续性、时效性等特点的公开出版物，由一系列权威研究报告组成。

❖ 皮书作者 ❖

皮书系列报告作者以国内外一流研究机构、知名高校等重点智库的研究人员为主，多为相关领域一流专家学者，他们的观点代表了当下学界对中国与世界的现实和未来最高水平的解读与分析。截至2021年，皮书研创机构有近千家，报告作者累计超过7万人。

❖ 皮书荣誉 ❖

皮书系列已成为社会科学文献出版社的著名图书品牌和中国社会科学院的知名学术品牌。2016年皮书系列正式列入"十三五"国家重点出版规划项目；2013~2021年，重点皮书列入中国社会科学院承担的国家哲学社会科学创新工程项目。

权威报告·一手数据·特色资源

皮书数据库
ANNUAL REPORT(YEARBOOK)
DATABASE

分析解读当下中国发展变迁的高端智库平台

所获荣誉

- 2019年，入围国家新闻出版署数字出版精品遴选推荐计划项目
- 2016年，入选"'十三五'国家重点电子出版物出版规划骨干工程"
- 2015年，荣获"搜索中国正能量 点赞2015""创新中国科技创新奖"
- 2013年，荣获"中国出版政府奖·网络出版物奖"提名奖
- 连续多年荣获中国数字出版博览会"数字出版·优秀品牌"奖

成为会员

通过网址www.pishu.com.cn访问皮书数据库网站或下载皮书数据库APP，进行手机号码验证或邮箱验证即可成为皮书数据库会员。

会员福利

- 已注册用户购书后可免费获赠100元皮书数据库充值卡。刮开充值卡涂层获取充值密码，登录并进入"会员中心"—"在线充值"—"充值卡充值"，充值成功即可购买和查看数据库内容。
- 会员福利最终解释权归社会科学文献出版社所有。

社会科学文献出版社 皮书系列
SOCIAL SCIENCES ACADEMIC PRESS (CHINA)

卡号：494462563419
密码：

数据库服务热线：400-008-6695
数据库服务QQ：2475522410
数据库服务邮箱：database@ssap.cn
图书销售热线：010-59367070/7028
图书服务QQ：1265056568
图书服务邮箱：duzhe@ssap.cn

S 基本子库
SUB DATABASE

中国社会发展数据库（下设 12 个子库）

整合国内外中国社会发展研究成果，汇聚独家统计数据、深度分析报告，涉及社会、人口、政治、教育、法律等 12 个领域，为了解中国社会发展动态、跟踪社会核心热点、分析社会发展趋势提供一站式资源搜索和数据服务。

中国经济发展数据库（下设 12 个子库）

围绕国内外中国经济发展主题研究报告、学术资讯、基础数据等资料构建，内容涵盖宏观经济、农业经济、工业经济、产业经济等 12 个重点经济领域，为实时掌控经济运行态势、把握经济发展规律、洞察经济形势、进行经济决策提供参考和依据。

中国行业发展数据库（下设 17 个子库）

以中国国民经济行业分类为依据，覆盖金融业、旅游、医疗卫生、交通运输、能源矿产等 100 多个行业，跟踪分析国民经济相关行业市场运行状况和政策导向，汇集行业发展前沿资讯，为投资、从业及各种经济决策提供理论基础和实践指导。

中国区域发展数据库（下设 6 个子库）

对中国特定区域内的经济、社会、文化等领域现状与发展情况进行深度分析和预测，研究层级至县及县以下行政区，涉及省份、区域经济体、城市、农村等不同维度，为地方经济社会宏观态势研究、发展经验研究、案例分析提供数据服务。

中国文化传媒数据库（下设 18 个子库）

汇聚文化传媒领域专家观点、热点资讯，梳理国内外中国文化发展相关学术研究成果、一手统计数据，涵盖文化产业、新闻传播、电影娱乐、文学艺术、群众文化等 18 个重点研究领域。为文化传媒研究提供相关数据、研究报告和综合分析服务。

世界经济与国际关系数据库（下设 6 个子库）

立足"皮书系列"世界经济、国际关系相关学术资源，整合世界经济、国际政治、世界文化与科技、全球性问题、国际组织与国际法、区域研究 6 大领域研究成果，为世界经济与国际关系研究提供全方位数据分析，为决策和形势研判提供参考。

法律声明

　　"皮书系列"（含蓝皮书、绿皮书、黄皮书）之品牌由社会科学文献出版社最早使用并持续至今，现已被中国图书市场所熟知。"皮书系列"的相关商标已在中华人民共和国国家工商行政管理总局商标局注册，如 LOGO（▨）、皮书、Pishu、经济蓝皮书、社会蓝皮书等。"皮书系列"图书的注册商标专用权及封面设计、版式设计的著作权均为社会科学文献出版社所有。未经社会科学文献出版社书面授权许可，任何使用与"皮书系列"图书注册商标、封面设计、版式设计相同或者近似的文字、图形或其组合的行为均系侵权行为。

　　经作者授权，本书的专有出版权及信息网络传播权等为社会科学文献出版社享有。未经社会科学文献出版社书面授权许可，任何就本书内容的复制、发行或以数字形式进行网络传播的行为均系侵权行为。

　　社会科学文献出版社将通过法律途径追究上述侵权行为的法律责任，维护自身合法权益。

　　欢迎社会各界人士对侵犯社会科学文献出版社上述权利的侵权行为进行举报。电话：010-59367121，电子邮箱：fawubu@ssap.cn。

社会科学文献出版社